불고, 한 번쯤은 궁금하잖아

일러두기
- 이 책에 사용된 사진은 각 저작권자 또는 단체에 그 권리가 있으며, 출처는 도서 말미에 표시하였습니다.
- 사진의 소장처를 확인하지 못하였거나 잘못 기재된 경우 추후 정보가 확인되는 대로 다음 쇄에 반영토록 하겠습니다.

불교, 한 번쯤은 궁금하잖아

중현 지음

불광출판사

책머리에

1.

이 책은 불교 초심자를 위한 책이라기보다, 불교에 관심 있는 일반인을 위한 책이다. '이게 도대체 뭐가 다르지?' 말장난 같기만 할 텐데, 한번 생각해 보자. 대부분의 분야가 그렇듯 어떤 분야에 처음 들어서면 먼저 그 분야에서 통용되는 용어를 배우고, 또 그 분야만의 정서를 익히는 것부터 시작한다. 우선 안으로 들어가서 차근차근 섭렵하며 한 걸음씩 나아간다.

    그 속에서 헤매다 보면 자신이 어디에 있는지 가늠하기 힘들 때도 생긴다. 심지어 왜 이 안에서 방황하고 있는지조차 잊어버리기도 한다. 이 같은 상황은 대부분의 불교 초심자에게도 해당한다. 이런 접근 방식이 무조건 나쁜 것만은 아니다. 그러나 서로 충돌하는 것처럼 보일 정도로 다양한 모습을 띤 현대 한국 불교의 경우, 차근차근 전진하기보다 우선 전체적인 윤곽을 파악하는 게 더 효율적일 수도 있다.

'불교'라는 숲은 매우 크고 울창하여 그곳에는 식물뿐만 아니라 동물을 비롯한 다양한 생명체가 살아가고 있다. 또한 호수나 암벽 같은 여러 이질적인 환경도 함께 존재한다. 이 모든 것이 어우러져서 불교라는 거대한 숲을 형성하고 있다.

이 때문에 불교의 실체를 파악하기가 그리 쉽지 않다. 별생각 없이 보면 시대에 뒤떨어진 기복신앙의 전형인 듯한데, 조금 더 찬찬히 보면 매우 심오한 사상에 놀라고는 한다. 사상은 둘째치고 수행 역시 장벽이 너무 높은 것 같아서 도대체 뭐가 뭔지 종잡을 수 없다. 요즘 유행하는 힙(hip)한 불교는 친밀감은 있으나 불교에 대한 궁금증을 속 시원하게 해결해 주지 못한다.

불교를 전체적으로 조망하기 위해서는 불교 밖에서 불교를 보아야 한다. 가능하면 현대 사회에서 통용되는 상식적이고 합리적인 사고를 바탕으로 불교 전반을 바라보자. '현대 사회에서 통용되는 지식'이란 한국의 현대인들이 교육 과정에서 자연스럽게 습득한 지식 전반을 가리킨다. 주로 서구적 학문 체계가 양산한 지식과 서구적 합리주의를 말하는데, 이는 해방 이후 70여 년간 한국 사회가 그렇게 굴러온 것이 현실이기 때문이다.

2.

강의 끝에 한 수강생이 질문했다.

"제가 생각하기에 불교는 스스로 수행해서 깨달음을 얻고자 함인데, 저희 노모는 평생 절에 가서 불공을 드리고 또 기도도 열심히 하고 있습니다. 과연 어떤 것이 올바른 불교인가요?"

답하기를,

"둘 다 우리 불교의 모습입니다. 처사님이 생각하는 불교는 불교의 핵심 즉 '수행 시스템'으로서의 불교이고, 노모에게 불교는 신앙 즉 '종교'로서의 불교입니다. 처사님처럼 불교의 본질에만 충실히 하려고 하면 소수의 전업 수행자를 위한 수행 시스템에 머무르게 될 가능성이 큽니다. 노모처럼 종교로서의 불교만 염두에 둔다면 기복불교를 벗어나지 못할 겁니다. 수행 시스템으로서의 불교는 불교를 불교답게 만드는 것으로, 불교의 정체성입니다. 그리고 종교로서의 불교는 이천 년이 넘도록 숱하게 많은 사회와 문화를 거치며 형성된 불교의 틀이라고 볼 수 있습니다.

말하자면 불교는 종교의 옷을 입은 수행 시스템이라고 할 수 있습니다. 그래서 어느 한쪽에 치우쳐서는 안 됩니다. 이 두 가지가 조화를 이루려면 첫째, 개인적 차원에서는 일상적으로 계율을 잘 지키고, 이러한 바탕 위에서 종교적 믿음에 입각한 수행이 이루어져야 할 것입니다. 둘째, 사회적으로는 불교의 계율 정신이 사회의 도덕과 윤리로 작동될 수 있도록 개인들이 노력해야 합니다."

이 수강생의 질문은 '어떻게 하면 다양한 모습을 보이는 불교를 전체적으로 조망할 수 있을까?'로 바꾸어 말할 수 있다. 이 질문은 곧 이 책 전체를 관통하는 물음이기도 하다. 위 질문에 답하기 위해 이번 책은 불교 안에서 불교의 언어로 불교의 세부적인 내용을 살펴보기보다, 불교 밖에서 불교의 전체적인 모습을 바라보고자 하였다.

3.

「제1부 불교와 종교」에서는 '불교는 종교인가?'라는 질문을 통해 종교가 무엇인지 생각해 보는 시간을 먼저 가진다. 인간의 삶을 들여다보면 마치 종교 행위가 인간의 본성에 가까운 것은 아닐까 하는 생각이 들 정도이다. 실로 종교는 단순히 신앙에만 그치지 않고 우리의 삶 속에 깊이 스며들어 있다. 그러나 우리 사회에서 종교는 신앙과 동일시되는 경향이 있으므로, 우선 종교에 대한 고정 관념을 바로잡는 일부터 시작한다.

「제2부 부처님의 생애」는 불교의 창시자이자 교주인 고타마 싯다르타의 생애를 통해 불교의 정체성이 무엇인지 찾아본다. 하지만 그전에 서구적 합리주의라는 이름에 가려진 생각의 편향을 먼저 지적하였다. 우리도 모르게 우리의 눈에 씌워진 안경의 렌즈가 어떤 색인지 정도는 알고 있어야 그나마 안경 너머의 세상을 제대로 볼 수 있기 때문이다. 그리고 또 하나 간과해서는 안 될 것이 있다. 불교는 고대 인도의 사문 전통 속에서 탄생하였고, 고타마 싯다르타 역시 사문이었다. 이는 불교의 정체성을 형성하는 데 중요한 요소이다.

「제3부 불교의 역사」에서는 현대 불교의 기본적인 뼈대가 어떻게 만들어졌는지 살펴본다. '4강. 인도에서 불교가 사라진 이유는?'은 인도에서 불교가 어떻게 태동하고, 어떻게 인도 밖으로 나갈 수 있었는지를 이해하는 시간이다. 즉 사문 전통에서 탄생한 출가 수행자 중심의 불교가 어떻게 해서 재가자 중심의 불교, 즉 종교적 옷을 입은 불교로 변화했는지를 알아본다. 그리고 '5강. 한국불교의 현재와 미래'는 현재 한국불교의 단면을 꼼꼼하게 살펴봄으로써 불교가 얼마나 다양한 모습을 하고 있는지, 그리고 각각의 현상은 서로 어떤 상관관계를 갖는지 들여다 볼 예정이다.

「제4부 불교와 문화」는 이천 년이 넘도록 다양한 사회와 문화에서 성장하고 발전하며 이룩한 불교의 문화를 살펴본다. 만약 수행 시스템으로서의 불교만 불교라고 한다면, 불교의 문화적 유산 대부분은 설 곳이 거의 없다. 전문가 수준의 역량은 못되기 때문에 불교를 이해하는 데 도움이 되는 선에서 필요한 정보들을 다루었다.

굳이 따져 보면 불교 건축은 탑에서부터 비롯되었다. 석등, 승탑도 탑과 무관하지 않다. 그리고 우리 사회에 불교가 뿌리내리며, 불교는 한옥을 자연스럽게 수용하였다. 불교 건축을 알려면 한옥에 대한 최소한의 지식이 필요하다. 마지막으로 종교로서의 불교를 보다 풍성하게 하는 여러 부처님과 보살들 그리고 신중들이 왜 그러한 모습으로, 그곳에, 그렇게 있는지를 중점적으로

짚어 본다.

「제5부 불교의 수행」은 곧 불교의 핵심이기도 하다. 불교는 교주인 고타마 싯다르타의 수행 경험을 바탕으로 정립된 일련의 수행 체계이며, 이러한 수행 체계는 당연히 불교의 교리와 분리될 수 없다. 그러나 여기서는 평소에 불교 수행을 충분히 접해 보지 못한 이들을 위해 본격적인 불교 수행을 위한 준비 단계라 할 수 있는 '마음 다스리기'를 소개하는 정도에 그친다. 실제 수행 실습 역시 집중적인 수행보다 혼자서도 수행할 수 있도록 마음을 낼 수 있는 동기 부여에 초점을 두고 있다.

「제6부 불교의 윤리」는 곧 불교의 계율을 의미한다. 윤리는 삶의 기준이 된다. 삶의 기준이란 무엇이 옳고 무엇이 그른지, 무엇이 선하고 무엇이 악한지를 제시하는 기준이 되는 것이다. 그래서 잘못되고 악한 것은 피하고, 옳고 선한 것은 가까이 하고자 한다. 불교적 용어를 쓰자면 선업(善業)을 쌓고 악업(惡業)을 소멸하기 위한 삶의 지침이라고 볼 수 있다. 그래서 계율을 다루기 전에 먼저 불교의 선악관을 이야기한다. 상식적인 선악관, 기독교적인 선악관과 비교하여 불교의 선악관은 어떤 차이가 있는지에 초점을 맞추고 있다.

계율은 개인이 계율을 어떻게 지킬 것인가에 국한되지 않는다. 개인적 차원에서 나아가 사회적 차원에서도 계율을 적용하는 것이 바람직하다. 그것이 곧 불교 윤리이다. 기독교 사회가 기독교적인 윤리로 작동하듯, 불자라면 이 사회가 불교적 윤리로 작동되도록 노력해야 한다. 그러려면 계율의 사회적 확장, 사회적 의미에 대해서도 깊이 생각해야 한다.

불살생(不殺生)은 비폭력을 바탕으로 한 배려와 존중, 불투도(不偸盜)는 공정과 정의, 불망어(不妄語)는 정직과 신뢰, 불사음(不邪淫)과 불음주(不飲酒)는 소욕지족(少欲知足)의 미덕 등으로 그 의미를 사회적으로 확장해야 한다. 그래야 소수의 엘리트 수행자에 편중된 불교, 기복신앙으로 점철된 불교를 벗어나 진정한 재가자 중심의 불교를 이룰 수 있다.

「제7부 불교의 생사관」은 죽음에 대해 생각하는 시간이다. 죽음에 대한 사유를 통해 얻고자 하는 것은 '삶'에 대한 통찰, 근본적으로는 '나'에 대한 통찰이다. 삶이란 '살다'의 명사형이다. 동어반복일 수밖에 없지만 삶의 가장 근원적인 전제는 내가 '살아 있다'라는 사실이며, 내가 살아 있는 그 자체가 곧 삶이다.

산다는 것은 내가 존재하는 것이요, 죽는다는 것은 내가 사라지는 것이다. 삶 그 어디에도 죽음은 없다. 우리의 상식 속에서 죽음은 삶의 반대, 삶이 아니기 때문이다. 죽음을 생각하는 것은 자신의 가장 근원적인 전제에 대해 생각함을 의미한다. 그러니 삶을 통찰하려면 삶의 '속'이 아니라 삶의 '바깥'으로 나가서 삶을 바라보아야 한다. 그것은 곧 죽음을 생각하는 것과 다르지 않다.

티베트의 불교 개론서라고 할 수 있는 『보리도차제론』은 죽음에 관한 탐구에서부터 시작한다. 왜일까? 불교를 연 고타마 싯다르타의 수행과 사상은 바로 삶에 대한 통찰에서 비롯되었고, 그에 대한 대답이기 때문이다. 삶에 대한 통찰이 사무쳐서 삶이 '고(苦)'임을 뼈저리게 느끼게 될 때 비로소 깨달음을 향한

강한 열망, 즉 발심(發心)이 일어난다.

4.

이 책은 2023년부터 3년간 매년 상반기 석 달 동안 진행된 '증심사 불교아카데미 기본과정' 강좌를 바탕으로 만들어졌다. 강좌를 준비하다 보니 언제부터인가 불교 밖에서 불교를 전체적으로 조망해 보자는 방향으로 나아가고 있었던 것 같다. 처음부터 이러한 방향을 의도한 것은 아니었다. 아마도 나 자신이 평소에 이런 문제의식을 지녔던 게 아닐까 생각된다. 지나고 나서 생각해 보니 처음부터 명확한 방향성을 가졌다면 더 알차고 짜임새 있는 강좌가 되었을 것이다. 후회는 되지만 이미 지난 일이다. 아쉽지만 내 능력은 여기까지다. 게으름을 다스리는 것도 중요한 능력이니 말이다.

불교 교리는 하반기 과정인 '증심사 불교아카데미 심화과정' 강좌에서 주로 다루었다. 여건이 된다면 '불교 교리 편'도 만들면 괜찮을 듯하다. 물론 어디까지나 능력이 허락해 주어야 가능한 일이겠지만, 일단은 희망 사항에 올려 두고 있다.

2025년 10월,
중현

―― 차 례 ――

책머리에 **004**

제1부. 불교와 종교
1강. 불교는 종교인가? **016**

제2부. 부처님의 생애
2강. 불교의 두 갈래 길과 사문 전통 **038**
3강. 부처님의 생애 **052**

제3부. 불교의 역사
4강. 인도에서 불교가 사라진 이유는? **078**
5강. 한국불교의 현재와 미래 **100**

제4부. 불교의 문화
6강. 전각·탑·승탑　126
7강. 불보살과 신중들　152

제5부. 불교의 수행
8강. 마음 다스리기의 이론과 실습　188
9강. 기도하면 정말로 소원이 이루어지나?　210

제6부. 불교의 윤리
10강. 불교의 선악관과 계율　230
11강. 일상에서 만나는 계율　252

제7부. 불교의 생사관
12강. 죽음을 생각하라　278

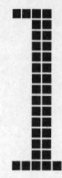

불교와 숭교

1강

불교는
종교인가?

'불교는 종교인가?'라는 화두를 구성하는 두 개의 키워드는 '불교'와 '종교'이다. 두 키워드를 각각 살펴보되, '종교'에서는 관습적으로 형성된 종교에 대한 인식과 현재 우리 사회에서의 종교에 대한 인식을 분리해서 살펴본다. 이후 기존의 인식을 해체하는 과정과 이를 자신만의 확고한 불교관으로 종합하는 과정을 거쳐 '불교'라는 키워드를 이해하고자 한다.

종교와 불교

먼저 기존의 종교는 (1)신앙으로서의 종교 (2)라이프스타일로서의 종교 (3)신성함을 추구하는 본질적인 측면 (4)화재경보기 이론 등을 따라 살펴본다.

2021년 기준 한국의 종교 현황은 무종교자가 60퍼센트를 차지한다. 무종교자가 절반 이상인 나라는 전 세계적으로 드물다. 반세기 가까이 사회주의 국가 체제 속에서 종교 탄압이 이루어진 중국을 제외하면 같은 양상을 나타내는 나라를 찾기 힘들다. 그렇다면 현대 한국 사회에서 종교는 어떤 모습으로 나타나고 그 이유는 무엇일까? (1)기존 종교의 쇠락 (2)개인의 부각 (3)실존적 고통 등의 측면으로 들여다보자.

불교는 시대마다 사회마다 다양한 형태로 등장한다. 우리 사회는 상황에 따라 구미에 맞는 불교적 요소를 취해 왔다. 이 장에서는 불교의 다양한 모습을 해체하여 (1)기복신앙적 모습 (2)제도 종교로서의 모습 (3)힐링 산업으로서의 활용 (4)명상 혹은 참선으로의 접근 등의 관점으로 살펴보고, 이들 불교를 종합적으로 이해하고자 시도한다.

불교의 근본정신과 본질을 알기 위해서는 탄생했을 당시 불교의 모습, 즉 2600년 전 석가모니 부처님이 처음 발견했던 시스템을 바탕으로 불교를 이해해야만 한다. 그것이 불교의 출발이자 핵심이기 때문이다. 이후의 불교는 이를 확장하고 심화하는 과정이며, 시대와 사회에 맞게 적용하는 과정이었다. 이를 명심해야 지금 현재 우리의 시스템에 맞게 불교를 재구성할 수 있다.

우리 사회에서 종교란

우리가 알고 있는 '종교'는 서구에서 들어온 개념이다. 일본 메이지 유신 당시, 그동안 동양권에 없던 개념이었기에 당연히 이름도 없었던 'religion(종교)'이 유입되었다. 서양에서 유입된 종교란 어떤 형태인가? 그것은 한마디로 '신앙'이다.

    과거 중세 서양에서 종교는 단순한 믿음이 아닌 인간의 삶 그 자체였다. 그러나 자본주의가 성장하면서 종교 생활과 사상은 자본 축적의 걸림돌이 되었다. 자본주의의 성장에 따라 정치, 경제, 철학, 과학이 차례로 '종교'라는 큰 카테고리에서 분리되었다. 교황 권력과 세속 국가 간의 오랜 알력 끝에 정치는 종교와 분리되었고, 더 이상 부의 축적이 죄악이 아니게 되면서 경제 역시 종교에서 떨어져 나왔다. 인간 중심의 계몽주의 사상이 등장하며 철학도 종교로부터 독립을 선언하였고, 급기야 천동설을 부정하는 지동설의 등장으로 종교의 권위는 과학에서도 발을 디딜 수 없게 되었다.

    이렇게 서양의 종교에서 정치, 경제, 철학, 과학을 제거한 뒤 남은 것이 바로 신앙이다. 이러한 현상은 서구 종교의 특징적인 모습이다. 현대 서구 사회의 종교는 삶과 일치하지 않을뿐더러, 다만 신앙의 측면에만 국한되기 때문에 그저 취사선택의 문제가 되었다. 반면 이슬람이나 힌두교 사회에서의 삶은 현재까지도 종교와 일치되어 있다.

우리나라의 경우 조선이 망하고 일제에 의해 식민지화되면서 사회의 정체성 자체가 상당히 훼손되었다. 게다가 해방 이후 곧바로 한국 전쟁이 발발하며 생활 기반은 물론 사고방식까지 모든 것이 붕괴하였다. 이후 미군정이 한국을 통치하면서 서구적 사고방식과 라이프스타일이 급격하게 밀려들었고, 여기에 더하여 가난에서 벗어나고자 온 사회가 오로지 경제 발전에만 매달렸다. 그 결과 정치적, 사회적, 문화적 여러 문제는 등한시되었다.

기존의 모든 것이 무너진 백지상태에서 우리 사회는 서구적인 사고방식으로 재구성되었고, 종교도 이렇게 재구성된 것 중 하나이다. 우리가 상식적으로 '종교=신앙'으로 생각하게 된 것 역시 이러한 역사적 흐름에 따른 것이다.

신앙의 현세 지향적 특징

서구적 개념의 신앙이 밀려오기 전에도 우리만의 신앙이 있었다. 대표적인 것이 칠성신앙이다. 정화수를 떠 놓고 칠성신에게 비는 모습을 매체나 과거 가정 내에서 본 기억이 있을 것이다. 정화수 자체가 칠성신을 상징한다. 최근에는 이를 민간신앙이라고도 하고 미신으로 치부하기도 한다. 칠성신앙이나 산신신앙의 경우, 극락왕생을 위해 비는 게 아니라 지금 원하는 바 소원 성취를 해 달라고 빈다. 현세의 일을 다루는 것이다.

신앙의 측면에서 종교는 첫째로 현세 지향적인 특징을 보인다. 신앙의 현세 지향은 지금 내가 원하는 것을 이루어 달라고 절대자에게 기도하는 형태로 나타난다. 우리나라의 기복신앙에서는 과거 아녀자들이 장독대 위에 정화수 한 그릇 떠 놓고 정성스럽게 기도를 드리는 모습이 가장 먼저 떠오른다.

　요즘도 굳이 불교를 믿지 않더라도 초파일이 되면 절에 가서 연등을 달고 소원을 비는 것이 전혀 어색하지 않다. 일본에서는 신도(神道, 선조나 자연을 숭배하는 일본 고유의 민족신앙)가 대표적이다. 신정이 되면 대부분의 일본인은 신사에 가서 소원을 빈다. 이 역시 복을 바라며 비는 기복신앙이다. 현세 지향적 특징이 두드러지는 기복신앙은 우리 사회의 기존 고등 종교에 깊이 스며들어 있다. 그래서 교회나 절을 가리지 않고 기도 내용이 마치 약속이라도 한 듯 같다. '수능을 잘 보게 해 달라', '승진하게 해 달라'처럼 말이다.

신앙의 내세 지향적 특징

신앙으로서의 종교의 두 번째 측면은 내세 지향이다. 기독교, 이슬람교, 유대교, 힌두교 같은 외국의 종교들이 이러한 특징을 지닌다. 앞의 세 가지는 아브라함 계통이고, 마지막은 힌두교 계통이다.

　유대교와 기독교는 같은 뿌리에서 나왔다. 유대교를 비판하면서 등장한 것이 기독교이고, 기독교는 훗날 가톨릭과 개신교로 분리된다. 이슬람교도 아브라함 계통의 종교이다. 이슬람에서는 예수를 무함마드와 같은 일종의 예언자로 인정하고 있다. 이슬람에서는 '알라', 유대교에서는 '여호와', 기독교에서는 '신(God)'이라 부르지만, 모두 같은 유일신을 지칭한다.

　아브라함 계통은 사막에서 태동한 종교이다. 사막이라는 현실은 생존을 위협할 정도로 열악하고 고통스럽다. 거기에 덧붙여 매우 무미건조하다. 그래서 어떻게 하면 죽은 후에 신의 옆자리인 천국에 가는 것을 보장받을 수 있는가에 매달린다.

힌두교가 발생한 인도는 열대 기후로, 우기와 건기라는 양극단의 날씨를 오가는 지역이다. 고통스럽지만 사막처럼 생존을 위협당할 정도는 아니다. 힌두교의 세계관에서 인간들이 살아가는 세계는 고통으로 가득 차 있다. 인간은 수없이 많은 생을 반복하면서 이 세계를 벗어나지 못한다. 이것이 바로 '윤회(輪廻)'이다. 고통스럽게 끝없이 반복되는 윤회의 사슬을 끊고 최고 신 '브라흐만'과 하나가 되는 것이 행복으로 가는 길이며, 그렇게 해야만 고통의 세계에서 벗어날 수 있다는 것이 힌두사상의 기본적인 맥락이다.

라이프스타일로서의 종교

종교가 라이프스타일(life style)을 지배한다는 것은 어떤 의미일까? 현대 서구적 관점에서는 종교와 신앙이 동의어이지만, 본디 종교는 인간의 삶 그 자체였다. 현대에도 이슬람교는 신앙의 영역에 국한되지 않고 삶 자체를 지배하고 있다. 이슬람의 경우 사람들의 복장이 종교에 의해 규정된다. 또한 모든 이슬람교도는 하루에 다섯 번씩 신앙의 중심 도시인 '메카'를 향해 기도해야 한다. 이런 식으로 이슬람의 세계에서 종교는 일상적인 삶 속에 자연스럽고도 깊숙이 스며들어 있다.

일본의 신도 역시 스스로 인식하지 못하는 사이에 생활 전반에 녹아 있다. 많은 일본인이 신을 모시는 축제인 '마츠리'를 준비하기 위해 일 년

중 몇 개월의 시간을 쏟아붓는다. 일본인들은 스스로 종교가 없다고 말하지만, 일생의 중요한 순간마다 관습적으로 종교적 의식을 치른다. 태어나면 신사에 가서 아기의 출생을 신고하고, 결혼할 때는 교회에서 결혼식을 치른다. 일본에 오로지 결혼식만을 위한 교회가 있는 것도 이런 이유다. 죽을 때는 불교식으로 장례를 치르며, 새롭게 건물을 지으면 건물이 무너지지 않도록 기원하는 지진제를 반드시 지낸다. 이 모두가 일본 사회에 종교가 깊숙이 들어와 있는 모습이다.

신성성의 추구

신앙으로서의 종교와 라이프스타일로서의 종교가 공통으로 가지는 특징은 신성성을 추구한다는 점이다. 종교와 신앙은 일상생활을 벗어난 특별한 장소에서, 특별한 시간에, 특별한 무언가를 하는 식으로 발현된다. 심지어 종교가 없는 사람도 특별한 일을 앞두고 있을 때 자신만의 특별한 의식을 치르게 되는데, 이 역시 일상에서 벗어나 신성성을 추구하는 측면이 반영된 것이다. 왜 종교는 일상에서 자연스럽게 발현되지 않고 일상의 시공간을 벗어난 공간과 시간, 특별한 의식을 추구할까? 그렇게 해야만 인간이 가진 근원적인 갈증이 해소되기 때문이다.

화재경보기 이론

원시인 두 사람이 있다. 두 사람이 수렵 채집 활동을 하다가 바스락거리는 소리를 들었다. A는 소리를 듣자마자 깜짝 놀라서 얼른 도망쳤다. 반면 B

는 다소 이성적이고 합리적이고 논리적인 사람이라서 소리의 정체를 눈으로 확인할 때까지 차분하게 기다리기로 했다. 바스락 소리를 낸 정체가 단순한 바람이었다면 A와 B 모두 무사했을 테지만, 그 소리의 정체가 맹수였다면 A는 살고 B는 죽었을 것이다.

'화재경보기 이론'은 주변에 민감하게 반응하는 것이 생존에 유리하다는 이론이다. 화재경보기는 꼭 불이 났을 때만 울리는 것이 아니다. 이미 불이 난 상황에서 화재경보기가 울리는 것은 별 의미가 없다. 그때는 사람도 불이 난 사실을 알기 때문이다. 불이 날지도 모를 때, 불이 날 확률이 조금이라도 있을 때 화재경보기는 울려야 한다. 그래야만 약간의 화재 가능성에도 이를 방지하고자 노력을 기울이고, 화재에 의한 사망률을 낮출 수 있다.

A는 평소 불안과 두려움을 안고 살아가지만 생존에는 유리했다. 그 결과 B보다 더 많이 살아남았고, A의 불안과 두려움을 가진 유전자는 후대에 더 많이 전해졌다. 현대인들이 불안과 두려움을 달고 사는 이유가 여기에 있다. 인간은 미래에 대한 불안, 불확실한 것에 대한 두려움으로 인해 열심히 무언가를 하며 살아간다. 불안과 두려움은 생존을 위해 기본적으로 장착된 기능이다. 하지만 일상적으로 이러한 감정을 품고 사는 건 너무나 피곤한 일이다. 이 감정을 다스리기 위해 종교라는 장치가 탄생하였다.

기존 종교의 현황

기원전 3000년경 브라만교가 인더스강을 중심으로 발생하였고, 이후 부처님이 룸비니에서 태어나면서 인도 동북부를 중심으로 불교가 발전해 나갔다. 예수 사망 후 예루살렘이 약탈당하고 서기 1000년경 무함마드가 태어나면서 중동과 북아프리카를 중심으로 이슬람교가 급속하게 퍼져 나갔다. 같은 시기에 불교는 동쪽으로 확산, 기독교는 유럽을 중심으로 퍼져 나갔다.

서기 1500년 이후 신대륙이 발견되어, 남미나 북미 등에 가톨릭이 전파되었다. 특히 20세기 아프리카 대륙의 경우 북아프리카는 이슬람, 남아프리카는 기독교로 종교적 경계가 뚜렷하다. 아프리카 대륙은 땅도 넓고 인구도 가장 많은 지역으로, 면적이 중국의 세 배에 달한다.

세계적인 차원에서 종교의 현황을 분석할 때 주목해야 할 지역이 바로 아프리카 대륙이다. 아프리카는 대부분 개발 도상국이 많아 출생률이 높고, 교육 수준이 상대적으로 낮으며, 사회가 전반적으로 안정되어 있지 못하다. 그러므로 지금 현재 선진국보다 종교적 토양이 잘 갖추어져 있다고 볼 수 있고, 앞으로도 종교의 추세에 커다란 영향을 미칠 것이라 예상한다.

2015년, 세계의 주요 종교 현황을 보면 기독교 31퍼센트, 이슬람 24퍼센트, 무교 16퍼센트, 힌두교 15퍼센트, 불교 7퍼센트 등이다. 지금으로부터 삼십 년 뒤인 2060년 세계의 종교 비율을 예측하자면 기독교 32퍼센트, 이슬람 31퍼센트, 무교 13퍼센트, 힌두교 14퍼센트, 불교 5퍼센트 등으로 나타난다.

	2015년		2060년
기독교	31.0	▶	32.0
이슬람교	24.0	▶	31.0
무교	16.0	▶	13.0

힌두교	15.0	▶	14.0
불교	7.0	▶	5.0
민간신앙	6.0	▶	5.0
기타 종교	0.8	▶	0.6
유대교	0.2	▶	0.2

그림 1. 기존 주요 종교 현황과 예측

기독교는 서구에서 세력이 감소하더라도 아프리카 남부에서 적극 장려되기에 그 세력을 비슷하게 유지한다. 반면 이슬람은 크게 성장한다. 이는 이슬람 권역의 아프리카 북부와 중동 지역 출생률이 높을뿐더러, 이슬람 특성상 개종하는 경우도 극히 드물기에 확장하는 추세를 이어갈 것으로 전망된다. 힌두교 비율은 약간 축소되는데, 힌두교는 인도 맞춤형 종교이기 때문에 세계로 뻗어 나가기보다 인도 안에서만 지금처럼 유지할 것으로 예측된다.

한국의 종교와 기존 종교의 쇠락

세계적인 차원에서 보면 현재는 물론 미래에도 여전히 종교를 가진 인구가 압도적인 다수를 차지할 것으로 보인다. 오히려 삼십 년 후 종교가 없는 사람은 3퍼센트 정도 줄어들 것으로 예측한다. 그러나 우리 사회는 무종교인이 60퍼센트를 차지한다. 이는 결코 보편적인 모습이 아니다. 왜 그럴까?

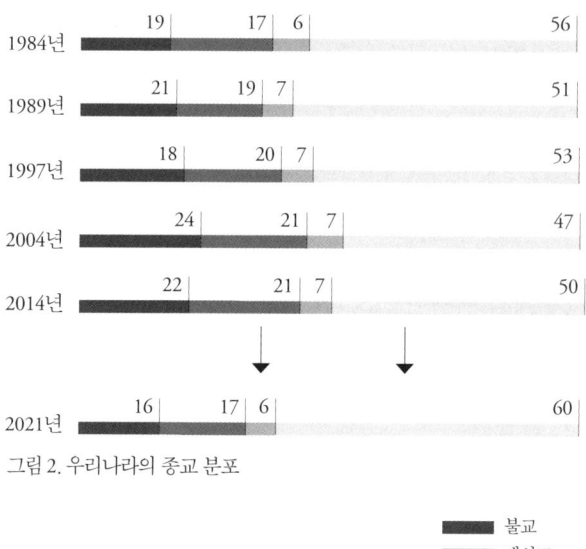

그림 2. 우리나라의 종교 분포

한국 사회는 경제적으로 윤택하고, 정치 제도와 사회 복지 제도도 잘 정비되어 있다. 사회 시스템이 전반적으로 잘 갖추어져 있으므로 의료, 복지, 교육 등 과거 종교가 담당했던 역할 대부분을 사회에서 담당하여 종교의 필요성이 줄어들었다. 동시에 문맹률이 매우 낮고 학력 수준이 높다. 사람들 대다수는 과학적이고 합리적으로 사고하는 것을 선호하여 대대로 내려오던 종교적인 사고방식 역시 줄어들었다. 다만 과학적, 합리적 사고를 선호하는 것이 곧 실제로 과학적이고 합리적으로 사고하는 것과 동일하다고 볼 수 없음을 유념해야 할 것이다. 한마디로 선진국에서 보편적으로 보이는 종교의 축소 현상이 우리나라에서도 나타나고 있다.

여기에 더하여 일제의 식민지화, 한국 전쟁, 미국식 사회 시스템의 무분별한 수입, 물질 지상주의 등 급격한 사회 변화로 기존의 전통이 단절되면서 기존 종교가 쇠락의 길을 걸었던 점도 큰 요인으로 작용하였다.

우리나라는 2000년대 초반을 기준으로 무종교인이 급증하고 있으며, 특히 20~30대의 80퍼센트 이상은 무종교인이다. 종교인의 부정부패 혹은 개인의 경제적 여건에 의해 종교를 택하거나 택하지 않는 것이 아니라 그저 종교에 무관심하다.

개인의 부각

현대에는 모든 문제를 개인이 판단하고, 개인이 선택하고, 개인이 책임진다. 최근 반세기를 지나오면서 우리 사회 내에서 공동체 해체가 급격하게 진행되었다. 과거에는 태어난 마을 공동체에 묶여 일평생을 살았기 때문에 보이지 않는 공동체의 질서에 의해 개인의 삶이 좌지우지되었다. 비록 삶을 개척하기는 어려웠지만 과거에 해 왔던 방식으로 모두가 힘을 모아 일상의 대소사를 처리했기에 스스로 고민하거나 선택하는 부담은 적었다. 그러나 1950년대 이후 급격한 사회 변화로 인해 공동체는 와해되었다. 핵가족은 이미 1980년대의 이야기이고, 2020년대는 1인 가구의 시대로 변모하였다. 이는 형식적으로만 가족이 남았을 뿐, 실질적인 가족은 사라지고 있음을 의미한다. 공동체는 물론 가족 또한 해체되고 개인만 남은 것이 현대의 모습이다.

과거 종교가 담당했던 영역은 사회의 복지 제도, 정치적 권리 신장, 풍요로운 경제적 요건에 의해 대체된 반면, 개개인에게 부과되는 삶의 무게는 과거에 비할 바 없이 무거워졌다.

　과거 공동체 속에서 육아는 공동체가 함께 참여하는 공동 육아의 모습이었지만, 현대 사회의 육아는 완전히 다른 양상이다. 현대 맞벌이 가정의 젊은 새댁은 오롯이 혼자서 육아를 감당해야 한다. 과거 마을 공동체 속 공동 육아보다 서너 배 이상의 과중한 부담이 개인에게 부과된다. 이러한 부담을 덜기 위해서는 육아 비용을 치를 만한 충분한 돈이 있거나, 시댁이나 친정과 같은 다른 가족의 희생을 강요해야만 한다. 이 과중한 육아의 부담은 결국 출생률의 감소로 이어지고 있다. 개인도 사회도 그 누구도 육아에 대한 책임을 온전히 지지 못하는 상황이 발생하고 있는 것이다.

　개인이 부각되는 만큼 선택과 책임 역시 개인의 어깨로 짊어져야만 한다. 마을 공동체와 가족이 해체된 현 사회에서 각각의 개인은 다도해(多島海) 위에 흩뿌려진 섬처럼 제각각 흩어져 있다. 혼자서 모든 것을 감당해야 하는 것이 바로 현대 사회이다.

실존적 고통

과거에는 어떤 직업을 가져야 하는지, 이 일을 왜 해야 하는지 개인이 고민할 필요가 없었다. 백정 집안에서 태어나면 개인의 의사와 무관하게 백정 일을 해야만 했다. 그러나 현대는 그렇지 않다. '내가 이 일을 왜 해야 하는가?'라는 질문을 스스로 던지고 스스로 답해야 한다. 이 질문이 확대되면 '왜 사는가?'와 같은 실존에 대한 고민으로 이어진다. 공동체뿐만 아니라 공동체를 지탱하던 기존의 가치관까지 해체된 상태에서 살아가는 현대인들에게 실존적 고뇌는 이미 일상이 되었다.

삶이 무의미하다는 감정이 가득 찬 상태를 서양 철학적으로 '삶의 부조리'라 표현한다. 알베르 카뮈(Albert Camus)는 '부조리란 인생에서 의미를 찾으며 성실하게 살아가려는 인간의 의지를 좌절시키는 비합리성의 세계'라고 말한 바 있다.

삶에 목적이나 이유가 있으려면 우리가 태어날 때 '나는 이러이러한 목적을 가지고 세상에 태어난다.'라고 정하고 태어나야 한다. 태어남은 곧 삶의 시작이고, 죽음은 삶의 끝이기 때문이다. 삶을 시작하기 전에 목적을 가지고 태어나면 고민할 이유가 없다. 그러나 현실은 그렇지 않다. 태어날 때는 자아(自我)가 없다. '나'라는 인식은 태어나고 적어도 2~3년이 지난 후에야 생긴다.

왜 태어났는가? 그냥 태어났다. 왜 사는가? 그냥 산다. 이것이 정답이다. 너무나 싱겁지만 사실이다. 아무리 고민해도 우리가 원하는 답은 없으며, 답이 없는 문제는 고민할 필요가 없다. 우리 삶에 의미가 없는 것이 당연하다. 내가 존재해야 할 이유, 내가 태어난 이유가 없는 것은 우리 중 그 누구도 태어날 때 목적과 이유를 가지고 태어나지 않았기 때문이다. 그러나 현실에서는 이런 것을 고민하지 않을 수 없다. 인간은 언제나 목표를 정하고, 목표를 실현하기 위해서 노력하고, 실현한 목표를 평가하며 살아가기 때문이다.

현대 사회에 종교가 필요한 이유가 여기에 있다. 기존의 가치관·공동체·도덕·윤리 체계가 힘을 잃은 가운데, 개인이 모든 것을 선택하고 책임져야 하는 상황에서 삶의 무게를 견디게 하는 무언가를 찾아야 한다. 종교가 그 대답 중 하나가 될 수 있다. 종교학자들은 현대 종교의 이 같은 기능을 기존의 종교와 구분하여 '영성'이라는 단어로 표현한다.

기존의 종교가 현대 사회에서 힘을 잃은 것은 사실이지만, 종교를 필요로 하는 상황은 여전히 존재하고 있다. 기존의 고등 종교가 힘을 잃은 빈자리에 각종 신생 종교, 유사 과학, 점성술 같은 것들이 비집고 들어오는 상황이 좋은 증거이다.

불교의 여러 가지 모습

불교는 여러 가지 얼굴을 가지고 있다. 불교는 힌두교가 지배하고 있는 인도 사회에서 탄생하여 세계 곳곳으로 퍼져 나갔다. 제석천을 비롯하여 불교에 등장하는 많은 신이 힌두교의 신들을 자연스럽게 흡수한 예이다. 인도의 전통 종교에서 독자적으로 튀어나온 불교는 인도를 벗어나 여러 나라와 만나, 그 나라의 고유문화와 결합하여 다양한 얼굴을 가지게 되었다.

우리나라 제도권 종교로서의 불교는 오랜 시간에 걸쳐 형성된 고등 종교의 체계를 가지고 있다. 고도의 불교사상, 신앙 체계와 수행 시스템, 불교 건축, 불교 미술, 의식 체계 등에서 1600년 이상을 이어 온 한국불교의 면면을 잘 알 수 있다. 그런가 하면 민간신앙과 결합한 기복신앙으로도 불교는 존재한다. 점집이나 철학관에서 볼 법한 모습을 사찰에서도 흔히 볼 수 있는데, 불교가 민간신앙을 자연스럽게 흡수한 결과이다.

요즘 사람들은 과거와는 다른 양상으로 불교를 받아들인다. 대표적으로 템플스테이를 보자. 일반인들이 생각할 때 불교와 사찰은 '힐링'하는 곳이다. 또 다른 측면으로는 명상 산업으로서의 불교를 들 수 있다. 20세기 서구는 불교 전체가 아니라 불교의 수행 테크닉 일부를 받아들였다. 다양한 불교의 측면 중에서 수행 시스템·명상·요가와 같은 측면을 따로 떼어서 비즈니스화했고, 근래에는 이러한 서구의 명상 비즈니스가 역으로 동아시아에 수입되고 있다.

이처럼 다양한 얼굴의 불교가 있기에 '불교란 무엇인가'를 한마디로 정의하기가 어렵다. 인공지능(AI)에게 위의 질문을 던진바, 대답은 아래와 같다.

"불교는 인도에서 태어난 종교로, 부처님의 가르침을 따르는 사람들의 집단입니다. 불교는 인간의 고통과 그 근원을 깨닫고, 그것을 끊어 내고, 영원한 평화와 행복을 얻는 방법을 가르칩니다. 불교는 세계에서 다섯 번째로 큰 종교이며, 아시아 대부분의 지역과 유럽, 북미 등에도 퍼져 있습니다.

불교란 부처님의 가르침을 따르고 불경을 경전으로 삼는 종교입니다. 부처님은 인도에서 태어나 인생과 우주의 진리를 깨친 분이며, 그 진리는 바로 연기법입니다. 불교는 세계적으로 약 5억 명의 신도를 가지고 있으며, 다양한 분파와 전통이 존재합니다."

모든 종교가 종교로서 자격을 갖추기 위해서는 세 가지가 필요하다. 종교의 지도자인 '교주', 그 종교의 가르침인 '교리', 그 종교를 따르는 집단인 '교단'이다. 인공지능의 답변도 종교의 3대 요소로 설명되어 있다. 이렇게 불교는 종교의 3대 요소를 충족하는 종교의 하나다.

불교는 힌두교적 전통에 입각해 있다. 인공지능의 답변 중 '영원한 평화와 행복을 얻는 방법을 가르친다.'라는 부분에서 이 사실을 읽어낼 수 있다. 힌두교 계통의 종교는 열대 기후의 고통스러운 상황에서 벗어나는 것을 목표로 한다. 괴로운 사바세계의 원인을 찾아 그 괴로움을 벗어나고 영원한 행복을 찾는 것이 힌두교 계통 종교의 목표다.

부처님은 힌두교적 틀을 공유하되 그 해결 방식과 내용을 달리한 새로운 종교를 창시하였다. '어떻게 하면 괴로운 사바세계를 떠나 영원한 행복을 찾을 것인가?'라는 질문은 당대를 관통하는 화두였다. 고타마 싯다르타가 수행을 하다가 불현듯 떠올린 생각이 아니었다. 시대의 화두를 고민하던 고타마 싯다르타가 깨달은 바가 바로 '연기법(緣起法)'이다.

만나는 지역의 문화·사상과 결합한 불교

불교는 인도 사회에서 파생되었으나 인도적 특성과 정서를 내려놓고 불교만의 교리, 사상, 수행으로 세계에 전파되었다. 그렇게 뻗어 나가며 새롭게 만나는 지역에 이르러서는 그 지역의 문화, 전통과 결합하여 독자적인 불교 문화를 형성했다. 중국의 문화 및 전통과 결합하여 선불교 같은 중국화된 불교가 탄생했고, 한국의 토속신앙과 문화를 만나 한국적인 색채의 불교가 탄생했고, 일본의 신도와 만나 신불습합(神佛習合)으로 대표되는 일본화된 일본불교가 등장하게 되었다.

인도불교가 동아시아로 전파되었을 당시, 동아시아에는 부처님처럼 고도로 세련된 신이 존재하지 않았다. 그러나 부처님이라는 어마어마한 존재가 유입되기 시작하자 지배 세력은 새로운 문화이자 이슈인 불교를 이용하여 왕권을 강화하였다. 중국의 경우 '왕즉불(王卽佛)', 왕이 곧 부처고 신이라는 논리를 차용하였다. 신라는 '왕이 사는 신라는 불국토'라는 식으로 불교를 차용하여 왕권 강화를 위한 호국불교로 이용했다. 인공지능의 대답 중 '다양한 분파와 전통이 존재한다.'라는 구절 역시 위와 같은 역사적 사실과 상황에 걸맞은 대답이라 하겠다.

무엇이 불교가 아닌가

불교를 이야기할 때 '불교는 무엇인가?'라는 질문도 중요하지만, '불교는 무엇이 아닌가?'라는 질문이 더욱 중요하다. 이에 대한 인공지능의 대답은 이렇다.

"불교는 유일신이나 절대자에게 의존하여 구원을 받는 종교가 아니라고 할 수 있습니다."

아브라함 계통의 종교적 관점에서 보면 불교는 종교가 아니다. 유일신을 섬기지 않기 때문이다. 굳이 말하자면 불교는 힌두교적인 전통, 다신교적인 전통, 수행을 중시하는 종교적인 전통에 속한다. 아브라함 계통 종교의 시각으로 힌두교적 전통의 종교들을 재단할 수 없다.

"불교는 토착 종교에 관용적이었지만, 동아시아로 전파되면서 많은 변형과 혼합이 일어났습니다. 그래서 불교는 한 가지 모습이나 형태로 정의할 수 없는 다양한 종파와 전통을 가진 종교입니다."

대승불교는 다양한 문화와 종교가 번성했던 인도 북서부에서 발전하였다. 대승불교는 이러한 풍토 속에서 조로아스터교, 고대 그리스의 다신교, 힌두교 등 다양한 종교와 경쟁하고 교류하며 성장하였다. 이러한 경쟁은 불교가 신앙의 강조, 신상 숭배 같은 종교의 일반적인 특성들을 수용하도록 하는 데 많은 영향을 주었다. 그 결과 대승불교는 동아시아로 자연스럽게 퍼져 나갈 수 있었다.

불교의 핵심 전통을 지키면서도 종교적 범용성을 갖춘 까닭에 불교는 힌두교와 달리 인도 밖으로 퍼져 나갈 수 있었다. 동시에 새롭게 만나는 토착신앙이나 문화와도 잘 융화할 수 있었다. '이것이 불교다'라고 불교를 쉽게 단언할 수 없는 이유가 여기에 있다.

불교란 무엇인가

불교는 우리가 상식적으로 떠올리는 신앙으로서의 종교, 즉 아브라함 계통의 종교가 아니다. 불교의 뿌리는 인도이고, 인도는 힌두교적 전통의 나라이며, 불교 역시 힌두교적 전통에서 파생된 종교이다. 이후 불교는 인도에서 빠져나와 세계로 나가며 만나는 시대와 문화, 정서와 적극적으로 동화되었기에 다양한 얼굴을 가지고 있다.

불교의 핵심은 무엇인가? 인공지능은 이렇게 답했다.

"불교의 핵심은 부처님의 가르침이자 진리인 연기법입니다. 이 법칙을 깨닫고 고통의 근원인 무명과 욕망을 끊어 내면 해탈에 이를 수 있습니다. 이를 위해 불교는 사성제와 팔정도를 가르칩니다."

불교는 연기법이다. 어떻게 하면 불교가 추구하는 바를 이룰 수 있는가? 팔정도(八正道)를 닦으면 된다. 다시 말해 불교는 팔정도이다. '불교는 영원한 행복에 이르는 길이다', '불교는 종교로 포장된 수행 시스템이다' 등 불교를 여러 가지로 정의할 수 있지만 충분히 만족스럽지는 못하다. 인공지능에게 던진 질문에서 불교가 무엇인지를 길어 올린다.

불교, 즉 부처님의 가르침은 올바른 삶의 기준이다

종교의 본래 역할 중 하나는 도덕과 윤리의 기준을 만드는 것이다. 어른을 공경하고, 남녀가 유별하고, 이웃에게 친절하라는 것은 유교적인 원칙에 기반하여 나온 윤리이다. 종교란 '어떻게 살면 올바르게 살 수 있는가', '어떻게 하면 인간답게 살 수 있는가'라는 실존적 고민에 대한 해답이다. 종교는 올바른 삶의 기준이며, 불교는 그 올바른 삶의 기준으로 팔정도를 제시한다.

바른 삶의 기준(팔정도)

혜(慧)	• 정견(正見): 바르게 보기 • 정사유(正思惟): 바르게 생각하기[탐(貪)·진(瞋)·치(癡): 마음으로 짓는 악업 3가지]
계(戒)	• 정어(正語): 바르게 말하기[망어(妄語)·양설(兩舌)·악구(惡口)·기어(綺語): 입으로 짓는 악업 4가지] • 정업(正業): 바르게 행동하기[살생(殺生)·투도(偸盜)·사음(邪淫): 행동으로 짓는 악업 3가지] • 정명(正命): 바르게 생활하기(바른 직업관)
정(定)	• 정정진(正精進): 바르게 노력하기 • 정념(正念): 바르게 깨어 있기 • 정정(正定): 바르게 삼매(집중)하기

그림 3. 불교, 즉 부처님의 가르침은 올바른 삶의 기준이며 이것이 팔정도이다.

부처님의 생애

2강

불교의
두 갈래 길과
사문 전통

신본주의 vs 인본주의

서구는 근대에 들어서면서부터 신본주의(神本主義)를 타파하고 인본주의(人本主義)를 내세우기 시작했다. 이러한 흐름은 오늘날 서구 문명의 주류를 이루고 있으며, 사실상 전 세계를 이끌어 가고 있다. 신본주의는 신이 근본이라는 사상이고, 인본주의는 신이 아니라 사람이 근본이라는 사상이다. 별 의미 없는 말 같지만 들여다보면 많은 의미를 담고 있다.

프랑스의 대통령 에마뉘엘 마크롱(Emmanuel Macron)은 2024년 3월, 56년 만에 프랑스 전국 학교에서 교복을 의무화하겠다는 방침을 발표하였다. 다른 나라도 아니고 자유와 평등, 박애를 주창하는 프랑스에서 어떻게 다시 교복을 입히겠다고 한 걸까? 이를 이해하기 위해 프랑스 공화국 헌법 제1조 1항을 살펴보자.

> 프랑스는 비종교적·민주적·사회적·불가분적(indivisible) 공화국이다. 프랑스는 출신·인종·종교에 따른 차별 없이 모든 시민이 법률 앞에서 평등함을 보장한다. 프랑스는 모든 신념을 존중한다. 프랑스는 지방 분권으로 이루어진다.

프랑스 헌법에서 가장 처음 등장하는 단어는 '비종교적'이다. 이것은 우리나라 헌법 1조의 '대한민국은 민주공화국이다.'에 비견할 만큼 중대한 의미를 가지고 있다.

'비종교'를 근본이념으로 삼는 나라인 프랑스에서는 개인적으로 어떤 종교를 가지든 공적인 영역에서 종교와 관련된 표현을 금한다. 프랑스의 교복 의무화 결정은 프랑스 사회에서 두 번째로 많은 종교인 이슬람(추산 600만 명)이 공공영역에서 히잡 착용 등을 통해 정체성을 드러내지 못하도록 하기 위함이다.

현재의 프랑스는 1789년 대혁명으로 절대 왕정을 무너뜨리고 공화제를 수립하면서 탄생했다. 프랑스 역사에서 가장 중요한 가치가 바로 자유와 평등, 박애 정신이다. 이 정신은 사상적으로 신본주의를 배격하고 인간 이성을 중심에 두는 인본주의로 표현되며, 정치적으로는 왕정을 타파한 공화체제로 표현된다.

프랑스처럼 오늘날 현대 유럽의 정신을 뿌리 깊이 간직하고 있는 나라에서 신본주의를 배격한다는 말은 단순한 철학적 주장이 아니라 정체성의 문제이고, 정치적·사회적인 문제와도 직결된다. 프랑스 정부가 굳이 무리하면서까지 교복을 다시 입히고자 하는 것은 세력을 넓히고 있는 프랑스 내 이슬람교도에 반하여 종교와 정치가 엄밀하게 분리된 공화국의 뿌리를 지키겠다는 말과 같다.

서구 사회가 인본주의와 이성을 전면에 내세우는 것은 스스로가 신본주의 사상에서 출발하였음을 실토하는 것과 같다. 태생적으로 인본주의는 세계의 질서와 정치, 경제, 사회, 문화의 중심에 신이 있다는 신본주의의 반작용으로 탄생했기 때문이다.

우리나라는 서구와 달리 특정 가치나 종교, 특히 강력한 유일신앙에 의해 천 년 넘게 지배되었던 역사가 없다. 조선을 지배했던 유교 역시도 여호와나 알라처럼 공자나 맹자를 절대적으로 신앙한 종교라기보다 문화나 풍습, 삶의 기준이나 가치관에 가까웠다. 그러니 서구에서 천 년 이상 유일신앙에 지배당하던 사람들이 그 반대 작용으로 이성과 공화체제를 강조하고, 정치와 종교를 엄밀하게 구분하는 세속주의 형태를 열렬하게 옹호하는 모습을 우리나라 사람들이 쉽게 이해하기는 힘들다.

나아가 신본주의와 인본주의의 대립 구도는 이분법적 사고의 함정에 빠지기 쉽다. 이미 우리 사회 전체는 서구 편향적 교육을 받고 성장했기 때문에 이러한 대립 구도가 자연스러워 보일 수 있다. 그러나 불교적 시각은 서구의 '신본주의 대 인본주의'의 이분법적 개념과 다르다. 과연 인간은 이성과 감성이 공존 혹은 대립하는 존재인가? 부처님은 그렇게 보았는가? 이러한 명제를 냉정하게 검토해 볼 필요가 있다.

이기심은 현대인만의 속성?

현대 과학 문명은 해를 거듭할수록 발전하고 세분화하면서 인간을 경쟁 속으로 몰아넣고 있다. 그 결과, 현대인은 대립과 갈등 속에서 새로운 고독과 불안에 떨고 있다. 현대인은 마치 바다에 흩어져 있는 섬처럼 파편화되고 고립되어 존재한다. 그러나 과연 이것을 '현대인'의 특성으로만 국한할 것인가? '인간이라는 존재의 보편적 특성 또는 속성에서 기인하는 부분은 없는가?'

인간은 육체와 자신을 동일시하는 경향이 강하다. 고등한 생명체일수록 이런 경향을 쉽게 발견할 수 있다. '이것은 나의 몸이니까 나의 소유이고, 나의 소유인 몸이 사라지면 나는 죽는다.' 이는 곧 '나와 육신은 뗄 수 없는 사이이며, 육신이 곧 나 자신'이라는 너무나 근본적이고 당연한 생각으로 귀결된다.

사람뿐만 아니라 개와 고양이, 육체를 가진 모든 생명체가 의식을 가지는 순간부터 '육신이 곧 자신'이라는 등식을 가진다고 봐도 무방하다. 짐승들이 먹이 경쟁을 하고 이성을 차지하기 위해 서로 싸우는 것만 봐도 알 수 있다. 이기심은 여기에서부터 시작한다. 현대인이 이기심과 경쟁으로 인해서 파편화되는 게 아니라, '육체가 곧 나 자신'이라는 뿌리 깊은 속성이 현대에 들어 더욱 부각되었다고 봐야 한다.

이분법적 선 vs 악

불교적으로 생각하기 위해서는 근대 서구의 이분법적 사고방식을 탈피해야 한다. 이분법적 사고방식에서 인간을 바라보면 인간은 이성적이고 합리적인 성향과 감성적이고 충동적이며 쾌락을 지향하는 성향 사이를 방황하는 존재, 한마디로 말해 '선과 악 사이를 방황하는 존재'로 규정된다. 그러니까 '성선설'은 인본주의·이성 중심·헬레니즘이고, '성악설'은 신본주의·감성 중심·헤브라이즘 계통이라는 이야기다.

　여기에는 전제가 있다. 인간이 선과 악 사이를 방황하는 중간적 존재라는 말이 성립하기 위해서는 우선 먼저 선이 존재하고 악이 존재해야 한다. 선과 악을 전제하기 위해서는 좋은 것과 나쁜 것, 특히 악에 대해선 원죄 의식이, 이에 대립하는 선에 대해서는 전지전능하고 완벽한 신적인 존재가 상정되어야 한다.

　여호와가 아담과 이브를 창조한 다음 선악과에 대해 경고했지만, 아담과 이브는 뱀의 유혹으로 선악과를 따 먹고 나서 부끄러움을 알게 되었다는 기독교적 원죄가 이에 해당한다. 아담과 이브가 여호와의 말을 듣지 않은 것이 가장 근원적인 죄이고, 모든 인간은 태어나기 전에 이미 원죄를 가진 상태가 된다. 유일신앙적 사고방식에서는 이렇게 선과 악이 이미 존재하고 있다. 이성적이거나 합리적인 것은 선한 것이고, 감성적이거나 충동적인 것은 죄를 짓는 악한 것이라는 구분이 이미 전제된다.

알 수 없는 이유로 신이 먼저 존재하고 인간은 그다음에 존재하는데, 신과 비교했을 때 인간은 불완전하다. 불완전하기에 이성적이지 못하고, 이성적이지 못하기에 충동적이고, 충동적이어서 죄를 짓는다. 그러므로 인간은 한계가 있는 나약한 존재이며, 구원을 받아야 하는 존재라는 식으로 논리가 전개된다.

서구적 개념의 선과 악은 이미 유일신앙적이고 이분법적인 사고를 바탕에 깔고 있다. 이처럼 인간을 서구 중심적으로, 또는 이분법적으로 접근하는 데에 경각심을 가져야 한다.

수행하는 불교 vs 기복하는 불교

일각에서는 불교가 두 가지 길을 제시하고 있다고 주장한다. 하나는 이성적이고 합리적으로 사고하고, 스스로 수행하여 영원한 행복을 얻는 길이다. 나머지 하나는 인간은 나약한 존재이기에 아미타 부처님과 같은 위대한 불보살의 가피에 힘입어야 비로소 행복의 길로 나아갈 수 있다는 것이다. 서구의 이분법적 사고는 이 '불교의 두 가지 길'에도 적용된다.

앞서 언급한 이분법적 사고를 연결하여 보면 전자는 인본주의적 방식, 후자는 신본주의적 사상에 바탕을 두어 설명한다. 전자는 깨달음의 길, 후자는 구원의 길이라고 표현할 수 있다. 실제 우리나라 불교를 단순화하면 위와 같은 두 가지 양상을 보인다. 하나는 스스로 참선하고 수행하여 무언가를 이루어야 한다는 흐름이고, 다른 하나는 절에 가서 열심히 기도

하거나 때로는 스님들에게 모든 것을 위임하여 기복신앙적 구원을 바라는 형태이다.

서구식 교육을 받은 사람들의 관점에서 기복신앙은 미신이고 나쁜 것이므로 위의 두 가지 길 중 '올바른' 불자의 길은 첫 번째, 즉 스스로 수행하여 깨달음으로 나아가는 길이라고 생각하기 쉽다. 이 문장만 놓고 보면 두 가지 길이 서로 다른 길인 것처럼 비추어진다. 마치 미국의 시인 로버트 프로스트(Robert Lee Frost)가 말한 「가지 않는 길」처럼 내 앞에 펼쳐진 두 갈래 길 중 반드시 하나의 길만 선택해야 한다는 느낌처럼 읽히기도 한다.

과연 두 가지 길 중 어떤 하나는 바른길이고 다른 하나는 잘못된 길이라고 할 수 있을까? 학문적으로는 일부 맞는 말일 수 있으나, 실제 수행의 현장 또는 포교의 현장에서는 두 길이 결코 구분된 다른 길일 수 없다.

두 갈래 길은 양자택일의 길?

부처님은 전지전능하고 절대적인 신이고, 우리 중생들은 불완전하고 충동적이고 감성적이고 죄악에 휩싸인 보잘것없는 존재여서, 이 둘 사이에는 건널 수 없는 깊은 강이 흐르고 있다는 식의 생각은 실로 어리석은 생각이라고 불교는 강조한다. 깨닫지 못하면 중생, 깨달으면 부처일 뿐 부처와 중생이 같은 사람이라는 것이 첫 번째 길이 가진 속뜻이다.

흔히 두 가지 길을 나누는 기준으로 '근기(根機, 수행할 능력)'를 주장한다. 수행할 능력이 있다면 첫 번째 깨달음의 길로 가고, 수행할 능력이 부족하면 두 번째 길인 구원의 길로 가라고 말이다. 그러나 이것은 참으로 무책임한 발언이다. 두 길이 따로 있는 것이 결코 아니다.

현실 인식은 두 번째 길이되, 해결 방식은 전자의 방식을 취하는 것이 불교의 통합적인 관점이다. 이를 잘 나타내는 것이 바로 『화엄경』에 등장하는 '믿음은 도의 근본'이라는 말이다. '믿음이 없다면 진정한 깨달음은 있을 수 없다.'라는 이 한마디 말 속에 깨달음의 길과 구원의 길이 모두 녹아 있다.

둘을 따로 보지 않고 같은 수행의 다른 측면으로 보는 것이 불교의 접근법이다. 또한 '큰스님 한 명이 나면 대중 천 명을 먹여 살린다.'라는 식의 '엘리트불교'적 접근 역시 이제는 극복해야 할 사고다.

불교는 결코 깨달음의 길과 구원의 길로 나뉜 종교가 아니다. 이제부터 이러한 문제의식을 전제하고 부처님의 일생을 살펴볼 텐데, 수행자 고타마 싯다르타가 2600년 전 인도에서 어떤 삶을 살았기에 현대에 이르기까지 신앙의 대상이 될 수 있었는지 알아보자.

2600년 전 인도 사회의 브라만교

고타마 싯다르타가 살았던 '인도'라는 사회, 그리고 브라만 사상과 사문의 전통을 살펴보자.

일각에서는 인도 북서부에서 브라만 사제들이 브라만 사상을 체계화했고 인도 북동부 갠지스강 중하류 지역에서 출가수행을 중심으로 하는 사문들이 자신들의 독특한 세계관과 인생관을 제시했다고 이야기한다. 이 말을 보면 마치 인도 브라만 사제들과 사문들이 서로 땅따먹기하는 식으로 영역을 나누어 활동한 것으로 묘사되어 있다. 그러나 엄밀하게 말하면 브라만교(현대의 힌두교)가 먼저 등장하여 이미 사상 체계를 성립한 후, 기존 브라만교를 비판하는 견지에서 사문들이 등장하게 된 선후 관계가 있다.

부처님의 생애를 이야기할 때 명심해야 할 점은 당시 사회가 지금으로부터 2600년 전이라는 점이다. 우리나라로 치면 단군 신화가 등장하는 고조선 시절로, 역사의 기록이 존재하지 않는 시대이기도 하다. 그만큼 까마득히 오랜 옛날의 이야기이므로 지금부터 나오는 인도 사회의 모습을 현재의 시각으로 판단하면 매우 곤란하다.

브라만교를 아주 단순하게 설명하자면 '하늘에 있는 선신과 악신이 서로 싸워서 선신이 이기면 사람들에게 좋은 일을 해 주고, 악신이 이기면 각종 천재지변과 더불어 인간에게 나쁜 일이 일어난다. 그래서 인간이 해야 할 일은 선신이 힘을 낼 수 있도록 응원하는 것이고, 응원의 방법은 선신이 힘을 낼 수 있는 먹거리를 하늘에 공양하는 것'이다.

제사 만능주의의 브라만교

어떻게 땅에 사는 인간이 하늘의 신에게 공양물을 올려 보낼 수 있을까? 정답은 '연기'다. 공양물을 태워서 그 연기가 하늘로 올라가 선신에게 닿고, 공양물의 힘으로 선신이 힘을 내어 악신을 물리치게 된다. 공양물을 태워 연기를 올려 보내는 행위가 바로 '제사'이다.

브라만교는 제사 만능주의다. 농사가 잘되게 해 달라, 가뭄이 들지 않게 해 달라는 기도에서 나아가 개인적인 소원을 빌기에 이르기까지 모든 것이 다 제사로 통한다. 누군가의 소원을 이루어 주도록 신을 움직이는 제사, 누군가를 해치기 위해 신을 움직이는 제사 등 다양한 제사들이 행해지고 사람들의 소원이 많아질수록 제사장들끼리는 경쟁하게 된다.

기도의 내용에 따라 제사의 방식이 달라지기 때문에 제사의 절차는 복잡해지고, 절차가 복잡해지는 만큼 제사장들의 희소성과 가치는 더욱 올라가게 된다. 우리가 알고 있는 『우파니샤드』 등의 철학적인 내용은 부처님이 활동하던 기원전 500년경이 되어서야 등장한다. 이렇듯 초기 브라만교는 제사 중심이었다.

브라만교는 또한 전형적인 종교의 속성을 가지고 있었다. 기독교나 이슬람교, 유대교와 같은 아브라함 계통의 종교적 속성과 유사하다. 절대자인 신이 있고, 신에게 빌고, 신이 그것에 응답하는 패턴이다. 세부 사항은 다르지만 신의 구원을 골자로 한다는 점에서는 같은 성격이라고 할 수 있다.

이러한 당대 종교관, 사회상을 비판하면서 등장한 것이 '사문'이다. 사문들은 브라만교의 제사 만능주의를 비판하면서, 윤회를 끝내는 해탈에 도달하는 일은 제사를 통해 얻을 수 있는 것이 아니라 개인의 수행에 달렸다고 주장했다.

집을 떠나 삭발하는 '사문 전통'

과연 '사문 전통'이란 무엇일까? 당대의 유명한 사문이었던 '육사외도(六師外道)'들의 사상 하나하나가 중요한 것이 아니라, 사문이라는 집단의 특성을 아는 것이 중요하다. 고타마 싯다르타 역시 사문 전통에 속해 있던 분이기 때문에 싯다르타가 왜 출가했는지 그 이유를 사문 전통에서 유추할 수 있다.

사문은 출가하여 수행에만 전념해서 윤회를 벗어나겠다는 사람들이다. 다양한 사문 집단이 다양한 주장, 세계에 대한 여러 가지 해석 그리고 갖가지 수행 방식을 주장하였다. 그리고 숱한 사상들 가운데 현대에 이르기까지 인정을 받아 사람들에게 전해 내려오는 사상은 불교와 자이나교, 둘뿐이다.

불교는 세계 종교로서 생명력을 가지고 전 세계에 퍼져 있으며, 자이나교는 인도 내의 소수 종교로 유지·계승되고 있다. 자이나교는 비록 소수이긴 하나 엄격한 불살생의 계율 때문에 상업에 종사하는 이들이 많아서 사회적 영향력도 무시하지 못하는 수준이다.

사문은 이를테면 전업 수행자였다. 오로지 수행만 하기 위해서는 가족과 생계 수단을 모두 버려야 했다. 이것이 출가다. 2600년 전 사회의 생산력을 지금의 생산력과 비교해서는 안 된다. 가정을 꾸리고 생업에 종사하면서도 수행에 전념할 수 있는 여유를 당시 사회는 제공할 수 없었다.

브라만은 가정을 이루면서 제사장의 역할을 했다. 자식들을 다 키우고 가장의 책무에서 벗어나게 되면 비로소 집을 떠나 출가할 수 있었다. 하지만 집을 떠난다 한들 누군가의 시중을 받아야 생활이 가능하므로 집에서 멀지 않은 숲에서 수행하였다.

브라만 계급은 인생을 '학습기-가주기-임주기-유행기'로 나누어 이에 따라 살아갔다. 학습기는 스승 밑에 들어가서 제사 지내는 법과 경전을 배우는 시기이고, 가주기는 가정을 꾸려 독립하는 시기이다. 가장으로서 책임을 다한 후에는 임주기로 숲속에 들어가 명상 수행을 하고, 말년에는 정처 없이 떠돌다가 바라나시 같은 곳에서 생의 마지막을 보내는 유행기를 가졌다.

이들이 숲속에서 명상 수행을 하는 임주기에는 주변 사람들이 그를

불교(佛敎, Buddhism)
위) 불교기
아래) 불교 상징

자이나교(Jainism)
위) 자이나교기
아래) 자이나교 상징

그림 4. 불교와 자이나교의 상징

위한 공양물을 가져다 바쳤다. 그는 가정을 위한 의무를 다했으므로 공양을 올리는 사람들은 '나의 가족을 구성하는 남자 구성원들 역시 자신의 책임을 다한 뒤에 언젠가는 그처럼 저렇게 할 것이다. 그러니 그를 보필하는 건 당연하다.'라고 생각했다. 물론 이러한 형태의 출가는 카스트제도 하에서 브라만 계급만 허용되었다.

반면 사문은 가주기에 행해야 할 가장의 의무를 다하지 않고 가정을 떠난 사람들이다. 사문은 브라만처럼 인도 주류 사회에서 대접받는 존재는 아니었다. 일반인들은 사문이 의무를 다하지 않았다고 생각했기 때문에 사문을 찾아가 공양을 올리지 않았다. 사문은 마을로 직접 나와 탁발을 하며 공양을 요구해야 했다. 하지만 사문 역시 수행자였기에 사람들이 다만 찾아가서 공양을 올리지 않았을 뿐, 마을에 와서 탁발하는 사문들을 문전박대하지는 않았다. 불교의 탁발 전통은 여기에서 비롯되었다.

출가 수행자가 삭발하는 것 또한 수행에 전념하는 사람이라는 의지의 표식이다. 당대 인도 사회에서 삭발을 하는 경우는 첫째, 아이가 태어났을 때 마을 공동체의 일원임을 알리고 마을에서 모시는 신에게 신고하는 의식을 위해 꼭 필요한 형식이었다. 둘째, 부모가 죽었음을 알리는 의미이다. 부모가 죽지도 않았는데 삭발한 것은 '우리 부모는 죽은 것과 마찬가지이다. 나는 가족을 비롯하여 세상과의 모든 인연을 끊었다.'라는 메시지와 다르지 않았다. 스님이 되려면 삭발을 해야 한다는 것이 불교 고유의 전통처럼 여겨지지만, 출가자의 삭발은 이처럼 고대 인도 사회의 풍습에서 기인하였다.

생계와 수행을 병행할 수 있는 현대와 비교하면 2600년 전 인도는 생산력이 아주 낮았기에 가족을 부양하면서 동시에 수행할 수 있는 여건을 만들 수 없었다. 사회생활이냐 수행이냐, 양자택일의 기로에서 '수행'을 택한 사문들의 수행은 자연스럽게 엘리트적인 요소를 가질 수밖에 없었다. 수행을 통해 윤회를 벗어나고자 한다면 출가 외에는 다른 길이 전무했고, 오로지 수행만 하고자 출가를 택한 사람들이었기에 더욱 난이도가 높은 수행에 매진하였다.

3강

부처님의
생애

탄생, 천상천하 유아독존

지금부터는 부처님의 일대기 가운데 유명한 일화를 중심으로 의미를 헤아려 보는 시간을 갖겠다.

첫 번째는 부처님의 탄생이다. 어머니의 옆구리에서 태어나 일곱 걸음을 걷고 탄생게인 '천상천하 유아독존 삼계개고 아당안지(天上天下 唯我獨尊 三界皆苦 我當安之)'를 말했다는 이야기는 신화적 상상력에 가깝다. 모든 영웅의 일대기에는 자연스럽게 신화적 상상력이 더해지기 마련이다. 신화를 놓고 사실 여부를 따지는 것은 의미 없는 행동이다.

불자인 우리에게 중요한 것은 부처님의 탄생 장면이 사실인가 사실이 아닌가가 아니라, 선대 불교도가 어떤 정신에 입각하여 탄생 설화와 탄생게를 각색했는지 헤아리는 일이다. 실제로 '유아독존'이라는 말은 자기 혼자 잘났다는 식으로 사람을 비꼬는 의도로 사용되는 등 본래 의미가 퇴색된 측면도 많기에 그 의미와 정신을 올바로 아는 것이 매우 중요하다.

부처님이 고타마 싯다르타로 세상에 태어난 이야기를 이해하기 위해서는 그의 전생을 알아야 한다. 부처님은 하늘나라 도솔천의 내원궁이라는 궁전에서 하늘 아래 지상 세계를 내려다보다가 슈도다나 왕(淨飯王)과 마야 부인의 몸을 빌려서 태어나기로 마음먹는다. 잉태 자체가 전생 부처님의 의도였기에 태어나자마자 일곱 걸음을 걸을 수도 있고, 고차원적인 탄생게를 설할 수도 있는 존재로 상정된 것이다. 탄생게를 설하는 신생아 싯다르타를 자연인 싯다르타가 아니라 이미 부처인 현세불(現世佛)로 생각해야 설화의 구성과 맥락을 이해할 수 있다.

천상천하 유아독존. '온 세계를 통틀어 오직 나만 홀로 존귀하다.'라는 말의 의미를 정확하게 알아야 한다. '나만 홀로 존귀하다.'라는 말은 곧 '나'

그림 5. 법주사 팔상전의 「팔상도」 비람강생상.
싯다르타를 출산하는 마야 부인(아래)과 탄생게를 선언하는 태자(위).

아닌 것은 존귀하지 않다는 말이다. 이는 곧 모든 존재가 모두 '나'라는 의미이다. 우리 모두는 '나'와 '너'로 나누어진 개별적인 존재가 아니며, 이 세상은 하나의 아름다운 꽃이다. 각각의 존재가 다 '나'이고, '나'와 '너'의 구별이 없다.

우리의 모든 고통과 불행의 출발은 '나'와 '너'를 나누는 데에서 출발한다. 그러나 부처님이 보기에 세상은 '나'와 '너'로 나눌 수 없는, 모두 '나'인 것이다. 이러한 유아독존의 도리를 모르는 중생들이 욕계와 색계, 무색계라고 하는 삼계 모든 세상에서 고통스러워하니[三界皆苦] 마땅히 내가 고통받는 중생들을 편안하게 하겠다[我當安之]는 것이 탄생게에 담긴 참뜻이다.

사유와 출가

성장한 싯다르타는 쟁기 축제를 하는 자리에서 사유에 잠긴다. 새가 벌레를 잡아먹고 그 새를 더 큰 새가 낚아채는 모습을 보고 '왜 살아 있는 존재들은 서로가 서로를 잡아먹는 것일까?' 하고 생각하다가 인연 도리에 대한 깊은 명상을 한다.

이 모습은 무엇을 의미할까? 불교에서 추구하는 깨달음을 얻으려면 명상을 해야 한다는 것을 명확히 하고 있다. 마음 밖에서 농사를 짓고 다리를 놓고 성을 멋지게 쌓는다고 마음의 불안과 고통을 해소할 수 있는 게 아니라는 것을 비유적으로 드러낸다. 어린 싯다르타는 농경제에서 명상에 들어 세상 여러 존재가 얽히고설켜서 서로에게 고통을 주고 있다는 인연법을 통찰하였다.

그림 6. 법주사 팔상전의 「팔상도」 사문유관상.
생로병사의 괴로움과 수행자(사문)의 위의를 알게 된 태자.

이윽고 조금 더 성장한 싯다르타는 사문유관의 네 가지 모습을 보고 출가를 결심한다. 첫 번째 문에서는 늙은 사람[老]을, 두 번째 문에서는 병든 사람[病]을, 세 번째 문에서는 죽은 사람[死]을, 마지막으로 네 번째 문에서 수행자 즉 사문의 모습을 보고 '나도 저 사문처럼 수행자의 길로 가야겠다.'라는 생각을 한 것이다.

인간은 원래 늙고 병들고 죽게 되어 있는 존재다. 좋아서 태어난 것이 아니고, 죽고 싶어서 죽는 것이 아니다. 원래 그런 것이 인간이다. 타고날 때부터 떠안고 있는 한계를 인식하고 노력을 통해 극복하겠다는 것이 사문 전통의 발상이다.

싯다르타는 늙고 병들고 죽는 모습을 통해 인간의 실존을 직시했다. 인간의 가장 근원적인 한계는 병들고 늙고 죽는 것임을 깨닫고, 이로 말미암아 불안과 고통이 생겨난다는 것을 알았다. 어떻게 하면 이러한 고통과 불안을 극복할 수 있을까? 사문들은 출가와 전적인 수행을 통해 이 질문에 대한 해답을 찾고자 했다.

앞서 언급한 것처럼 2600년 전 인도 사회에서는 생산 여건이 너무나 열악했으므로 수행에만 전념하는 삶은 가족과 신분을 모두 버려야만 가능했다. 양자택일의 상황에서 어쩔 수 없는 선택이었다. 과연 현재 우리나라에 고타마 싯다르타가 태어나서 같은 고민을 한다면 어떨까? 왕자에 버금가는 권력과 재산이 있는 상태로 현대에 태어났다면 출가만이 깨달음을 위한 유일한 선택은 아니었을 것이다. 현대 사회의 생산력은 여건만 된다면 개인이 전적으로 수행할 수 있는 환경을 만들어 줄 수 있기 때문이다. 물론 도반이 전부라는 부처님의 말씀을 생각한다면 꼭 그런 것만은 아니지만, 최소한 사회의 생산력만 놓고 보면 불가능한 이야기도 아니다.

우리 사회에서는 많은 이들이 스님의 출가 이유를 궁금해한다. 반면 미얀마에서는 남자라면 일생에 한 번은 반드시 출가하는 것이 당연시 여겨진다. 마치 우리나라의 남자들이 군대에 가는 것과 유사하다. 이러한 사회에서 출가 동기를 묻는 사람은 없다. 미얀마나 우리의 이런 차이는 우리 사회에 의도치 않게 엘리트불교적인 정서가 뿌리 깊게 남아 있기 때문이다. 일반인들이 생각하기에 스님은 너무나 고되고 힘든 고행의 일상을 보내는 것 같은데, 굳이 그 힘든 길을 선택할 때에는 엄청난 각오나 사연이 있으리라 짐작하는 것이다. 그러나 사람들의 기대와는 달리 엄청난 사연이나 사고로 인해 출가하는 경우는 많지 않다. 다만 앞으로 어떻게 살아야 하는지에 대한 고민과 이에 대한 선택이 있을 뿐이다. 출가에 대한 인식은 시대, 사회, 문화에 따라 다르기 마련이다. 이 점을 명심할 때, 지금 우리 사회가 필요로 하는 출가의 모습을 제대로 이끌어 낼 수 있을 것이다.

고행에서 명상까지

출가를 한 고타마 싯다르타는 육 년간 엄청난 고행을 감행했다. 피골이 상접하여 뱃가죽과 등이 붙을 지경이었다. 절집에서 간혹 볼 수 있는 부처님 고행상은 거의 해골에 가까운 모습을 하고 있다. 이런 모습을 보면 자연스럽게 '아! 깨달음을 얻기 위해서는 저 정도의 고행을 해야 하는구나.'라는 생각이 든다. 하나 이는 착각이다.

사문의 무리는 아주 많았고, 각기 다양한 주장과 방식을 주창했다. 그 중 주류를 이루었던 사상 중 하나가 '육신의 한계를 극복해야만 윤회에서 벗어날 수 있다.'라는 주장이었다. 일례로 자이나교에서는 악업을 소멸시키기 위해서는 스스로 지은 업에 해당하는 만큼 자신의 육체를 괴롭히는 고행을 해야 한다고 생각했다. 자기 자신을 죽음까지 몰아가는 극한의 고행을 통해 그동안 지은 악업을 다 소멸하면 자연스럽게 깨달은 자가 된다고 여겼다.

당시 주류 수행법이었던 고행을 실제 행한 부처님은 이 방법이 잘못되었다는 것을 알았다. 부처님은 극단적인 고행을 포기하고 마을의 소녀 수자타가 건넨 우유죽을 마신다. 마음을 어떻게 잘 다스리느냐에 따라서 깨달음을 얻을 수 있느냐 없느냐가 정해지는 것이지, 육신을 괴롭힌다고 되는 것이 아니라는 것을 상징적으로 보여 주는 장면이다. 부처님은 육신을 괴롭혀서 깨달음을 얻는 것이 아님을 몸소 실천했다.

깨달음으로 가는 길, 통찰과 발심

앞서 불교는 두 가지 길을 제시한다고 했다. 그런데 엄밀하게 따지면 두 가지 길이 각기 다른 게 아니라 하나의 통합된 길이라는 점도 분명하게 짚었다. 이 하나의 길은 싯다르타가 당대 인도 사회 속 사문 전통에 입각하여 수행의 길을 나섬으로써 시작되었다. 사문 전통의 토대 위에서 부처님은 당신만의 독자적인 깨달음을 얻었다. 깨달음 이후에 부처님은 오직 당신이 걸어온 길과 방식 그리고 수행법을 바탕으로 깨달음의 길을 제시하였다. 그 길은 당신이 직접 검증한 길이었으며, 검증 과정에서 겪었던 시행착오는 제외되었다.

현대의 불자들은 두 가지 길을 어떻게 결합해야 할까? 첫 번째 길, 즉 깨달음을 향하여 모든 삶을 다 바치는 수행의 길로 가기 위해서는 먼저 믿음이 확고해야 한다. 부처님이 제시한 길이 옳은 길이라는 확신을 갖기 위해서는 여기에 투신하겠다는 마음을 내야 한다. 믿음의 전제는 확고한 초발심(初發心)이다.

두 번째 길인 구원의 길 역시도 자신이 의지하는 신에 대한 확고한 믿음이 전제되어야 한다. 확고한 믿음이 쉽지 않을 때는 일단 부처님의 가르침대로 실천해야 한다. 실천은 어제보다 더 나은 나 자신을 만드는 길이고, 자신 안에 있는 믿음을 키워 나가는 과정이다.

믿음은 어디에서 오는가? 우리가 지금 이 세계에서 언제나 고통과 불안을 헤매고 있다는 현실에 대한 통찰에서 온다. 그리고 통찰에 기반하여 고통에서 벗어나는 방법을 치열하게 모색하는 데에서 믿음이 굳건해진다. 삼계가 모두 고통이라는 것을 확실하게 이해하는 데에서 믿음이 나오며, 그 과정에서 앞서간 고타마 싯다르타를 위시한 조사들에 대한 믿음이 생긴다.

이러한 믿음에 의해서 그들이 간 길을 따라가며 자신이 변화해 가는 것이다. 깨달음의 길이든 구원의 길이든 시작은 현실에 대한 통찰과 현실을 벗어나겠다는 의지에 있다. 이 마음을 바탕으로 자신을 변화시켜 나갈 때 우리는 조금 더 깨달음에 가까이 갈 수 있다.

믿음

뮤지컬 「싯다르타」를 보면, 고뇌와 회의에 젖은 수행자 싯다르타가 등장한다. 나의 경험에 비추어 보아도 선방에 다닐 때 공부가 되기는 하는 건지, 깨달음이 오는 건지 고민하고 회의하던 시절이 있었다. 이러한 번민의 모습은 결국 믿음이 부족하다는 것을 의미한다. '이렇게 하면 깨달음을 성취할 수 있다.'라는 사실에 대한 믿음이 부족한 상태, 즉 불신의 상태이다.

믿음이란 반드시 종교적이거나 신앙적인 것만을 의미하지 않는다. 정치적인 신념, 삶에 대한 가치관, 직업에 관한 생각 등을 모두 포괄한다. 믿음은 눈에 보이는 것도 아니고 객관적으로 존재하는 어떤 것도 아니어서 참으로 막연하다.

불교 공부와 수행에서 가장 중요한 토대가 되는 믿음이란 무엇일까? 믿음을 좌우하는 요소에는 두 가지가 있다. 첫 번째는 '또 다른 믿음'이고, 두 번째는 '욕망'이다.

'또 다른 믿음'이라니 말장난일까? 그렇지 않다. 부처님의 가르침에 대한 믿음이 생기려면 가르침을 펼치는 주체인 부처님에 대한 믿음이 전제되어야 한다. 마치 무등산을 처음 오르는 초행자가 앞으로 3킬로미터를 더 가면 정상이 나올 것을 어렴풋이 알고는 있지만, 국립공원이 인증한 표지판을 보면 더욱 확실하게 믿게 되는 것처럼 말이다.

특정한 가르침을 창시한 교주들은 본인의 의지와 무관하게 신적인 존재가 되는 경향이 강하다. 불교도 부처님을 신격화하였다. 부처님을 신격화한 것은 부처님에 대한 믿음의 결과이기도 하고, 신격화한 결과 부처님에 대한 믿음이 더 강화되는 측면도 있다.

신격화와 믿음은 매우 밀접한 연관 관계를 갖는다. 부처님에 대한 신격화는 부처님에 대한 믿음을 보장하는 일종의 보증 수표와도 같은 역할을 한다. 부처님은 완전무결한 존재이기 때문에 전적으로 믿음이 가는 대상이다. 이 부처님에 대한 믿음이 신격화를 통해 확실해지므로 부처님의 가르침에 대한 믿음 역시 자연스럽게 생긴다.

다만 신격화는 대부분 감성적이어서 일관적이지 않고 오래가지 못하는 경향이 있다. 처음 부처님 법을 접하고 장엄한 법당에서 부처님에게 예불을 드리면 마치 첫 연애에 빠질 때처럼 뜨거운 감정이 올라온다. 그러나 이런 감정에 익숙해지면 눈에 씐 콩깍지가 벗겨지듯 시들해진다.

믿음의 두 번째 요소가 '욕망'이라는 것은 어떤 의미일까? 믿음을 갖기 위해서는 믿음의 대상에 대한 욕망이 있어야 한다. 무등산에 가는 사람으로 예를 들면, 무등산에 가고자 하는 욕망이 있는 사람이 실제 무등산에 가고 정상에 오른다. 반면 무등산 등산에 전혀 관심도 없는데 억지로 무등산에 가는 사람에게는 공신력 있는 표지판도 아무 소용이 없다. '욕망'은 스스로 무언가를 하게 하는 힘이고, '또 다른 믿음'은 그러한 행동에 대한 일종의 보증 수표다.

믿음을 의지로 개척한 수행자

고타마 싯다르타의 경우에는 믿음을 가질 만한 표지판을 상실했다. 영원한 행복의 길로 가고 싶어 몇 개의 표지판을 따라 전진했지만 더 이상 표지판이 나오지 않았기에 스스로 개척한 것이다. 싯다르타는 여러 스승을 찾아다니며 다양한 수행법을 익혔다. 스승들을 통해 무소유처정(無所有處定), 비상비비상처정(非想非非想處定) 등의 경지에 도달하나 어느 것도 자신이 원한 경지가 아니었다. 그 이상의 가르침을 줄 수 있는 스승이 없었으므로, 싯다르타는 홀로 육 년 동안 본격적인 고행을 시작하였다.

고행으로 죽음의 문턱까지 갔음에도 끝내 깨달음을 이루지 못하자, 고타마 싯다르타는 고행이 깨달음으로 가는 길이 아니라고 판단한 후 수

자타의 우유죽 공양을 받는다. 육체가 아닌 마음으로 무언가를 해야겠다는 생각으로 보리수 아래에 앉은 고타마 싯다르타는 자신만의 수행을 만들어 간다. 그리고 그 수행은 '깨달음'이라는 결실을 보았다.

믿음의 출발은 욕망

앞서 언급한 믿음의 두 가지 요소를 이해한 상태로 부처님 일대기 중 깨달음의 과정을 살펴보자. 고타마 싯다르타가 깨달은 진리는 매우 힘이 들고 미묘하고 난해하고 심오했다. 당신 자신은 목숨을 걸고 수행한 결과로 얻어냈기에 소화할 수 있었지만, 과연 이 내용을 다른 중생들도 이해할 수 있을까 하는 의문을 가졌다. 무등산 정상에 오르고 싶다는 욕망이 강해야 힘이 들어도 정상을 향해 계속 나아갈 수 있고, 정상으로 가는 올바른 길을 찾기 위해 표지판을 자세히 보려고 노력할 것이다. 같은 맥락에서 믿음을 지탱하는 욕망 없이는 믿음이 지속될 수 없다.

부처님 가르침은 고통으로 가득 찬 사바세계에서 벗어나 열반으로 이르는 길이다. 그러므로 부처님의 가르침에서 믿음의 출발이란 사바세계의 고통에서 벗어나고 싶다는 욕망이다. 현실 자체가 고통이라는 자각에서 부처님 가르침에 대한 믿음이 생기고 이것이 곧 발심이다. 고통에서 벗어나고 싶다는 욕망을 가지고 수행을 하다 보면 부처님의 가르침에 대한 찬탄과 경외심, 존경심이 자연스럽게 쌓이고 이것이 부처님에 대한 믿음으로 발전한다. 부처님에 대한 믿음(또 다른 믿음)은 다시 부처님 가르침에 대한 믿음, 나아가 확고한 신념으로 자리 잡게 한다.

범천 권청, 설법은 곧 자비

고타마 싯다르타의 깨달음과 가르침에 대한 고민은 '범천 권청'으로 이어진다. 깨달음 이후 고타마 싯다르타는 '깨달은 이'라는 뜻의 '부처(Buddha, 붓다)'가 된다. 부처님은 중생들이 심오한 깨달음의 내용을 이해할 수 없을 것 같아 가르침을 펼치지 않으려고 마음먹었다. 그때 범천이 등장하여 '개중에는 부처님의 말씀을 이해하는 사람도 있을 것'이라며 법을 설하기를 간절히 청하는 대목이 바로 범천 권청이다. 신중(神衆)의 신인 범천은 곧 '브라흐만'이고 우리말로는 '제석천왕(帝釋天王)'이다. 제석천왕이 부처님에게 간곡하게 청했다는 이 부분은 부처님 내부의 갈등을 문학적으로 표현한 것이다.

부처님은 자비심을 내어 법을 설하기로 결심한다. 범천의 권청을 받아들였다는 것은 '불교의 진리는 곧 자비이며 자비의 실천까지 포함한다.'라는 사실과 일맥상통한다. 불교에서 말하는 진리는 연기법이다. 연기법은 세상 모든 것에 '나'와 '너'의 구분이 없다는 내용을 담고 있다. '나'와 '너'의 구별이 없으므로 모든 중생 역시 남이 아니라 나이다. 나와 같은 중생들이기에 부처님이 깨달았듯 중생들도 깨달을 수 있다.

이러한 내용을 담고 있는 진리가 곧 자비심이기에 중생들에게 법을 설하는 것은 당연한 결론이 된다. 그래서 부처님은 어둠 속에서 고통스러워하는 중생들을 그냥 지나치지 않고 제도하려는 마음을 낸 것이다.

초전법륜과 중도

부처님은 당신이 깨달은 법을 세상에 알리기로 결심한 후, 함께 수행했던 수행자들을 찾아가 양극단을 멀리하고 중도(中道)를 취해야 한다는 가르침을 펼쳤다. 부처님의 최초의 가르침인 『초전법륜경』은 중도의 길을 가라는 것을 가장 먼저 설하고, 이후에 사성제(四聖諦)를 설한다. 어째서 사성제보다 중도를 먼저 언급한 걸까?

첫 제자인 다섯 수행자와 부처님의 관계를 들여다보자. 다섯 수행자는 싯다르타와 함께 고행을 하던 다섯 명의 수행자들이다. 그런데 그들은 싯다르타가 고행을 포기하고 떠나자 '싯다르타가 수행을 포기했다.'라며 비난한다. 다섯 수행자가 보기에 싯다르타는 더 이상 수행자가 아니었다.

부처님은 다섯 수행자에게 당신이 왜 고행을 포기했는지를 제일 먼저 설명했다. 쾌락에 빠지는 것도 나쁘지만, 극단적인 고행의 길을 가는 것 또한 잘못된 길임을 설파한다. 쾌락과 고행의 양극단을 벗어난 중도의 길을 가야 한다는 것이 부처님의 첫 법문이었다.

중도는 불교의 교리에서도 어려운 부분 중 하나다. 중도에는 여러 가지가 있다. 일이중도(一異中道)·단상중도(斷常中道)·유무중도(有無中道)·실천적 측면에서의 중도 등이 등장하는데, 가장 근본적인 것은 유무중도이다. 이것은 '있다'는 것도 한 극단이고, '없다'는 것도 한 극단이므로 중도로 가야 한다는 개념이다. 유무중도를 이해한다는 것은 연기법을 이해한다는 말과 같다.

그림 7. 순천 송광사 영산전의 「팔상도」 녹원전법상.
녹야원에서 첫 제자들인 다섯 비구에게 초전법륜을 설하고 있다.

삼보의 출현

녹야원에서의 첫 법문으로 다섯 명의 수행자는 부처님의 제자가 된다. 비로소 부처님, 부처님의 가르침, 부처님이 만든 승단이라는 불교의 세 가지 보배(삼보)가 세상에 출현하게 된 것이다. 불·법·승 삼보는 부처님이 깨달음을 성취하고, 그 깨달은 내용을 세상에 드러내 보이고, 부처님의 가르침을 받고 부처님을 따르는 제자들이 생겨난 일련의 과정을 압축하는 말이다.

이러한 삼보는 비단 불교에만 국한된 것이 아니다. 모든 종교는 '교주'와 교주의 가르침인 '교리', 그리고 교주와 교리를 따르는 '신자' 등 세 가지 기준을 충족해야만 한다. 불교는 세 가지 요건을 모두 갖추었으므로 종교이다. 그러나 교리에 절대적인 존재를 상정하는 기존의 서구적 종교관에서 보면 불교는 절대 신이나 유일신 같은 신적인 존재를 인정하지 않으므로 종교가 아닌 학문 혹은 수행 체계로 간주할 수도 있다.

하지만 '신이 없는데 종교라고 볼 수 있을까?'라는 생각은 서구적인 편협한 관점의 산물이다. 불교가 종교인가 아닌가 하는 논쟁 자체가 서구적 종교관을 바탕으로 하고 있다. 인도에서 탄생하여 아시아 전역에 오랜 세월 뿌리내리며 발전한 불교를 서구의 종교관으로 짜 맞추려는 생각은 다분히 서구적 사고방식에 뿌리를 두고 있다고 하겠다.

천이백오십 제자

최초의 제자인 다섯 비구 이후로 부처님에게 귀의한 오십 명의 제자는 부유한 상인들의 자제였다. 이들 대부분이 바라나시와 그 주변의 부유한 상인들의 아들이라는 점에서 도시 상인 계층이 불교 승단의 든든한 후원자였음을 알 수 있다. 왜 불교와 상인 계층 간에 긴밀한 유대 관계가 형성되었을까? 이들이 불교의 든든한 지지 기반이 된 이유는 무엇일까?

불교가 탄생했던 고대 인도 사회에서 브라만교의 주된 대상은 농사를 짓는 평민들이었다. 브라만교의 중심은 하늘에 제사를 지내는 것이었고, 제사의 근거는 자연의 순환에 의지하였다. 그러다 보니 농민 계층이 브라만교를 숭배한 것은 자연스러운 이치였다. 그런데 상업은 자연에 의존하기보다 자신의 노력을 더 중요시했다. 브라만 중심의 사회체제를 뚫고 등장한 계층인 상인 계층과 브라만 체제를 비판하며 등장한 신흥 종교인 불교는 태생부터 서로 맞아떨어지는 부분이 있었다.

현대 인도에서 불교와 가장 유사한 종교는 자이나교이다. 불살생을 매우 중시하는 자이나교 신자 대부분은 상인 계층인데, 농사를 짓기 위해서는 본의 아니게 벌레와 풀을 죽이는 살생을 하게 되기 때문이다. 상인 계층은 경제적으로 풍족하고 지식수준이 높아서 현재도 인도 내에서 나름대로 역할을 하고 있다.

부유한 상인들의 자제 다음에는 불을 숭배하던 깟사빠 삼 형제와 이들을 따르던 제자 등 천 명이 부처님에게 귀의한다. 그 후 훗날 부처님의 양대 상수 제자가 되는 사리불과 목련 존자와 그 제자 이백 명이 승단에 합류한다. 경전에 나오는 '천이백오십 명의 제자'는 부처님이 펼친 대표적인 교화 사례를 근거로 한다.

여래(如來)의 열 가지 공덕

부처님은 천 명의 제자를 이끌고 마가다국으로 향하였다. 마가다국의 왕이 신하에게 '저 무리의 대장인 고타마 싯다르타라는 수행자는 어떤 사람인가?'라고 묻자 신하가 이렇게 답했다.

"실로 그분은 존귀합니다. 그분은 존경받을 만한 분이요, 두루 완전한 깨달음을 얻은 분이며 지혜와 덕행을 갖춘 분이고 잘 가신 분이며 세상을 아는 분이고 위없이 높은 분이며 사람을 잘 길들인 분이고 신과 인간의 스승이며 깨달은 분이고 존귀한 분입니다."

여래(如來)의 '여(如)'는 진리 혹은 진리를 체득했다는 의미를 담고 있고 '래(來)'는 온다는 뜻이니, '여래'란 진리를 완전히 체화하고 중생들을 제도하기 위해 온 사람이다. 신하의 대답은 여래의 공덕을 열 가지로 나열한

'여래 십호(如來十號)'를 의미한다.

①여래(如來)는 앞서 설명한 바와 같고 ②응공(應供)은 마땅히 공양과 존경을 받을만한 분 ③정변지(正遍知)는 올바른 깨달음을 얻은 정각자 ④명행족(明行足)은 지(知)와 행(行)이 완전한 자 ⑤선서(善逝)는 훌륭하게 깨달음의 길로 잘 간 자 ⑥세간해(世間解)는 세상의 이치를 완전히 이해하여 어떤 것에도 막힘 없이 인연법의 관점에서 설명하는 지혜 ⑦무상사(無上士)는 더 오를 곳이 없는 가장 높은 인간 ⑧조어장부(調御丈夫)는 모든 중생을 다스리는 능력 ⑨천인사(天人師)는 인천의 대스승 ⑩세존(世尊)은 복덕을 갖춘 스승을 뜻한다.

여래 십호는 내용에 따라 크게 두 가지 성격으로 나눌 수 있다. 하나는 아주 훌륭한 분에게 존경의 마음을 담아서 부르는 것이다. 응공, 무상사, 조어장부, 천인사 등이 이에 해당한다. 나머지 하나는 부처님이 지혜로운 분이라는 사실을 내포하고 있다. 여래, 정변지, 명행족, 선서, 세간해 등이 여기에 속한다.

불교는 인도에서 탄생한 수행 전통이다. 인도의 수행 전통은 기본적으로 지혜를 지향한다. 이 세상을 있는 그대로 정확하게 알면 고통에서 벗어날 수 있다는 것이 인도 수행 전통의 기본 바탕이다. 부처님도 이러한 기본 바탕에서 벗어나지 않는다. 부처님이 열심히 수행한 것은 이 세상의 도리를 정확하게 알기 위함이었다. 지혜는 척척박사처럼 정보를 많이 아는 것이 아니라 있는 그대로를 통찰하는 것이다.

'있는 그대로'를 통찰하는 것은 엄청나게 어려운 일이다. 있는 그대로 보는 것은 이미 우리 안에 쌓여 있는 정보와 생각을 걷어 내는 작업이다. 이 작업은 자신 안의 근본적인 무언가를 깨뜨리지 않으면 불가능하다. 이것이 가능할 때야 비로소 '깨달았다'라는 것이고, '지혜를 밝혔다'라는 말을 쓸 수 있다. 지혜를 밝히고 나면 자연히 자비로운 행위가 나올 수밖에 없다.

한편 여래라는 말은 부처님이 당신을 스스로 표현할 때 쓴 말이며, 당대의 사문 전통에 따라 사용한 말이므로 불교의 고유어는 아님을 알아두자.

출가수행이 최선의 행복이라는 확신

불교의 교세는 순조롭게 확장되었다. 특히 마가다국의 빔비사라 왕을 귀의시킨 후 불교는 당대의 주류 수행자 집단으로 등극한다. 빔비사라 왕의 귀의로 불교 교단은 마가다 지역에서 든든한 토대를 구축하게 된다. 갠지스강 유역의 신흥 도시를 중심으로 부유한 도시 상인들의 지지를 받게 되었고, 깟사빠 삼 형제의 귀의로 마가다 지역 출가 사문들 사이에서 알려지기 시작했으며, 빔비사라 왕의 귀의로 든든한 왕가의 후원과 함께 죽림정사(竹林精舍)라는 교권의 중심지를 얻었다.

부처님은 이제 자신이 떠나온 고향으로 발길을 돌렸다. 세간의 인정을 받는 수행자로 금의환향한 부처님이 고향에서 한 일은 자신의 아들과 조카 등 고향 사람들을 모조리 출가시키는 것이었다. 오죽하면 부처님의 아버지인 슈도다나 왕이 '이러다 석가족이 멸망하겠으니 제발 자제를 해 달라'고 간곡하게 청할 정도였다. 마지막으로 부처님을 키워 준 이모인 마하파자파티를 위시한 여성들의 출가를 허락하니 비구·비구니·우바새·우바이를 의미하는 사부대중(四部大衆)이 완성되고, 명실상부하게 교단이

확립되었다.

네 가지 기적에 대한 해석

부처님 당시 인도 최대 강대국은 마가다국과 코살라국이었는데, 두 나라의 왕 모두 부처님에게 귀의한다. 불교가 당대의 주류 종교로 상당한 영향력을 발휘한 것이다. 마가다국의 후손으로 부처님 입멸 300년 후 등장한 아쇼카 왕이 인도 제국을 최초로 통일한 후에 불교에 귀의하여 불교를 인도의 국교로 삼은 것도 이러한 영향으로 보인다. 아쇼카 왕은 당시 전해 오던 정보에 따라 부처님의 흔적이 있는 자리에 아쇼카 석주를 세웠고, 이는 현대의 우리가 부처님의 생애에 대한 정확한 정보를 확인하는 데에 큰 도움을 주었다.

인도 북동부 지역에서의 불교 세력 확장과 관련하여, 남방 전통에서 정리한 것으로 보이는 부처님이 행한 네 가지 기적이 있다. 첫 번째는 미친 코끼리를 다스린 라자그리하의 기적이고, 두 번째는 외도를 신통력으로 제압했다는 사왓티의 기적이다. 세 번째는 부처님이 어머니를 위해 천상세계에 올라가 석 달 동안 아비달마를 설했다는 상깟사의 기적이고, 네 번째는 교단 내에 분란이 일어났을 때 행해진 바이샬리의 기적이다.

상깟사의 기적은 사리불 존자가 매일 천상세계로 올라가 어머니에게 법을 설하는 부처님의 가르침을 듣고, 다시 지상으로 내려와 사람들에게 그 내용을 전했다는 이야기를 골자로 한다. 45년간 펼쳐진 부처님의 설법은 하나의 이론으로 전해진 게 아니라 대상자와 대상자의 상황에 맞는 맞춤형 설법, 즉 대기설법(對機說法)이었다. 따라서 부처님 사후에 제자들에게 남겨진 중요한 과제 중 하나는 이러한 부처님의 가르침을 하나의 체계로 정리하는 것이었다. 부처님이 아비달마를 설했다는 것은 현실성이 떨어지는 설정이다. 오히려 상깟사의 기적 이야기는 남방불교에서 아비달마 체계를 정립한 후, 이 체계에 권위를 부여하기 위해 나온 설화로 생각할 수 있다.

바이샬리의 기적에서 주목할 지점은 교단의 분열에 부처님이 어떻게 대처했는가 하는 점이다. 불교 교단 내에서 심각한 분란이 일어났고 부처님조차 이 다툼을 말릴 수 없었다. 이에 부처님은 아무도 자신을 따라오지 못하게 하고 홀로 숲에 들어갔다. 부처님이 누구의 시봉도 받지 않는 가운데 코끼리가 물을 길어 오고 원숭이가 꿀을 가져오는 등 지극한 공양을 올렸다는 것이 바이샬리의 기적의 주요 내용이다.

네 번째 기적의 내용에 비추어 볼 때 부처님은 교단의 유지, 성장, 발전보다는 제자들이 어떻게 하면 올바른 깨달음을 얻을 수 있는가에 관심이 더 많았던 것으로 보인다. 만약 부처님이 교단의 유지를 중요시했다면 문제가 일어났을 때 홀로 숲속으로 들어가기보다 직접적인 행동을 통해 어떻게든 교단의 분열을 막으려 하였을 것이다. 그러나 부처님에게 교단은 수행자들이 수행할 수 있는 여건을 제공하는 장치일 뿐, 교단 자체를 유지하기 위하여 잘잘못을 따지거나 분열을 막는 행동들은 부차적인 문제였다. 그래서 부처님은 다만 자리를 비움으로써 제자들이 망각한 사실을 스스로 깨우치도록 하는 길을 택했다.

우리는 분쟁 상황이 일어났을 때 이해관계를 관철하기 위해 보이지 않는 권력이나 정치적인 힘을 쓰려고 한다. 그러나 부처님은 당신의 말씀이 수용될 수 있는 인연 조건이 조성되어 있지 않으면 그 자리를 당분간 떠나 있는 것으로 흐름을 조절했다. '세 번 말해도 알아듣지 못하면 더 이상 이야기하지 않는다.'라는 불가의 암묵적인 관례가 여기에서 기인했다.

부처님의 열반과 유언

"일설에는 썩은 돼지고기를 공양했다는 말도 있고 독버섯이라는 말도 있다. 어쨌든 부처님은 쭌다(춘다)의 공양으로 급격히 기력을 잃고 나무 두 그루 사이에 자리를 잡고 얼굴과 몸을 정면으로 해서 사자처럼 옆으로 누워 여러 제자에게 스스로를 귀의처로 하고 가르침을 귀의처로 하라고 유언했다. 그리고 '모든 생겨난 것은 본성적으로 파괴되기 마련이니 너희들은 게으름 피우지 말고 꼭 목표를 이루어라.'라는 말을 마지막으로 선정에 드셨다."

우리가 일반 상식으로 알고 있는 부처님의 마지막 유언은 '자등명 법등명(自燈明 法燈明)'이다. 스스로를 등불로 삼고 법을 등불로 삼으라는 뜻으로 흔히 알고 있는데, 빠알리 원어로 '섬'과 '등불'은 동음이의어다. 그래서 과거에는 이 말을 등불로 번역했지만 최근 들어서는 섬으로 이해하는 경우가 더 많다.

어째서 섬이 귀의처 혹은 의지처의 의미로 쓰였을까? 부처님이 활동했던 인도 북동부 지역은 끝도 없는 평지이다. 우기가 되어 비가 많이 와서 홍수가 나고 강물이 범람하면 도망갈 곳이 없다. 그런 와중에 야트막한 동산이라도 하나 있다면 그곳을 피난처로 삼아 목숨을 부지할 수 있었다. 자기 자신을 섬으로 삼고 법으로 삼으라는 말은, 고통의 홍수가 범람할 때에 피난처로 삼고 전적으로 의지할 것은 자기 자신과 법밖에 없다는 말과 같다.

또 한 가지 이유가 있다. 부처님의 시자였던 아난 존자는 부처님이 입멸하는 순간 현실적인 고민을 한다. 부처님의 후계자가 누구냐는 것이다. 아난 존자가 부처님에게 이를 묻자 부처님은 부처님 당신이나 교주에 의지하지 말고 그동안 부처님이 설한 가르침에 의지하라는 의미로 이와 같은 유언을 남겼다.

부처님은 생전에도 인도 전역에 퍼진 교단의 지지자들이 부처님의 계율을 어떻게 적용할지 고민하자 중요한 것은 지키고 사소한 것은 각기 사정에 맞게 하라고 말씀하였다. 부처님은 불교 전체를 하나의 통일된 교단으로 이끌기보다 오로지 교단은 수행자들이 수행할 수 있는 여건을 제공하는 것으로 생각한 듯하다. 부처님의 유언 역시 같은 맥락으로 이해할 수 있다. 부처님 사후 교단을 어떻게 이끌어 나갈 것인가? 오로지 열심히 수행하면 교단은 저절로 유지될 것이라는 기본 지침을 제시한 것이다.

열반과 반열반, 성불과 죽음의 관계?

부처님은 북쪽으로 머리를 두고 서쪽을 향해 누워 조용히 눈을 감았는데 이를 '반열반' 또한 '열반'이라고 한다. 일본의 애니메이션을 보면 사람이 죽으면 '성불했다'라는 표현을 곧잘 쓴다. 죽어서 좋은 곳으로 갔다는 의미가 담겨 있는데, 그 배경에는 성불(열반)을 육체적 죽음과 동일시하는 사고방식이 깔려 있다. 열반이 반드시 육신의 죽음만을 이르는 말은 아닌데도 말이다. 열반과 반열반에 대해서 조금 구체적으로 알아보자.

첫째, 남방불교에서는 열반을 유여열반(有餘涅槃)과 무여열반(無餘涅

繫)으로 구분했다. 유여열반은 나머지가 있는 열반, 즉 완전히 깨달았으나 아직 육신을 가지고 있기에 육신의 한계를 벗어나지 못한 경지를 말한다. 무여열반은 육신까지도 마침내 다 벗어난 상태, 육신이라는 나머지가 없는 완전한 열반을 의미한다. 즉 열반을 증득한 이라 할지라도 육신의 구속을 벗어나는 죽음의 순간을 맞이해야 비로소 더 이상 윤회하지 않는 완전한 해탈의 경지인 열반의 완성에 이른다. 육신이 있다는 것은 육신이 받은 윤회의 과보로부터 자유롭지 못하다는 의미이기도 하기 때문이다.

둘째, 열반은 번뇌의 불씨가 완전히 꺼진 상태를 말한다. 초기 경전에서 반열반은 부처님의 완전한 죽음을 의미한다. 즉 반열반은 깨달은 자의 육신이 죽음을 맞이하는 것이다. 엄밀하게 따지자면 반열반은 무여열반으로 이해할 수 있다. 그런데 이 말이 동아시아로 전래하면서 반열반에 똑같은 '열반'이라는 단어가 들어간 까닭에 혼동을 불러일으켰다. 큰스님이 돌아가셨을 때 '반(半)' 자를 떼고 열반이라는 표현만을 관례로 사용하던 것이 굳어지면서, 육신의 죽음을 의미하는 반열반과 깨달음의 경지를 나타내는 열반을 같은 의미로 사용한 것으로 짐작된다.

정리하자면 열반이란 말은 우리가 알고 있는 '죽음'의 개념과는 관련이 없다. 후대 남방불교에서는 육신의 존속 여부를 두고 열반의 경지를 유여열반과 무여열반으로 구분했다. 여기에 더해 동아시아에서는 관례적으로 열반을 큰스님이나 조사스님의 죽음과 동일시하여 사용하기도 하면서 열반에 대한 잘못된 용례가 생겨난 것이다. 그러니까 '큰스님께서 열반하셨다'라는 표현은 굳이 정확하게 따지자면 잘못된 표현이다. 대신 '입적하셨다'라는 표현이 무난하다. 종종 현수막 같은 곳에 '원적(圓寂)'이라고 쓰기도 하는데, 이는 다분히 문어체적 표현이다.

붕교인 역사

4강

인도에서 불교가 사라진 이유는?

간다라 양식의 부처님은 우리나라에서 흔히 접하는 부처님과 상호가 많이 다르다. 우선 생김새가 상당히 서구적이다. 수염이 있고, 머리 모양도 전형적이지 않다. 간다라 미술이 중요한 이유는 이 시점 당시 인도불교에서 가장 큰 변화가 일어났기 때문이다. 이때의 변화가 없었다면 불교가 인도 밖으로 진출하는 일이 쉽지 않았을 것이다.

이번 강의는 불교가 성장하고 발전해 온 역사를 들여다본다. 특히 인도사상과 인도불교사를 중심으로 불교의 탄생 전후의 변화를 살펴본다. 이를 통해 다소 상충된 요소들이 혼재하고 있는 현재 우리나라 불교의 모습을 보다 잘 이해하는 시간을 갖는다.

인도의 역사를 알기 위해서는 아리안족을 알아야 한다. 이어지는 내용은 인도의 역사를 주도해 온 아리안족이란 어떤 민족인지, 인도는 어떤 나라인지, 불교 탄생 당시 인도 사회의 모습은 어떠했는지, 마지막으로 초기불교에서부터 대승불교가 탄생하기까지의 모습을 간략하게 살펴본다.

아리안족의 수레바퀴

아리안족은 코카서스 지방에서 시작하여 서쪽으로는 유럽, 동쪽으로는 이란을 거쳐 인도까지 진출했다. 언어의 기원을 거슬러 올라가다 보면 '인도·유럽 어족'이 있다. 그만큼 오늘날의 인도와 유럽의 뿌리는 하나이다. 기원전 3000~4000년 고대 인도 지역에 번성했던 모헨조다로(Mohenjo-Daro) 문명과 하라파(Harappa) 문명은 아리안족이 인도로 이주하기 이전에 인도에 살던 원주민들이 일군 문명이다. 그러나 그들의 역사는 완전히 단절되어 현재 그 문명에 대해 알 수 있는 정보가 거의 없다.

이들 문명 이후에 인도로 들어온 사람들이 아리안족이다. 아리안계통 민족에 대해 아는 것이 없다고 생각할지 모르지만 그렇지 않다. 불교에서 수레바퀴를 상징하는 '만(卍)자'는 원래 아리안족의 상징이었다. 나치 역시 이 '만(卍)'을 살짝 바꾸어 자신들의 문양으로 사용했다.

나치는 여타 유럽 민족들과는 다른 자신들만의 정체성을 내세우고 싶었고, 사실 여부를 떠나 그렇게 찾은 민족의 뿌리가 아리안족이었기에 아리안족의 상징을 빌려 왔다고 한다. 수레바퀴는 인도 국기 가운데에도 있다. 인도인이 영국으로부터 독립하면서 인도의 상징으로 삼은 것이 수레바퀴이다.

수레바퀴에는 과연 어떤 의미가 담겨 있을까? 과거 아리안족은 전차를 개발하여 지금의 중앙아시아와 인도 등을 장악했다. 가운데가 비어 있는 대신 살이 있는 바퀴는 엄청난 속도와 기동력, 전투력을 가져왔다. 아리안족이 다른 민족을 정복할 수 있었던 핵심 수단이 바로 살이 있는 수레바퀴였기 때문에 이 모양을 민족의 상징으로 내세웠다.

불교에서도 수레바퀴를 상징으로 쓴다. 인도인들이 가장 신성하고 중요하게 생각하는 상징이 불교에 반영된 것이다. 우리가 '불교 고유의 것'이라고 생각하는 상징이나 문화가 실은 인도 고유문화이며, 아리안족으로부터 파생된 문화라는 점을 짚고 넘어가자.

아리안족의 진출이 인도에서 막힌 이유는 무엇일까? 밀림과 히말라야산맥 때문이라는 것이 정설이다. 그리스, 페르시아, 인도에 이르는 대제국을 건설한 알렉산드로스(Alexandros) 대왕은 인도 북동부에서 발걸음을 돌렸다. 어쨌든 인도의 주

그림 8. 인도의 국기

류 문화를 만들어 낸 민족은 아리안 민족이다.

인도는 어떤 나라?

영국의 식민지였던 인도는 인도와 파키스탄으로 분리되어 영국으로부터 독립했다. 다시 1970년대에 동파키스탄 자치령이 파키스탄으로부터 독립하여 방글라데시가 되었다. 그러니까 실제 인도는 파키스탄과 방글라데시까지 포함한다고 볼 수 있다. 하지만 흔히 인도의 문화적 영역은 이보다 더 넓어서 네팔과 부탄, 아프가니스탄까지 아우른다.

영토 면적으로 치면 러시아를 제외한 유럽보다 크다. 유럽은 수십 개의 나라로 나누어져 있으나 인도는 단일한 국가이다. 인도 역시 역사적으로 통일과 분열을 반복했지만, 인도 어느 지역에 사는 사람이든 자신의 정체성을 인도인이라고 생각한다. 광활한 영토에 헌법상 공용어만 스물두 개에 달하는 나라 인도. 각 주마다 환경과 문화, 심지어 언어가 다른 데도 '인도인'이라는 정체성을 가지고 있다니 참으로 희한한 나라이다.

인도를 대표하는 것 중에 '카레'와 '마살라'가 있다. 카레는 강황 가루로 만든 것으로 우리가 익히 알고 있는 바로 그 카레이다. 원래 인도 발음으로 '커리'인데 우리나라에는 일본의 영향을 받아 남인도 쪽 사투리인 '카레'로 알려져 있다.

마살라는 여러 가지 종류의 향신료를 배합한 것을 통칭하는 말로, 일종의 배합 향신료이다. 지역마다 가정마다 만드는 사람마다 제각각이다. 마치 우리나라에서 지역마다 집집마다, 심지어 만드는 사람마다 김치 맛이 다른 것과 같은 이치이다. 맛과 레시피가 달라도 그 모든 것을 김치라고 하듯, 마살라 역시 마찬가지로 어느 것 하나 마살라 아닌 게 없다.

영국 식민지 시절, 영국인들이 인도 음식을 접할 때 여타 향신료가 들어간 것들은 도저히 입맛에 맞지 않았으나 강황으로 만든 음식은 그나마 먹을 만했던 모양이다. 강황이 들어간 마살라로 만든 커리가 영국으로 건너갔고, 영국에서 다시 일본 해군으로 넘어가면서 카레라는 이름으로 굳어졌다. 시작은 마살라였으나 결과적으로 남은 이름은 카레인 것처럼 우리가 알고 있는 인도와 실제 인도는 카레와 마살라만큼이나 차이가 크다.

세계에 널리 알려진 인도의 대표적인 콘텐츠가 또 있다. '요가'다. 보통 육체적 혹은 정신적 건강을 위해서 여러 가지 정해진 동작을 하는 것이 요가라고 알려져 있다. 요가는 인도에서 탄생하였다. 원래 인도의 요가는 힌두교의 수행법이다. 흔히 알고 있는 '하타요가(hatha yoga)'란 여러 가지 행법[자세, 아사나(āsana)]을 취하여 육체를 조복시키는 수행의 일종이며, 나아가 명상이 주를 이루는 '라자요가(rāja yoga)'의 준비 단계이다.

위의 몇 가지 사례로 인도는 단편적으로 정의하기 어려운 나라임을 짐작할 수 있다. 한편 우리가 생각하는 인도의 또 다른 모습도 있다. 수행을 한다는 '사두'가 환각제를 사용하는 모습을 심심찮게 볼 수 있다. 수행자가 환각제라니, 무슨 말도 안 되는 소리인가 싶겠지만 인도에서는 고대 인도 시절부터 내려오는 행위이다. 고대 인도의 수행자들은 환각 작용을 일으키는 것을 섭취함으로써 신과의 합일을 이룬다고 생각했다. 개인의 쾌락을 위해서 환각제를 사용한 것이 아니라 삼매에 들어서 신과 하나가 되는 체험으로 인식한 것이다.

인도의 유명한 축제 가운데 '홀리(holi)'가 있다. 인도 북부와 카슈미르 지방에서 개최하는 축제로, 길거리에 쏟아져 나온 사람들이 온갖 색소와

물감을 서로의 얼굴과 몸에 뿌려서 거리와 사람들 모두 물감으로 뒤범벅된다. 일부 사람들은 홀리 축제 중에 환각제를 섭취한다고 하며, 이는 집단 환각 혹은 광란의 상태라고 볼 수 있다.

이렇게 비정상적인 모습을 어떻게 해석해야 할까? 우리의 상식이나 고정 관념으로는 인도를 판단할 수 없으며, 인도는 단지 하나의 얼굴을 가진 나라가 아니라는 것을 전제로 하고 지금부터 고대 인도에 대해 공부하는 시간을 가져 보자.

베다 시대의 제사

베다 시대는 대략 기원전 1500년부터 500년까지를 말한다. 베다 시대의 특징은 '야즈나(yajña)'라고 하는 제사였다. 초기 경전을 보면 부처님이 바라문을 비판하는 내용이 다수 등장한다. 비판의 내용은 주로 바라문들이 형식에 지나치게 치우쳐 있다는 것이었다. 이 비판의 대상, 지나치게 치우친 형식이 바로 야즈나이다.

베다 시대의 제사는 선한 신을 응원하는 행위였다. 공양물을 불로 태워 연기를 하늘로 올려 보내면 악신(아수라)과 싸우고 있는 선신(데바)이 힘을 얻어 싸움에서 승리하게 되고, 선신이 악신을 이김으로써 우주의 순환이 원활하게 이루어져 세상이 원만하게 굴러간다고 한다. 세상이 원만하게 굴러간다는 것은 어떤 것인가? 봄이 가면 여름이 오고, 때가 되면 비가 오고, 가을이 되면 수확을 하는 것이다.

반면 악신이 싸움에서 이기면 세계가 엉망이 된다. 기후 위기에 따른 온갖 자연재해에 시달리는 현 지구촌의 모습과 같다. 고대 인도식으로 생각하면 지금 악신과 싸우고 있는 선신 데바는 거의 그로기 상태나 다름없다. 인간들이 제사를 지내지 않기 때문이다. 선신에게 힘이 되는 공양물을 태워 하늘로 올려 보내야 힘이 나니 말이다.

세상이 정상적으로 돌아가면 인간들의 먹고사는 문제가 안정된다. 그러니 때가 되면 인간들은 제사를 지낼 수 있다. 제사를 지내면 선신에게 보급품이 원활하게 올라가므로 힘이 난 선신은 악신을 이기고, 그러면 세상은 또다시 정상적으로 돌아간다. 이것이 순환이다. 인도인들의 뿌리 깊은 사고방식인 '윤회'가 결국은 베다 시대의 이러한 순환적 사고에서 출발한다고 볼 수 있다.

선신을 응원하는 제사를 누가 집전하는가? 바라문이다. 인도 말로 '브라만(brahman)'이라고 하는 사제가 제사를 지낸다. 사제가 공양물을 태울 때 반드시 들어가는 것이 있다. 바로 '소마(蘇摩, soma)'이다. 소마의 정체에 대해서는 여러 가지 견해가 있는데, 과학적이나 역사적으로 분석했을 때 가장 유력한 것은 두 가지 설로 나뉜다.

첫 번째 가설은 소마가 갈대의 일종인 '에페드라(ephedra)'라는 주장이고, 두 번째 가설은 독버섯일 것이라는 추정이다. 이들 모두 환각제의 역할을 한다. 소마 연기를 맡거나 소마를 마시면 인간의 정신은 환각 상태로 들어가지만, 소마를 공양받는 선신 데바는 힘이 난다고 한다.

베다 시대의 제사장, 업 그리고 윤회

제사는 어떻게 해서 신과 인간 모두에게 영향을 미치는가? 이것을 설명하는 개념이 '르따(rta)'이다. 르따는 신조차 따라야 하는 근원적인 힘이자 우주를 움직이는 근본적인 힘이다. 고대 인도인들은 때가 되면 비가 내리고 곡물들이 성장하는 것이 근원적인 힘인 르따에 의한 것이라고 생각했다. 르따가 우리 사회와 생활에 적용된 것이 '다르마(dharma)'이다.

인간은 제사라는 의식을 통해 르따를 통제한다. 제사의 목적은 생명의 근원적인 힘인 르따를 통제하여 인간이 의도한 결과가 나오도록 하기 위함이다. 제사에서 브라만이 중요한 이유는 기도하고 노래하고 소마를 올려 보내는 모든 의식을 관장하는 존재이기 때문이다. 사제가 제사를 지낼 때 외우는 것이 진언이다. 진언을 통해서 사제는 르따를 통제한다. 르따는 신마저도 따라야 하는 힘이므로, 사제가 르따를 통제함은 곧 신들을 통제함과 같은 의미이며 결과적으로 우주를 통제한다. 즉 베다 시대의 세계관에서 인간은 진언을 통해 우주의 힘을 통제할 수 있는 것이다. 불교에서 말하는 진언, '만트라'는 원래 불교 고유의 것이 아니라 인도식 제사에서 파생된 것이다.

그런데 우주를 통제하는 어마어마한 일을 하려면 토씨 하나라도 틀리면 안 된다. 만트라는 신에게 나의 요구 사항을 정확하게 전달하는 수단이다. 자신을 비행기 조종사라고 상상해 보자. 조금이라도 조작을 잘못하면 승객들을 태운 비행기가 완전히 잘못될 수 있다. 제사에서의 만트라도 마찬가지이다. 토씨는 물론 억양과 악센트를 어디에 두느냐에 따라서도 의미가 달라지므로 극도로 정확해야 한다. 불교나 힌두교에서 만트라(진언)를 외울 때 '진언 자체에 무궁무진한 힘이 있다.'라고 말하는데, 그 뿌리를 베다 시대의 제사에서 찾을 수 있다.

예를 들어, 제사장이 황금 동전을 오른쪽으로 10센티미터 움직이면 태양이 오른쪽으로 10킬로미터 움직인다. 그런데 오른쪽으로 움직여야 할 동전을 왼쪽으로 잘못 움직였다면 태양도 잘못 움직이게 된다. 제사에서 제사장이 한 행동과 말이 그대로 세계와 우주에 적용되기 때문이다. 공양물을 놓고 태울 때 연기를 오른쪽으로 돌리느냐 왼쪽으로 돌리느냐 하는 사소한 차이에 따라서도 결과가 달라질 수 있다. 사제의 사소한 실수가 이 세상의 질서를 흩트려 버릴 수 있기에 아주 복잡한 제사 의식을 만들어 냈다. 동시에 제사의 모든 절차를 알고 있는 사람은 브라만밖에 없었으므로 브라만의 권위가 드높았다.

우파니샤드 시대, 철학적 고민의 시작

베다 시대에 이어 우파니샤드 시대가 등장한다. 『베다』는 제사를 지낼 때 필요한 일종의 매뉴얼이자 신을 찬탄하는 문헌이다. 『우파니샤드』는 『베다』에 대한 주석을 다는 것으로 시작되었다. 『베다』의 내용이 아니라 내용의 의미를 설명하다 보니 자연스럽게 철학적인 접근이 이루어졌다. 같은 시기 중국은 공자, 맹자, 묵자 등 여러 사상가가 등장했던 제자백가 시대였다.

    인도 역사로 따지면 베다 시대는 도시가 형성되기 이전이고, 우파니샤드 시대는 도시가 형성되고 상공업이 발달한 시대였다. 상공업이 발달했다는 것은 무엇을 의미하는가? 농사가 주를 이루던 이전 시대와 달리, 제사로 모든 것을 통제한다는 단순한 사고방식이 제대로 통용되기 어려움을 의미한다. 사람들은 의문을 가지기 시작했다. 제사나 제사장에 대한 의문에서 더욱 발전하여 우주와 세상의 문제에 의문을 가지게 되고, 나아가 인간 내면의 문제에 더욱 천착하게 되었다.

기존의 제사 중심 시스템에 반기를 들고 일어나 '나는 무엇인가', '이 세계의 본질은 무엇인가', '나와 세계는 어떤 관계를 맺고 있는가'에 대한 다양한 의견을 제시하는 시대가 도래했다. 바야흐로 우파니샤드 시대다. 우파니샤드 시대를 주도한 이들은 주로 인도 북동부 지역에서 활동했으며, 사람들은 이들을 집을 떠나 수행하는 사람이라는 뜻을 담아 '사문(沙門, śramaṇa)'이라 불렀다. 고타마 싯다르타 역시 이들 사문 중 한 사람이었다.

사문은 제사가 아니라 수행을 통해 궁극적인 무엇을 추구해야 한다고 생각하는 무리였다. 2600여 년이 지난 현재까지도 사문의 전통을 유지하고 있는 집단이 있다. 하나는 불교이고 다른 하나는 자이나교이다. 불교는 세계 종교로 변화하여 살아남았고, 자이나교는 백만 명가량의 신도를 유지하며 인도 내에서만 존속하고 있다.

브라만교의 주류 사상, 아트만

기존의 주류였던 브라만교(현재의 힌두교)에 대한 비판으로 불교가 탄생했으니, 비판의 대상이었던 브라만교의 주류 사상을 먼저 알아보자.

브라만교에서는 '아트만'과 '브라흐만'이라는 두 가지 존재를 상정한다. 브라흐만은 절대적인 존재이다. 앞서 이야기한 르따를 상기해 보라. 사람들은 이 세계를 움직이는 근원적인 힘(르따)이 있다면 이 힘을 주재하는 절대적인 존재가 있을 것이라고 생각했다. 그 절대적인 존재가 브라흐만이다. 브라흐만은 이 세상의 모든 것을 만들어 낸, 이 세상에 모든 것을 뿌린, 이 세상 모든 것의 시작인 존재다. 인간의 머리로 생각할 수 있는 가장 본질적인 존재가 브라흐만이다.

소금 덩어리를 물에 던지면 용해되어 다시 집어낼 수 없지만, 어느 곳의 물을 맛보더라도 짠맛이다. 마찬가지로 무한하고 끝없는 이 위대한 존재는 의식으로 이 세상에 용해되어 있다.

물에 소금을 넣으면 물 전체에서 짠맛이 난다. 그러나 물 어디를 보아도 소금은 보이지 않는다. 물속에 녹아들어 있는 소금 같은 존재가 브라흐만이다. 숱하게 많은 이들의 생각 속에 용해되어 흔적은 없으나 의식으로서 모든 것에 묻어 나온다.

아트만은 '자아'이다. 다만 개별적인 자아가 아니라 궁극적인 자아라는 점이 특징이다. '궁극적인 자아'란 자신과 구별되는 타자를 갖지 않는 단일한 주체이다. 인간이 생각할 수 있는 가장 궁극적인 주체가 바로 아트만이다. 궁극적인 주체라는 것은 어떤 의미인가? '나'와 '너'로 나눌 수 있으면 '나'는 '너'를 포괄하지 못한다. '너'의 안에도 '나'를 포함할 수 없다. 그러나 궁극적인 '나'는 '너'까지 포괄하는 '나'다. 그래서 궁극적인 자아는 차별과 구별을 전제로 하는 언어로 규정할 수 없다. 즉 인식될 수 없다.

인식은 구별이다. '이것'과 '나머지'를 구별하는 것이 인식이다. 궁극적 주체는 차별의 언어로 구별할 수 없고 인식될 수 없다. 규정할 수 없기에 '이것이다'라고 정의할 수 없다. 다만 '이것이 아니다'라고 부정으로만 표현할 수 있다. 말로 설명할 수는 없지만 모든 것의 근거가 되는 것이 아트만이다.

전변설(轉變說), 브라흐만=아트만

궁극적으로는 브라흐만이 아트만이고, 아트만이 브라흐만이다. 말장난 같지만 인도인에게는 매우 중요한 포인트이다. 인도에서는 수학, 논리학, 문법학이 발달했다. 문자가 나오기 전에 이미 문법학이 만들어지고 그 문법을 외워서 전승할 만큼 말에 대한 집착이 강한 나라가 인도이다.

이 세상이 어떻게 만들어졌는가에 대한 대답은 크게 전변설(轉變說)과 적취설(積聚說)로 나누어진다. 그중 전변설은 원인 속에 결과가 들어 있는 것이다. 궁극적인 주체에게서 무언가 툭 떨어져 나와 구르고 굴러 여기에 와서 변한 것이다. 즉 브라흐만에게서 떨어져 나와 모습을 바꾸어 융해된 것이 각자의 정신이자 사물인 아트만이다. 궁극적인 주체가 오염되고 불순하게 섞여서 변화했을 뿐, 원인과 결과는 같다. 철학적으로 표현할 때는 '인중유과론(因中有果論)'이라고 말한다. 따라서 브라흐만과 아트만은 궁극적으로 같은 존재이다.

고타마 싯다르타가 주창한 무아(無我)에서 '我(나)'는 아트만이다. 즉 기존의 브라만교나 우파니샤드 사상에서 주장하는 아트만이란 것은 없다는 뜻이다. 더 나아가서 브라흐만도 없으며 다만 연기법만 있을 뿐이라는 게 부처님의 가르침이다.

모든 것의 본질을 이루는 궁극의 실체가 존재하는 게 아니며, 브라흐만이 모든 것의 근원이 아니다. 다만 다양한 조건에 따라서 그때그때 모였다가 흩어질 뿐이다. 각각의 요소들 역시 파고들면 다양한 요소들의 이합집산일 뿐이므로, 실체는 없다. 이것이 불교에서 이야기하는 '자성이 없다', '내가 없다'라는 말의 의미이다. 고타마 싯다르타는 기존 브라만교의 가장 근본적인 축을 부정했다. 궁극적 실체를 부정하고 연기법을 강조하였다.

　불교 유식사상을 설명할 때 흔히 등장하는 새끼줄 이야기가 있다. 밤에 길을 가다가 뱀이 있어서 깜짝 놀랐는데 자세히 보니 뱀이 아니라 새끼줄이었다는 내용이다. 유식사상에서 강조하는 것은 새끼줄이 뱀으로 변한 게 아니고 자신이 무명에 휩싸여서, 환하게 알지 못해서, 착각해서 자기 마음대로 새끼줄을 뱀으로 생각했다는 것이다. 그렇다면 이 사람에게 새끼줄은 뱀이 아닌가? 그가 무명에 눈이 어두워 '이것은 뱀이다'라고 생각하는 동안은 뱀이다. 자세히 보고 환하게 볼 때 비로소 새끼줄이 된다. 세상도 이와 같다. 뿌리 깊은 착각으로 이 세계가 이런저런 형상을 품고 있다고 착각할 뿐이다. 그리고 착각을 하는 동안 착각하는 이에게 이 세상은 실제로 그런 식으로 존재한다. 이런 주장은 브라흐만 사상의 주류 학파라고 할 수 있는 베단타 학파의 주장과 흡사하다. 베단타 학파와 유식사상의 주장은 구별하기 어렵다.

　기존의 브라만교, 힌두교에서 궁극적으로 추구하는 바는 '나의 아트만이 곧 브라흐만임'을 깨닫는 것이다. 브라흐만을 한자로 쓰면 '梵(범)', 아트만은 '我(아)'라고 한다. '범'과 '아'가 다르지 않고 같다는 '범아일여(梵我一如)'를 깨닫는 것이 힌두교에서 궁극적으로 추구하는 바이다. 브라흐만에 대한 설명은 다음과 같다.

　　말로 표현되지 않지만 그것으로 인해 말이 표현될 수 있고,
　　마음에 의해 사유되지 않지만 그것으로 인해 마음이 사유할
　　수 있으며, 눈으로 볼 수 없지만 그것으로 인해 눈이 볼 수 있
　　으니, 브라흐만은 세상 사람들이 예배할 대상이 아니다.

한 덩이의 진흙을 앎으로써 진흙으로 만들어진 모든 것을 알게 되나니, 그것들은 다만 말로부터 비롯된 명칭의 변화(차별)일 뿐이며, 진실은 진흙 덩이 다만 그것뿐이다.

진흙으로 도자기와 그릇과 책상을 만들 수 있다. 그런데 그것은 어쨌든 진흙으로 만든 것이기 때문에 말이 책상, 그릇, 의자, 잔이라 할 뿐이지 결국에는 모두 진흙 덩어리이다. 이 진흙의 비유에서 진흙에 해당하는 것이 곧 브라흐만이다. '법은 법이 아니요, 그 이름이 법일 뿐이다.'라는 『금강경』의 논리와 아주 흡사하다.

이처럼 우파니샤드 사상은 브라흐만이라는 존재를 상정한다는 점을 제외하면 대승불교의 유식사상과 논리적 구조가 흡사하다. 불교는 근본적인 실체를 인정하지 않고 연기실상에 의해서 조건에 따라 생멸하는 것으로 세계를 설명한다. 이곳을 '공(空)'이라고도 하고 '자성이 없다'라고도 한다. 이외에 세계가 어떻게 전개되는가에 대한 맥락은 큰 차이가 없다.

초기불교, 해체

초기불교는 부처님과 직계 제자들의 가르침을 말한다. 부처님이 돌아가신 지 약 200년 뒤인 아쇼카 대왕 재임 당시에 이루어진 3차 결집을 통해 경·율·론 삼장(三藏)이 완성된 시점까지를 초기불교라고 본다.

초기불교를 수식하는 여러 가지 표현이 있다. '근본불교', '원시불교', '초기불교'와 같은 말들이다. 근본불교라는 말을 사용하면 '초기불교를 제외한 나머지 불교는 지엽적인 불교인가?' 하는 차별성을 나타내므로 적절하지 않다. 원시불교 역시 초기에 만들어진 불교는 사상적으로 발전이 덜 되고 깊이가 없는 듯한 느낌을 주므로 바람직하지 않다. 그래서 요즘은 초기불교라는 표현을 많이 쓴다.

초기불교와 지금 우리가 접하는 대승불교는 사상적, 교리적으로 많은 차이가 있다. 더욱이 현존하는 초기불교의 삼장은 불멸 400~500년 사이에 일어난 부파불교(部派佛敎, 아비달마불교)의 내용이기에 더욱 헷갈리는 부분이 많다.

초기불교의 핵심은 '해체'이다. 나·인간·영혼·우주 같은 것들이 변하지 않는 실체를 가지고 있다는 것은 우리의 뿌리 깊은 착각이며, 착각임을 알 수 있는 방법이 해체에 있다고 설명한다. 부처님은 인간을 색·수·상·행·식의 다섯 가지로 나누어서, 즉 해체해서 설명했다. 존재하는 모든 것에는 명칭이 있으며, 명칭이나 말은 개념이다. 우리는 이러한 개념에 속고 있는데, 이것을 오온(五蘊)·십이처(十二處)·십팔계(十八界)·십이연기(十二緣起) 등으로 해체하면 실상을 볼 수 있다.

개념에 속는다는 것은 무엇인가? 여기에 '시계'가 있다. 우리는 눈앞에 있는 그 무엇을 보고 '시계'라고 당연하게 생각한다. 그러나 실제로 '시계'에는 엄청나게 다양한 형태가 있다. 큰 시계, 작은 시계, 낡은 시계, 손목시계, 전자시계 등 이렇게 따져 보면 현실에서 꼭 같은 '시계'는 있을 수 없다. 설령 공장에서 만들어 낸 같은 시계라 할지라도 매우 자세히 분석해 보면 아주 미세한 차이가 있을 것이다. 우리가 '시계'라고 부르는 모든 것들이 사실은 각각 서로 다 다름에도 불구하고 우리는 그 모든 것들을 뭉뚱그려서 '시계'라고 부른다. 만약 '시계'가 실제로 현실에 존재한다면 있을 수 없는 상황이다. 그러나 '시계'라는 것이 현실이 아니라 우리의 머릿속에서 하나의 의미를 지닌 단어라면 가능하다. 즉 시간을 시각적으로 표현하는 장치에 '시계'라는 이름을 부여한다면 앞서 말한 그 모든 예시에 '시계'라는 단어를 부여할 수 있다.

무언가 내 눈에 보인다. 그것이 내 머릿속에 있는 '시계'라는 단어와 맞아떨어진다. 즉, 무언가가 '시계'라는 단어의 의미와 부합된다. 그렇다면 우리는 그것을 '시계'라고 인식한다. 사실 '시계'는 내 머릿속 단어일 뿐인데 현실 속에 실제로 '시계'가 있다고 착각하는 이것이 '개념에 속는' 것이다. 이를 『반야심경』에서는 전도몽상(顚倒夢想)이라 표현한다.

이와 같은 맥락으로 '나'라는 것은 개념일 뿐이며, 다만 색·수·상·행·식의 다섯 가지 무더기의 일시적인 조합, 즉 오온으로 이루어져 있다는 것이 무아 혹은 아공(我空)이다. 나아가 오온의 각각은 실제로 존재하는가? 오온도 따지고 보니 실제로 존재하는 게 아니라는 것이 법공(法空)이다. 색·수·상·행·식을 해체하여 이것 역시 실체가 없음을 알아야 모든 것이 변화하는 데에서 오는 고통에서 벗어날 수 있다. 법공을 깨닫기 위해서는 위빠사나와 사마타라는 수행을 해야 한다. 이렇게 아공과 법공을 깨달아 해탈에 이르게 되는 것이 초기불교의 핵심이다.

초기불교는 훗날 아비달마불교로 고착된다. 부처님과 직계 제자들이 열반한 후, 아쇼카 대왕 같은 위대한 재가 불자가 등장하여 불교를 국가적으로 비호하자 교학이 비약적으로 발전하기 시작했다. 스님들이 사원에서 공부만 하면 되는 조건이 갖춰졌기 때문이다. 이렇게 스님들만의 세계 속에서 집중적이고 엘리트적인 연구가 이루어지니 교학 체계가 복잡하게 세분되었다. 그리하여 여러 학파로 나뉘어 논리를 겨루는 것이 기원후 1세기까지 이어졌다.

대승불교의 시작

대승불교는 어떻게 시작되었는가? 다시 간다라 초기 양식의 부처님을 보자. 부처님 옆에 낯익은 남자가 있다. 헤라클레스이다. 반대편에는 고대 그리스 복장을 한 여인이 있다. 헤라클레스와 고대 그리스 여인이 부처님을 양쪽에서 보좌하는 보살로 등장하고 있다. 현재 우리의 상식을 뛰어넘는 이 같은 조합을 어떻게 해석할 수 있을까?

대승불교는 기원후 1세기경 시작되었다. 스리랑카와 인도 서북부에서 각각 경전의 4차 결집이 이루어진 시기이다. 스리랑카에서는 아비달마 불교를 좀 더 체계화시켰고, 인도 북서부에서는 최초로 대승불교를 기준으로 한 결집이 일어났다.

현존하는 가장 오래된 불상은 지금으로부터 대략 1900여 년 전에 만들어진 것이다. 이 불상은 지금의 파키스탄과 아프가니스탄 국경인 하다 지역에서 발견되었다. 불교는 인도 북동부 지역에서 발생했는데 최초의 불상은 왜 서북 방향으로 수천 킬로미터 떨어진 곳에서 나왔을까? 최초의 대승불교 결집 또한 왜 인도의 북동부가 아니라 북서부에서 이루어졌을까?

그 중심에는 쿠샨 제국이 있다. 쿠샨 제국은 기원전 2세기부터 기원후 3세기까지 상공업을 바탕으로 중앙아시아와 인도 북서부 지역을 지배하던 나라이다. 우즈베키스탄 부근에서 기원한 유목 민족으로부터 유래한 쿠샨 제국은 상업 국가 특유의 개방성과 관용성을 가지고 있었다. 로마 제국·그리스·중국(후한)·인도·중앙아시아 등 다양한 민족들로 나라가 구성되었고, 다양한 민족에 따라 다양한 종교가 존재했다.

불을 숭배하는 조로아스터교나 그리스 로마의 신들, 인도의 시바신

그림 9. 간다라 초기 불상에 등장하는 헤라클레스(우).

등 다양한 종교의 여러 신 중에 불교도 하나의 종교로 자리 잡고 있었다. 쿠샨 제국은 로마처럼 금화를 제작하고 통용시켜 제국을 확장했는데, 금화의 한쪽 면에는 쿠샨 왕을 새기고 다른 쪽에는 다양한 신들을 새겨 넣을 정도로 개방적인 나라였다.

쿠샨족의 전통적인 종교는 조로아스터교였는데, 이 종교는 사후 세계에 대해서 확언을 주지 않고, 죽은 뒤 신 앞에 가서야 모든 것이 결정된다고 말한다. 반면 불교는 윤회나 극락 같은 내세에 대한 갈증을 풀어 주는 가르침을 보유하고 있었다. 이런 이유로 불교는 쿠샨족의 정서를 파고들 수 있었다.

초기불교에서는 부처님 열반 후 약 500년까지 불상을 만드는 것이 금지되어 연꽃이나 수레바퀴, 발자국 같은 상징을 통해서만 부처님을 표현했다. 그러나 인도의 서쪽에서 파생되어 그리스 로마 문화를 개방적으로 수용한 쿠샨 제국 사람들은 상(像)을 만들어 신을 숭배하는 문화에 익숙했다. 이들은 평소 익숙했던 그리스 로마 양식으로 불상을 만들었는데, 초기 불상 양식이 그리스 로마 양식인 이유가 여기에 있다. 그래서 불상의 협시불로 헤라클레스나 그리스 여인이 등장하는 것이다.

쿠샨 제국은 불교 미술에 지대한 영향을 미쳤다. 초기 불상의 뒤에 표현한 불꽃은 훗날 광배(光背)로 발전한다. 왜 불꽃이 있는가? 이는 조로아스터교의 영향 때문이다. 조로아스터교는 신성한 인물을 조각할 때 인물의 뒤에 불을 넣어서 그를 보호하도록 했다.

수행자 중심 불교에서 재가자 중심 불교로

불상을 만들었다는 것이 왜 중요할까? 초기불교의 '출가자'와 '수행 중심의 불교'가 쿠샨 제국의 개방된 문화를 만나 '재가자'와 '신행 중심의 불교'로 변화했기 때문이다. 불상을 만들고 기도를 하고 예배를 올리고 경전을 읽는, 지금 우리가 행하는 신앙의 형태를 갖추면서 불교는 인도 밖으로 나갈 수 있는 범용성을 확보하게 되었다.

불교가 탄생했던 사문 전통하에서 불교가 인도 밖으로 확산할 여지는 적었다. 인도 사회는 기본적으로 수행자에게 공양을 올리는 문화가 뿌리 깊이 스며들어 있었다. 수행자에게 공양하는 것이야말로 복을 짓는 일이라는 생각이 당연하게 여겨졌다. 이러한 사회적 지원이 있어야 사문 전통이 유지될 수 있다. 하지만 인도 이외의 지역에서 이런 사회적 정서나 문화는 찾아보기 힘들뿐더러, 인도 내에서도 사문 전통은 오래 지속되지 못하고 사라졌다. 남방불교, 특히 미얀마 같은 경우는 불교를 실질적인 국교로 삼고 불교로 사회를 재정립한 결과, 불교 맞춤형으로 사회를 변화시킨 사례라고 보아야 할 것이다.

불교 세력의 소멸과 확장

이후 불교는 동쪽으로 전파된다. 그런데 왜 서쪽으로 전해지지 않았을까? 이유는 크게 두 가지로 나뉜다. 첫째, 인도 사회에서 불교는 주류 종교가 아니었다. 부처님은 평등을 주장하며, 천민도 상인도 왕족도 차별 없이 부처가 될 수 있다고 가르쳤다. 이러한 사상은 힌두교처럼 카스트 제도가 엄격한 곳에서는 받아들이기 힘든 파격이었다. 사회 주류 계층에게는 불편한 사상이었지만, 카스트 제도의 수혜를 받지 못하는 천민 계급을 위로하는 등 사회적인 역할을 수행하던 측면도 있었다. 그래서 인도 내에서 불교는 주류인 힌두교를 보완하는 비주류 종교로 역할하고 있었다.

그러던 와중 서기 600~700년경 서쪽에서 이슬람교가 유입된다. 이슬람교도 불교처럼 카스트 제도를 부정했다. 다만 불교 수행자는 앉아서 수행만 열심히 한 반면, 이슬람교는 이슬람교를 믿으면 세금을 면제해 주겠다는 실질적인 이익을 제시했다. 인도 사회에서 불교가 하던 역할을 이슬람교가 자연스럽게 대신하게 되면서 불교는 인도에서 기반을 상실하기 시작하는데, 이러한 흐름은 서기 800~1000년까지 시간을 두고 서서히 진행된 일이다.

이슬람과 관련하여 또 다른 요인도 있다. 불교 사원, 즉 승원은 지역 내에서 주로 대규모로 운영되었다. 많은 승려가 그곳에 모여 집단으로 생활하였는데, 이런 불교 사원의 특성은 인도를 침공한 이슬람의 본보기식 표적이 되기 십상이었다. 그 지역에서 규모도 크고 많은 수의 스님들이 생활하는 승원을 가차 없이 파괴해 버리는 모습을 본 인도인들은 감히 이슬람에 저항할 엄두를 내지 못했다.

둘째, 대승불교의 사상 체계가 힌두교와 별반 다르지 않았기 때문에 자기만의 정체성을 가지지 못하고 기존 종교에 동화되는 양상을 보였다. 대승불교가 종교, 신앙의 형태로 변화하면서 힌두교와의 차별성이 떨어졌다. 인도인의 입장에서는 부처님에게 기도하나 시바신에게 기도하나 별 차이가 없었으므로 더 넓은 확장성을 가지지 못하고 힌두교의 아류 혹은 일부로 전락했다.

인도 내에서 불교가 점차 세력을 잃는 와중에 불교는 인도 바깥으로 확장하였다. 그러나 서쪽에는 이미 이슬람교라는 강력하고 배타적인 종교가 가로막고 있으니, 자연스럽게 동쪽의 티베트나 중국, 동남아, 한국, 일본 등지로 전해지게 되었다.

불교가 인도에서 사라진 이유와 전 세계로 퍼지게 된 이유는 서로 일맥상통한다. 인도 북서부 지역을 중심으로 범용성 있는 종교적 틀을 만듦으로써 세계적으로 확장할 수 있었지만, 동시에 인도 사회 내에서는 이슬람교에 밀리고 또한 힌두교의 대체재로서 자기 역할을 상실하면서 소멸하다시피 하였다.

5강

한국불교의 현재와 미래

세 기의 탑과 세 개의 왕조

증심사에는 탑이 세 기(基) 있는데, 조선 시대에 만들어진 칠층 석탑과 고려 시대에 만들어진 오층 석탑, 통일신라 시대에 만들어진 삼층 석탑이 그것이다. 우연의 일치인지 몰라도 통일신라, 고려, 조선 순으로 탑의 완성도가 높아 보인다.

탑의 완성도는 일반적으로 탑을 만들 당시의 경제, 사회, 문화적인 지원이 얼마나 풍부했는가에 좌우된다. 실력 있는 장인들이 좋은 재료를 써서 많은 시간을 들여 만들면 완성도가 높은 탑이 나오고, 탑을 만들기는 해야 하니 아쉬운 대로 만들어 보자 하는 상황에서 만들면 완성도가 낮은 탑이 나오는 게 인지상정이다. 그렇기에 탑의 완성도를 보면 어느 시대에 불교가 가장 융성했는가를 유추할 수 있고, 불교가 시대별로 어떤 위상을 가지고 있었는지 짐작할 수 있다.

우리나라에서 불교는 토착 종교가 아닌 외래 종교이다. 또한 한 나라에서 특정 종교가 대중적으로 퍼지는 데에는 왕조 차원의 국가적인 비호가 뒷받침되어야 한다. 이것은 중국과 우리나라에서도 똑같이 적용되었다. 혼란한 시기에 국가는 단일한 이데올로기를 필요로 하는데, 불교가 이러한 역할을 할 수 있었다. 국가는 외부에서 들어온 고등 종교를 통치 이념으로 활용했다. 국가와 불교의 이해관계가 맞을 때는 불교가 융성했지만, 오히려 불교가 너무 성장한 상황에서는 국가가 불교를 탄압하기도 했다.

불교는 삼국 시대, 왕권의 비호 아래 엄청난 지원을 받으며 성장했고 이러한 모습은 고려까지 이어진다. 그러나 고려 시대에 들어오면서 불교의 부패와 타락이 횡행하게 되었다. 고려 중기 보조국사 지눌 스님을 비롯한 뜻있는 스님들은 정혜결사(定慧結社) 운동으로 불교를 새롭게 일으키는 바람을 불어넣기도 했다. 이러는 사이에 불교는 일반 백성들의 삶과는 유리되는 모습을 보이면서 삼국 시대보다는 다소 약해진 불교세를 나타냈다.

고려 후기를 지나며 불교의 많은 폐단이 등장했다. 새롭게 들어선 조선 왕조는 불교가 아닌 유교를 국가 통치 이념으로 내세우며 불교를 배척하였다. 당연히 국가적인 비호나 지원을 받을 수 없게 된 불교는 다소 초라하고 척박한 지위로 전락하는데, 이러한 시대의 흐름을 반영하는 것이 증심사에 있는 세 기의 탑 형태이다.

통일신라   고려   조선

그림 10. 광주 증심사 경내 세 기의 탑.
각각 통일신라, 고려, 조선 시대에 만들어졌다.

왜 관세음보살에게 기도할까

이제 증심사 대웅전 부처님들을 보자. 가운데에는 항마촉지인 수인을 하고 있는 석가모니 부처님이 있고 부처님을 기준으로 왼쪽에는 관세음보살이, 오른쪽에는 대세지보살이 자리한다. 부처님 좌우 협시불은 부처님을 마주 보는 우리를 기준 삼지 않고, 부처님을 기준으로 한다. 그래서 '왼쪽'은 부처님의 왼쪽이지, 우리가 볼 때의 왼쪽이 아니다. 부처님과 좌우 협시불을 모두 아울러 '삼존불(三尊佛)'이라 말한다. 삼존불의 가운데에 있는 주불이 석가모니불인데 왜 예불을 할 때는 관세음보살 정근을 할까? '원래 그런 것'이라고 넘어가야 할까? 관세음보살의 의미를 보다 상세하게 알아둘 필요가 있다.

초기불교는 석가모니 부처님의 신격화를 금했다. 대신 수레바퀴나 연꽃, 발자국 등 상징물로써 부처님을 표현할 수 있었다. 그런데 시간이 흘러 인도 북서부 지방에서 대승불교가 태동할 수 있는 토양이 갖춰지면서 엄격하게 부처님을 표현하는 데에 불만이 생겨나기 시작했다. 특히 그리스나 조로아스터교 등의 외래 종교와 융합하고 경쟁하는 상황에 놓이면서 부처님을 인간화한 불상을 모시고 싶다는 욕망은 더욱 커져 갔다.

그러나 석가모니 부처님이 실존 인물이었을 뿐 아니라, 불상을 형상화하는 것을 금기시하는 기존의 정서를 정면으로 돌파하기는 어려운 일이었다. 이런 상황에서 취할 수 있는 현실적인 방법은 다른 종교에 있는 신을 불교의 신으로 유입시키는 것이었다. 관세음보살의 원형은 조로아스터교의 여신 '아발로키테슈바라(Avalokitesvara)'였다.

그림 11. 광주 증심사 대웅전의 삼존불.
관세음보살은 쿠샨 제국 조로아스터교의 여신 '아발로키테슈바라'를 차용하여 탄생하였다.

기존 정서와 충돌하지 않으며 새로운 필요를 해소

불교는 '신'이라는 개념을 상정하지 않는 종교다. 그래서 당시 불교도들은 신에 대한 해석을 달리하여 '보살'이라는 개념을 만들었다. 즉 '혼자 깨달음을 얻는 것이 아니라 모든 중생과 함께 깨달음을 얻기 위해 노력하는 분'이라는 의미를 담아 보살이라는 개념을 만들고 확산시켰다.

신은 전지전능하고 인간은 신에게 종속된 존재이다. 그러나 보살과 중생은 주종 관계가 아니다. 오히려 보살들은 중생을 어여삐 여기어 깨달음으로 갈 수 있게 독려하는 분들이고, 중생들 역시 열심히 수행하면 부처도 될 수 있고 보살도 될 수 있는 무한한 가능성을 가진 존재들이다.

조로아스터교의 여신이 불교에 유입되어 관세음보살로 재탄생되었다. 이는 불교의 기존 교리와 충돌하지 않으면서도 일반 재가 신도들이 가지고 있는 신앙에 대한 갈망을 채워 주는 획기적인 일이었다. 즉 석가모니 부처님은 열심히 수행한 끝에 도달해야 하는 롤모델 같은 분으로 여전히 존재하지만, 당장 신앙적으로 기대면서 소원을 비는 대상으로 관세음보살이 새롭게 등장한 것이다.

석가모니불을 주불로 모신 법당 안에서도 소원을 빌 때 관세음보살을 찾는 행태는 이러한 역사에 기인하고 있다. 서기 2세기경 대승불교 초기부터 자리 잡기 시작한 관음신앙은 오늘날까지 이어져 내려오고 있다.

힌두교의 신들을 흡수한 '신중단'

다음으로 증심사 대웅전 오른쪽의 신중단을 살펴보자. 신중(神衆)은 신들의 무리를 말하며, 신중단은 신들의 무리를 모신 제단이다. 왜 이렇게 많은

그림 12. 광주 증심사 대웅전 신중탱화.
불교도가 아닌 이들에게는 각자에게 친숙한 신을 내보임으로써 심리적 장벽을 낮춘다.

신을 대웅전 한쪽에 몰아서, 그것도 무리를 이룬 형태로 표현했을까?

먼저 신중단에 등장한 각각의 신들이 누구인지를 알아야 한다. 증심사 신중탱화에서 가운데에 크게 표현된 분은 예적금강이다. 석가모니 부처님의 화신인 예적금강은 분노존의 형태로 나타나는데, 수행자와 수행도량을 마구니로부터 지키기 위함이다. 즉 마구니의 정서와 사고방식, 생활 습성에 맞추어 마구니가 두려워하여 감히 범접하지 못하는 모습으로 화현한 것이다.

신중단에는 힌두교의 대표적인 신들도 등장한다. 창조의 신 브라흐마는 범천으로, 파괴의 신 시바는 대자재천으로, 신들의 제왕인 인드라는 제석천왕으로, 전투의 신 스칸다는 위태천 등으로 불린다. 이는 불교가 인도 내에서 대중적으로 확장하기 위해 힌두교의 요소를 수용한 결과다. 신중들을 신중탱의 형태로 모두 모아 놓은 이유 역시 불교를 믿지 않는 사람들에게 그들이 믿는 신을 내보임으로써 심리적 장벽을 낮추려는 의도가 들어 있다.

힌두교에 신이 많은 것은 다양한 지방에서 발생한 다양한 토착 종교를 힌두교라는 하나의 종교로 통합하는 과정의 산물이다. 토착 종교가 고등 종교로 발전하는 과정에서 토착 종교의 신들은 다양한 형태로 발전한다. 오직 하나의 신만 인정되고 다른 신들은 사라지거나, 아니면 주종 관계를 형성하거나, 혹은 역할 분담을 새롭게 하며 전체적으로 재구성되는 식이다. 인도의 경우 어떤 것도 말살하지 않고 각각의 신에게 역할을 주면서 자연스럽게 융합하는 방향으로 발전하였다. 초기 브라만교에서는 신들의 역할 분담이나 이론적인 정립이 덜 된 상태였다면, 서기 600년을 지나면서 힌두교가 사상적으로 재정립되며 신들의 역할도 체계화되었다.

예불이 끝날 무렵 신중단을 향해 『반야심경』을 독송한다. 왜일까? 신중들은 깨달음을 얻은 불보살이 아니기 때문이다. 신중들은 타 종교의 신이면서 불교 안에서는 수행자들을 외호할 뿐, 불교적 의미에서 완전한 깨달음을 이룬 존재가 아니다. 그러므로 하루빨리 깨달음을 얻으라는 의미로 매일매일 신중단을 향해 『반야심경』을 왼다.

절에서 왜 제사를 지내나, 제사의 불교적 재해석

증심사 대웅전 왼쪽에는 영단이 조성되어 있다. 영단은 돌아가신 영가(靈駕, 돌아가신 분)를 모시는 제단이다. 증심사는 말사(末寺)치고는 지장전이 큰 편인데도 대웅전에 영단이 따로 마련되어 있다. 그만큼 한국불교에서 제사를 중요시한다는 것을 알 수 있다.

부처님 당시에는 제사를 지내지 않았다. 심지어 부처님은 브라만교의 제사 만능주의를 비판하면서 등장한 사문으로 수행을 시작하지 않았던가? 부처님 당시에 장자가 가족의 제사를 지내면서 부처님에게 공양청을 올리니 공양을 드신 이후에 참석한 대중을 상대로 법문을 한 경우는 경전에 등장하지만, 부처님이나 부처님의 제자들이 직접 제사를 지냈다는 기록은 전무하다. 그런데 왜 한국의 사찰에서는 제사가 끊이지 않는 걸까? 초기불교에서는 나타나지 않는 현상이 왜 현재에는 만연할까? 제사의 본래적 의미를 되새겨 보면 납득할 수 있으리라.

베다 시대에 브라만교는 하늘에 공양물을 올리는 의식으로써 제사를 지냈다. 공양물을 올리는 것은 공양을 받은 선신이 힘을 얻어 악신을 물리치고 인간이 원하는 바를 이루어 달라는 요청이었다. 아주 단순화하여 말하자면 제사의 출발은 하늘에 공양을 올려서 인간이 원하는 대로 세상이 돌아갔으면 하는 바람이었다. 제사를 통해 소원을 이루려는 시도는 브라만교에만 국한되지 않는다. 이집트의 파라오도 하늘에 제사를 지냈고, 중국에서는 황제가 곧 하늘에 제사를 지낼 수 있는 유일한 사람인 천자(天子)였다. 마야 문명에서의 피의 제사도 물론 같은 의미에서 행해졌다. 양식의 차이는 있지만 제사의 기본적인 양상은 어느 문명에서나 공통으로 나타난다.

그런데 유교 문화권에 이르러 제사는 유교의 이념으로 재해석된다. 마치 불교가 힌두교의 신들을 재해석하여 수용하였듯, 유교에서는 제사를 신이 아닌 조상을 위한 것으로 재해석했다. 유교의 핵심은 '수신제가치국평천하(修身齊家治國平天下)'로, 살아 있는 부모나 돌아가신 조상에게 효를 다해야 한다고 강조한다. 더구나 중국에서 하늘에 제사를 지내는 것은 오직 황제만이 할 수 있는 일이었다. 자연스럽게 일반인들은 하늘이 아닌 조상에게 제사를 지내는 것으로 제사의 본래적 의미를 변용시켰다. 한국인들에게 익숙한 제사는 본래적 의미가 아닌, 유교적으로 재해석된 것이다.

종교의 옷으로 제사를 수용하다

그렇다면 불교는 왜 제사를 수용했을까? 초기불교에서는 브라만교의 제사를 비판했는데 어째서 뒤늦게 제사를 수용한 걸까? 이 질문의 답은 대승불교의 탄생과 연관되어 있다.

대승불교가 태동하던 시기에 큰 영향력을 발휘했던 쿠샨 제국은 종교적으로 개방되었을 뿐 아니라 동양과 서양을 연결해 주는 실크 로드를 장악하여 상업과 무역을 활발하게 관장하던 나라였다. 쿠샨 제국의 이러한 개방성과 종교성을 바탕으로 대승불교가 탄생했기에, 대승불교는 시작부터 종교적 외피를 입고 등장하였다. 기존의 종교관에서 중요한 부분을 차지하는 것은 무엇인가? 절대적인 존재에게 공양을 올리는 의식, 즉 제사이다. 종교의 옷을 입은 불교가 제사를 거부할 이유는 없었다.

실제로 종교의 옷을 입은 불교가 인도 밖으로 나가 중국으로 들어가면서, 중국의 유교 문화권과 충돌하지 않으면서 자연스럽게 유교적 제사 의식을 수용하게 된다. 우리나라로 전래한 불교는 수용과 수용을 거듭한 모습의 불교인 셈이다.

초기불교의 가르침과는 다른 모습이 있지만 2600년이 지나도록 불교가 이어지고 있는 이유는 이러한 수용성에 있다. 불교만의 독자적인 가르침을 훼손하지 않고 간직해 온 노력은 물론 중요하다. 그러나 그 이면에는 새로운 지방의 문화와 정서 그리고 종교를 불교적으로 재해석하여 불교화시킨 유연성이 존재했다. 이러한 유연성이 없었다면 불교만의 정체성도 지켜내기 어려웠을 것이다.

제사도 마찬가지다. 제사를 불교적으로 새롭게 해석하여 불교화시켰기에 오늘날에 와서도 스님들이 제사를 지내는 데에 의미가 있는 것이다. 유교식 제사는 조상에게 효를 다하기 위해 치르는 의식이다. 그러나 불교식 제사는 영가에게 부처님의 법문을 들려주는 의식이다. 그리하여 영가가 이생에 대한 집착을 버리기를 기원한다. 영가가 윤회하여 새로운 몸을 받으면 더욱 열심히 수행하여 깨달음을 얻기를 바라는 마음을 담아 행하는 게 바로 불교식 제사, 즉 불교적으로 재해석된 제사이다.

이러한 의미는 한자를 보면 더욱 선명하게 드러난다. 불교에서는 '천도재', '사십구재' 등의 용어를 쓸 때 '제사 제(祭)'가 아닌 '재계할 재(齋)'를 쓴다. '재'는 불교에서 지내는 의식(儀式)을 통칭하는 말이다. 관세음보살에게 공양물을 올리고 일련의 예를 표하는 날은 '관음재일', 지장보살에게 공양을 올리고 예를 표하는 날은 '지장재일'이라고 부르는 것처럼, 특별히 돌아가신 영가들을 위해 공양을 올리고 예를 표하는 의식을 천도재 혹은 사십구재라고 지칭한다. 이는 제사를 '영가를 위한 불교 의식'으로 규정한 것이다.

민간신앙이 절에서 존속하는 이유

증심사 대웅전 부처님과 영단 사이에는 칠성단이 있다. 칠성단은 우리나라 민간신앙의 대상이었던 칠성신(七星神)을 모신 단이다. 과거 아낙네들이 장독대 위에 정화수를 떠 놓고 '비나이다, 비나이다' 하며 기도를 올렸던 것이 바로 칠성신에게 기도하는 행위였다.

칠성신은 북두칠성과 그 중심에 있는 북극성을 신앙화한 것이다. 북반구에서는 사계절 내내 북쪽 하늘을 수놓은 북극성과 그 곁에 있는 북두칠성을 볼 수 있어 그 별들을 신성하게 생각했다. 역사적으로 중국 한나라 시대부터 칠성신앙의 흔적이 보이고, 우리나라에서는 삼국 시대 초기에 그 흔적을 찾아볼 수 있다.

깨끗한 물인 정화수는 칠성신을 상징한다. 칠성신은 주로 사람들의 생명을 관장하는데, 사람이 죽으면 관 안에 칠성판을 놓는다거나 수의를 입힐 때 일곱 번 매듭짓는 행위 역시 칠성신과 연관되어 생겨난 풍습이다. 누군가 죽었을 때 쓰는 '돌아가셨다'라는 표현에도 칠성신 품에서 나왔다

그림 13. 광주 증심사 대웅전 칠성탱화.
칠성신앙을 흡수하면서 칠성신(북극성)을 치성광여래로 치환한 불교.

가 다시 칠성신 품으로 돌아간다는 속뜻이 담겨 있다. 사람들은 특히 사망률이 높았던 영아들의 생명을 보살펴 주는 존재로 칠성신을 믿었는데, 아기를 점지해 주는 삼신할머니 또한 칠성신앙에서 파생되었다.

불교가 인도의 신들을 수용했듯, 우리나라로 들어와서 칠성신앙을 수용한 것은 자연스러운 현상이었다. 불교에서 칠성신(북극성)은 치성광여래로 치환되었고, 치성광여래 주위의 일곱 부처님은 북두칠성을 상징한다. 증심사 칠성탱을 보면 치성광여래의 왼쪽에는 붉은 해가, 오른쪽에는 흰 달이 표현되어 있다. 이것이 바로 칠성신앙을 불교가 수용한 도상이다.

삼국 시대나 고려 시대까지는 불교가 일반 백성들과 긴밀한 유대감을 가지지 않아도 국가 권력의 비호를 받았지만, 조선 시대에 들어 국가로부터 배척당하면서 일반 백성들이 의지하는 민간신앙과 유대할 필요성이 커졌다. 특히 임진왜란과 병자호란을 거치며 나라의 통치 시스템이 흔들리면서 백성들의 삶이 더욱 팍팍해지자, 불교와 민간신앙의 교류는 더욱 활발해졌다.

불교는 종교의 외피를 가지고 사회와 융합하는 정책으로써 지금까지 존속할 수 있었다. 타 종교를 배척하거나 불교 중심으로 모든 것을 바꾸는 게 아니라 주위의 것들을 불교식으로 재해석하는 방법으로 수용하고 흡수했다.

일상 속에 혼재된 종교의 면면

우리나라 사람들의 의식 구조를 살펴보면 여러 가지 문화가 충돌하지 않고 혼재되어 있다. 예를 들어 절에 다니고 참선을 하는 불자라 하더라도

'못자리를 바꿔야 한다.'라는 고향 가족들의 의견에 단호하게 반대하지는 않는다. '미신 같은 건 안 믿어.'라면서도 이장을 해야 한다면 이장도 하고 굿도 지낸다. 기독교를 믿는 사람이나 불교를 믿는 사람이나 기도의 내용은 '내 자식 잘되게 해 달라'는 것이 대부분이다.

이는 우리나라 사람들의 의식 저변에 민간신앙이 깔려 있기 때문이다. 그 위에 우리나라에 전래한 지 1600여 년이 된 불교가 자리하고 있다. 그러므로 불교가 토착신앙의 형태를 적극 수용한 것은 자연스러운 현상이다.

우리나라에서는 중동이나 인도권역에서 고질적으로 나타나는 심각한 종교 대립은 찾아볼 수 없다. 명절에 제사를 지낼 때는 유교식으로 지내고, 절에 가서는 부처님에게 예불을 드리고, 이장은 민간신앙에 근거하는 것이 별문제 없이 융화된다. 이러한 양상은 유교 문화가 오랫동안 지속된 동아시아 일부 나라에서 공통으로 나타나는 모습으로, 일본 사람들도 아이가 태어나면 신사에 가서 신고를 하고, 결혼은 기독교식으로 하고, 죽으면 스님이 와서 염불하는 등 여러 종교가 혼재한 모습을 하고 있다. 이슬람 국가라면 상상도 할 수 없는 일이다.

이러한 현상이 생기는 이유는 아마도 토착신앙이 뿌리 깊이 깔려 있고, 그 위에 외부에서 유입된 고등 종교가 자리하고 있기 때문일 것이다. 따지고 들어가면 토착신앙으로 통하기에 종교 간 현상적인 갈등은 있을 수 있어도, 근본적인 충돌은 일어나기 어려운 게 아닐까 추측한다.

세시 풍속이 절에서 유지되는 이유

사찰에서는 정초에 삼재 기도를 올리고, 설날과 추석에 합동 다례를 지내고, 칠석이나 동지를 챙기기도 한다. 사회나 일상에서 이미 희미해진 우리나라 전통 세시 풍속이 사찰 안에서는 명맥을 유지하고 있다. 칠성신앙이야 치성광여래로 연결하는 식으로 불교적인 재해석을 할 수 있지만, 동지 같은 경우에는 불교적인 의미를 부여하려고 해도 그럴 만한 내용이 없다. 과거 전통적인 농경 사회에서 이루어졌던 행사들이 자본주의화된 일상에서는 많은 부분 잊혔지만 유독 사찰에서만큼은 아직도 연례행사로써 이루어지는 이유는 무엇일까?

첫째, 사회가 도시화되면서 마을 공동체는 와해된 반면, 사찰은 여전히 공동체 문화를 유지하고 있기 때문이다. 도시의 특징은 익명성을 보장하는 것이다. 도시 사람들은 길에서 만나는 수많은 사람을 일일이 알아야 할 필요도 없고 본인 스스로도 프라이버시를 보호받고 싶어 한다. 전통 사회에서 세시 풍속과 같은 연례행사는 공동체가 주관했는데 도시와 시골할 것 없이 공동체 문화가 사라져 버리니 자연스럽게 세시 풍속을 챙기는 주체가 사라지고 말았다.

반면 승가 공동체는 아직까지 유지되고 있다. 동지가 되면 어른스님들은 소임자스님들에게 동지에 해야 할 일을 일러 주고, 실제 동지 전날이면 어른스님부터 학인스님까지 모두 모여 새알을 빚는다. 이러한 일을 해가 바뀌어도 똑같이 하는 것에는 다른 이유가 없다. 그렇게 해 왔기 때문에 하는 것이고, 하지 않으면 어른들이 질책하기에 하는 것이다. 부정적인 뉘앙스 같지만 현실적으로는 이런 문화로 인해서 절집의 공동체가 아직 살아 있다.

둘째, 예로부터 중요한 날에는 반드시 절에 가서 부처님에게 불공을 드리는 문화가 이어져 왔기 때문이다. 평소에는 하루하루 살기 바빠서 절에 가기 힘들지만 그래도 동짓날에는, 그래도 칠석날에는 하던 일을 놓고 절에 가서 불공을 드리는 행위가 불자들의 신행 활동에 정착되어 있다.

처음에는 백성들의 삶으로부터 세시 풍속을 받아들였지만, 오랜 세월이 흐른 오늘날에는 반대로 사찰에서 세간의 전통문화를 지키고 있다. 실로 아이러니한 현실이다. 사찰이 의도했든 의도하지 않았든 사찰은 우리의 전통문화를 보존하고 유지하는 공간으로 자리하고 있다.

산신, 절에 찾아온 손님

칠성신앙과 어깨를 나란히 하는 우리나라의 대표적인 민간신앙으로는 산신신앙을 꼽을 수 있다. 칠성신앙은 일반인들의 삶 속에 너무나 자연스럽게, 또 광범위하게 퍼져 있었다. 심지어 비는 대상이 칠성신인지도 모르고 빌기도 할 정도였다. 반면 산신은 백성보다는 왕조, 즉 지배자들이 전유하는 신앙에 가까웠다.

산신신앙의 출발은 하늘에 제사를 지내는 행위이다. 우리나라는 국토 대부분이 산지이므로 하늘에 제사를 지내는 행위는 주로 산에서 이루어졌다. 산은 하늘과 가장 가까운 곳이기 때문이다. 하늘에 제사를 지내는 의식은 조선 시대 초기까지만 해도 국가 차원의 중요 행사로 여겨졌다. 태조 왕건은 『훈요십조』를 통해 산 열 군데를 지정하고 매년 제사를 지낼 것을 당부했을 정도였다.

조선 시대 국가 통치 이념이었던 성리학에 따르면 하늘에 제사를 지낼 수 있는 사람은 오직 하늘의 자식인 황제뿐이다. 제사는 오직 천자(중국의 황제)의 권위였으므로, 사대부들은 '황제의 속국인 우리나라에서 하늘의 제사를 지내는 것은 불경스러운 일'이라는 상소를 올렸다. 결국 태종 때에 없어진 산신제는 대한제국의 황제였던 고종에 이르러서야 비로소 부활한다. 현재 서울 조선호텔 자리에 있는 환구단은 고종 황제가 하늘에 제사를 지내던 자리이다. 이렇듯 산신신앙은 백성들의 정서에 스며 있기보단 권력을 가진 왕족과 귀족들 사이에서 유효했던 신앙이었다.

그러나 산신신앙 역시 칠성신앙과 마찬가지로 조선의 국가 시스템이 약화했던 임진왜란과 병자호란을 계기로 불교의 품에 들어오게 된다. 실제 임진왜란 이전에는 사찰 안에 산신각이 있는 경우가 없었다. 주로 조선 중기를 지나며 사찰의 전각 중 하나로 등장하고 백성들 사이에 또 다른 기도처로 자리하게 되었다.

한편 비교적 쉽게 불교화할 수 있었던 칠성신앙과 달리 산신신앙은 대상을 특정하여 신격화하기 어려운 구조였다. 마니산, 태백산, 지리산 등 수많은 산이 독립적인 신앙의 대상이었다. 그 각각의 산과 불보살을 연결하기는 어려웠다. 이 때문에 산신신앙에서는 산신 자체가 불보살로 여겨지기보다 부처님이 상주하는 산을 지키는 신성한 존재로 여겨졌다. 무등산 같은 경우 오래전부터 사람들은 아미타 부처님의 다른 이름인 '무등광불'이 상주하고 있다는 믿음을 가지고 있었고, 무등광불을 외호하는 존재로서 산신을 추앙하였다. 증심사도 일 년에 한 번 산신대재를 지내고 있는데, 이는 산신의 중요성보다 광주에서 무등산이 가지는 상징성을 기리고 존중하기 위한 것이라고 볼 수 있다.

일부 특이한 경우를 제외하고 산신각은 절의 전면에 배치되지 않고

그림 14. 임실 성수산 상이암의 산신각.
불교를 외호하는 존재로서의 산신을 추앙한다.

규모도 크게 지어지지 않는다. 불교 잡지 「불광」은 산신을 주제로 한 통권 566호에서 산신을 '절에 오신 손님'이라고 표현한 바 있다.

한국불교와 템플스테이

바쁜 일상을 벗어나 마음을 비우고 생각을 비우고 몸을 비우는 시간을 선물합니다. 삶의 쉼표가 필요할 때, 나를 위한 행복여행 템플스테이가 당신을 기다립니다.

우리나라의 120여 개 템플스테이를 관장하는 한국불교문화사업단 홈페이지에 나와 있는 소개 문구다. 이 문구 그 자체가 과거와 현대의 차이를 드러낸다. 현대인들 역시 여전히 민간신앙의 DNA를 간직하고 있지만, 선조들과 같이 공공연하고 일상적인 모습으로 민간신앙을 드러내지는 않는다. 과거에는 관음신앙, 정토신앙, 칠성신앙, 산신신앙과 같은 형태가 불교의 저변을 형성했으나 현대에 와서는 이런 사상들이 공공연하게 힘을 발휘하지 못한다. 오히려 지식수준이 높아지고 사회가 물질 중심으로 편제되다 보니 정서적이고 문화적인 부분을 경시하는 경향성이 나타나기도 한다.

그렇다면 과연 어떤 요소가 현재 한국불교의 대중적인 저변을 형성하고 있을까? 대표적인 것이 템플스테이다. 템플스테이는 휴식을 강조한다. 현대인들은 정신적인 스트레스가 너무 심하지만, 마땅히 쉴 수 있는 공간을 찾지 못한다. 그래서 사찰들은 저마다 '마음을 쉴 수 있다', '정신적으로 쉴 수 있다'라는 표어를 주창한다.

쉼을 강조하는 템플스테이는 기실 불교적인 것이 아니다. 나 혼자 동떨어져 쉬고 싶으면 템플스테이가 아니라 호텔에 가도 된다. '굳이 절에 가지 않아도 된다.'라는 말은 불교와 관련이 없음을 의미한다. 불교 밖의 사람들은 불교가 보여 주는 현상 중 하나의 측면을 보고 '쉬고 싶으면 절로 간다.'라는 이미지를 가지지만, 엄밀하게 따지면 그냥 쉬는 것은 불교와 특별한 관련이 없다. 그런데 왜 사람들은 사찰하면 '쉼'을 먼저 생각할까?

사찰이 각박하고 쉴 새 없이 돌아가는 현대인의 생활과는 한 걸음 떨어져 있기 때문이다. 사찰은 예나 지금이나 크게 변하지 않았는데, 현대인들의 삶이 너무나 급변한 탓에 현대인들의 눈에 사찰이 쉼의 공간, 자기 성찰의 시간으로 새롭게 보이는 것이다.

템플스테이가 지금 시대, 지금 사회, 지금 문화에 맞게 불교의 영역을 유연하게 확장하는 하나의 콘텐츠인 것은 틀림없는 사실이다. 초기불교 당시 부처님과 그 제자들이 만들었던 혁신적인 사상과 수행법만 고수했다면 불교는 지금까지 생명력을 유지하지 못했을 것이다. 불교가 지금까지 이어지고 있는 것은 당대의 시대상과 문화에 맞게 자신의 영역을 확장한 덕분이다.

템플스테이는 일반인이 사찰을 경험할 수 있는 좋은 기회이다. 참가자로서는 불교의 정서와 문화를 체험하다 보면 자기도 모르게 불교에 대한 친근감과 호기심이 생길 것이다. 불교의 입장에서는 대중적인 외연을 확장하는 일이다. 불교의 핵심 정신을 위배하지만 않는다면 얼마든지 수용할 필요가 있다. 현대 사회에서 템플스테이가 불교 혹은 사찰에 중요한 축을 담당하고 있기에 사찰 대중은 이러한 일에 조금 더 관심을 보이면서 역량을 키워 나가야 할 것이다.

종교의 위기?

현대 사회는 '종교의 위기'라는 말을 한다. 우리나라에서는 종교를 가진 사람보다 종교를 가지지 않은 사람이 더 많은 것이 현실이기도 하다. 그러나 전 세계적인 통계를 보면 꼭 그렇지도 않음을 알 수 있다.

2015년 세계 종교 현황을 보면 향후 45년 후의 종교 분포는 기독교 31퍼센트 → 32퍼센트, 이슬람 24퍼센트 → 31퍼센트, 힌두교 13퍼센트 → 14퍼센트, 불교 7퍼센트 → 5퍼센트로 총 종교 비율 자체는 오히려 늘어나는 것으로 전망된다. 유럽이나 아시아 선진국의 종교인 비율은 줄어들지만, 아프리카를 비롯한 개발 도상국의 종교 인구 증가로 전체적인 종교인 비율이 늘어난다는 추측이다.

그렇다면 우리나라의 통계를 보자. 1984년의 종교인 비율과 사십 년이 지난 현재의 종교인 비율은 거의 비슷하다. 20세기 후반 종교를 믿는 인구가 약간 줄어들다가 2000년대 초반에는 오히려 종교를 믿는 비율이 과반임을 확인할 수 있다. 80년대는 정치적으로 독재 시대였지만 경제적으로는 풍요로워 종교를 믿는 인구의 비율이 낮았다. 1997년 IMF가 터지고 그 여파로 십여 년 넘게 삶이 팍팍해지자 다시 종교를 믿는 사람들이 많아지는 양상을 보였다.

코로나와 같은 세계적 질환과 기후 위기 등으로 우리 사회를 비롯한 온 세계가 요동치는 가운데 과연 종교는 위기이기만 할까? 종교를 필요로 하는 사람들의 마음은 크게 변함이 없지만, 기존의 제도권에 안주하고 있는 종교가 쇠락한다고도 볼 수 있다. 기존 제도권 불교가 수용하지 못했던 불교의 영역들을 소상히 들여다보아야 할 것이다.

핵심을 지키되 다양성을 인정하는

앞으로 한국불교의 미래는 어떻게 될까? 수행자 중심의 불교와 재가자 중심의 불교, 신앙 중심의 불교와 수행 중심의 불교 중 어느 쪽이 올바른 방향인지 치열하게 고민해야 한다. 식빵 하나만으로 승부하는 식빵 전문점과 다양한 빵과 디저트, 심지어 커피까지 갖춘 프랜차이즈 대형 빵집을 생각해 보자. 초기불교는 불교의 핵심만을 다루는 식빵 전문점에 가깝다. 반면 참선, 염불, 기도, 주력(呪力), 제사에 템플스테이까지 있는 현재 불교의 모습은 대형 빵집에 가깝다. 그러나 두 빵집이 경쟁하기만 하는 사이는 아니다. 전문 빵집과 카페가 결합한 공간이 주목받는 시대이지 않은가.

따라서 우리도 종교로서의 불교가 맞는가, 수행 시스템으로서의 불교가 맞는가를 두고 양자택일을 고민할 필요는 없다. 수행 시스템으로서의 불교는 불교의 정체성을 담당하고, 종교로서의 불교는 불교의 대중적인 영역 확장과 신앙생활을 보장한다. 이런 불교의 모습, 저런 불교의 모습이 대립하는 게 아니라는 것을 명심해야 한다.

다만 불교의 핵심 교리와 수행 전통은 반드시 지켜가야 할 불교의 정수이다. 메이지 유신 당시 폐불훼석 정책으로 인해 알맹이는 사라지고 껍데기만 남은 일본불교를 반면교사 삼아야 한다. 또한 철저하게 계율을 중심으로 활동하는 대만불교에서 배울 점을 취하는 것도 좋다.

불교의 핵심은 계·정·혜 삼학이고, 계·정·혜 삼학은 육바라밀(六波

羅蜜)이고, 육바라밀이란 팔정도이다. 팔정도의 실천이야말로 종교로서의 불교와 수행 시스템으로서의 불교가 결합하는 지점이며, 우리 불교가 향해야 할 방향이다.

4

불교의 문화

6강

전각·탑·승탑

이번 강의에서는 도량에서 접할 수 있는 여러 가지 것들에 대해 살펴보자. 사찰의 배치, 탑, 전각의 구조, 석등, 승탑과 승탑비 등이 바로 그것이다. 미술이나 건축에 대한 전문적인 식견이 아니라 불교의 문화를 이해하는 데 도움이 되는 정보에 국한하려고 한다.

산치 대탑, 불교 건축의 시작

불교 건축은 탑에서부터 시작하였다. 처음에는 탑만 있었다가 불상을 조성하면서 이를 모시는 전각이 들어서게 되었다. 또 사람들이 거주할 수 있는 건물들도 하나둘 추가되면서 오늘날 우리가 알고 있는 사찰의 모습을 갖추게 되었다.

탑은 본래 부처님의 진신 사리를 모시는 용도로 세워졌다. 탑의 시작은 인도의 '산치 대탑'인데, 부처님이 돌아가신 후 대략 300여 년 뒤에 아소카 대왕이 만든 일종의 부처님 무덤이다. 산치 대탑은 발우(그릇)를 엎어 놓은 모양 위에 일산이 씌워져 있는 형태다. 인도는 더운 나라이기 때문에 고귀한 분, 예를 들면 왕에게는 햇빛을 가릴 수 있는 차양을 씌운다. 햇빛을 가리기 위해서 스스로 들면 '양산', 시녀나 신하가 좌우에서 들어 주는 것은 '일산'이라고 한다. 그래서 산치 대탑 꼭대기의 화려한 장식은 일산을 나타내는 것으로 볼 수 있다.

무덤 모양의 대탑이 스투파(stūpa), 즉 탑으로 변형되면서 대탑 위의 장식은 탑의 상륜부로 변화하게 된다. 우리는 산치 대탑에서 우리 주변에서 흔히 볼 수 있는 탑의 원형을 발견할 수 있다.

산치 대탑 앞에는 출입문 역할을 하는 토라나(torana)가 서 있다. 생긴

외양을 보면 유교식 건축물의 홍살문이나 사찰 일주문의 형태와 닮았고, 유럽의 개선문과도 비슷하다. 탑의 상륜부와 마찬가지로 토라나 역시 사찰 일주문의 원형이라고 할 수 있다.

토라나를 통과하면 산치 대탑을 빙 돌 수 있는 통로가 있다. 경전을 보면 사람들이 부처님을 친견하면 우요삼잡(右繞三匝) 후, 고두례(叩頭禮)를 하고 합장 공경을 한다는 이야기가 나온다. 우요삼잡은 부처님을 오른쪽으로 세 번 도는 의식으로, 부처님 당시를 포함한 고대 인도에서 깨달은 분, 성인을 친견할 때 행했던 의례이다. 우요삼잡은 현재에도 탑돌이를 하는 방식으로 전해 내려오고 있다. 다만 '오른쪽으로'의 기준이 예배자 중심인지, 부처님 중심인지는 명확하지 않으나 사찰의 일상적 관례를 보면 예배자 기준으로 하여 예배자의 오른쪽으로 도는 경우가 많다.

그림 15. 산치 대탑

전탑·목탑·석탑

스투파는 탑이다. 인도 말 '스투파'가 중국으로 넘어오면서 첫 글자인 '스'는 빠지고 '투파'만 한자로 음차하여 '타파'가 되었고, 이것이 더 간결해져서 최종적으로 '탑'이 되었다. 스투파라는 말이 인도에서 중국으로 넘어오며 변한 것처럼, 스투파의 형태도 중국으로 전해지면서 변화하였다.

사막이 많고 환경이 척박한 실크로드 지역에서는 인도 현지처럼 스투파를 돌로 정교하게 쌓기 어려웠다. 그래서 진흙으로 벽돌을 만들어 쌓게 되었는데, 이것이 중국식 전탑(塼塔)의 기원이다. 우리나라에서는 국보로 지정된 안동의 법흥사지 칠층 전탑이 이에 해당하는 대표적인 탑이다.

벽돌이 아닌 나무로 만든 목탑은 중국과 우리나라, 일본 등 동아시아 지역에서 공통으로 확인할 수 있다. 처음에는 전탑을 만들었던 중국인들은 시간이 지나면서 자신들이 자주 접하는 가옥의 모양, 재질과 매우 유사하게 탑을 조성하였다. 이것이 목탑으로 우리나라와 일본에도 전파되었다. 경주 황룡사지 구층 목탑 또는 화순 쌍봉사 대웅전, 보은 법주사 팔상전이 대표적인 목탑 양식 건물이다.

우리나라 사람들이 흔히 생각하는 탑은 단연 석탑이다. 이는 중국에서 건너온 전탑이나 목탑을 우리나라의 훌륭한 자원인 돌로 만든 것으로, 부여 정림사지 오층 석탑이 대표적이다. 우리나라는 돌이 좋기도 하거니와 돌을 가공하는 기술이 매우 뛰어났다. 더하여 석탑은 화재에 취약한 목탑의 단점을 보완해 주기도 하였다.

목탑은 나무 자원이 풍부한 일본에서 특히 발달했다. 일본 나라[奈良] 현의 여러 사찰에 있는 오층 목탑과 교토 동사(東寺)의 오층 목탑이 유명하다. 특히 동사의 오층탑은 한때 교토 내에서 동사의 오층탑보다 높은 건물

그림 16. 안동 법흥사지 칠층 전탑

그림 17. 화순 쌍봉사 대웅전

그림 18. 부여 정림사지 오층 석탑

을 짓지 못하게 할 정도로 교토를 상징하는 건축물로, 지금도 이곳을 대표하는 탑으로 여겨진다. 동사를 마주 보는 자리에 서사(西寺)가 있었고 그곳에도 역시 동사와 같은 모양의 오층탑이 있었다. 현재 서사는 없어졌으나 오층탑은 잘 보존되어 있다. 일본의 불교 유산이 우리에게 중요한 이유는 과거 삼국 시대의 우리나라 불교 유산을 지금 바로 눈으로 확인할 수 있기 때문이다.

탑의 구조

탑의 구조는 크게 세 부분으로 나뉜다. 아래는 기단부, 중간은 탑신부, 윗부분을 상륜부라고 부른다. 상륜부는 스투파 꼭대기의 일산을 형상화한 것으로, 보륜과 보주 등으로 장식한다. 다만 현재까지 상륜부가 온전하게 보존된 경우는 그리 많지 않다. 이는 상륜부가 석재가 아니라 금속으로 만들어진 경우, 도난이나 부식 등 석재보다 보존의 어려움이 더 많았을 것으로 추측한다.

　탑신부는 탑의 몸통에 해당하는 부분으로 탑의 층을 결정한다. 지붕처럼 생긴 부분을 옥개석, 그 아랫부분을 옥개받침이라 한다. 옥개석이나 옥개받침에 난 홈은 돌이 빗물에 노출될 때 빗물이 탑신을 따라 흐르며 물때가 끼는 것을 방지하기 위해서 물길을 끊는 역할을 한다. 여기에서 우리나라 탑 조성 기술의 우수성을 확인할 수 있다. 옥개석 아래 기둥 부분은 우주라고 하여 버팀기둥 역할을 한다.

　기단부는 지대석과 기단으로 나뉜다. 지대석은 바닥 전체에 깔린 부분으로 탑의 가장 아랫부분이다. 그 윗부분이 기단이다. 기단은 일반적으

그림 19. 일본 교토 법관사(서사) 오층탑

불교의 문화

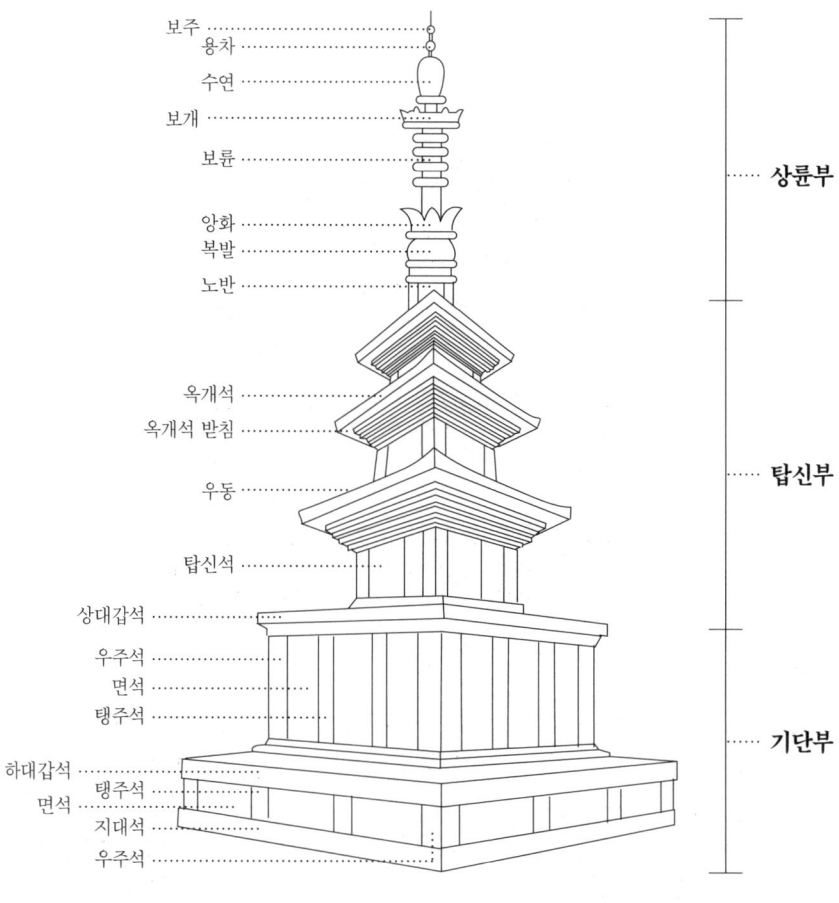

그림 20. 탑의 구조

로 하층 기단과 상층 기단, 두 부분으로 구성한다. 이러한 기단은 한옥의 구조에서도 발견할 수 있는데 측면을 구성하는 돌을 면석이라고 하고, 면석 위에 가로로 놓은 것을 갑석이라고 한다. 기단에는 신중이나 사천왕, 금강역사, 팔부신중과 같이 외호하는 중인 수호신장을 조각하기도 한다.

　　서기 1세기 무렵이 되면 무불상 시대에서 벗어나 부처님을 조각상으로 만들기 시작한다. 또 불상을 모시는 건물과 스님들이 모여 사는 처소도 들어서기 시작하는데, 이로써 탑만 있던 공간이 자연스럽게 종합적인 가람(伽藍)으로 발전했다.

삼국 시대의 가람 배치

삼국 시대의 가람 배치는 단순하다. 백제의 가람 배치는 '1탑 1금당'이다. 금당은 금색 옷을 입은 부처님을 모신 건물로, 현재의 대웅전을 말한다. 하동 쌍계사에서는 아직도 금당이라는 이름을 사용하는 건물이 남아 있다.

　　아쉽게도 현재 우리나라에서 보존되어 내려오는 백제 유역의 사찰은 없고 다만 터만 남아 있다. 부여 정림사지가 백제의 기본 가람 배치로 여겨진다. 부여에 있는 백제문화단지에 가면 1:1 비율로 복원한 백제의 사찰을 볼 수 있다. 능사(陵寺)는 비록 복원된 사찰이기는 하지만 백제 사찰의 면모를 느끼기에 전혀 부족함이 없다.

　　우리나라에서 가장 오래된 석탑은 익산 미륵사지에서 확인할 수 있다. 가람 배치는 1탑 1금당을 세 부분으로 확장한 양식이다. 미륵사는 미래불인 미륵 부처님을 모시는 사찰이며, 미륵 부처님은 미래에 올 용화세계에서 딱 세 번의 설법으로써 중생을 제도한다고 여겨진다. 이를 용화삼회(龍華三會)라고 하며, 1탑 1금당이 세 개로 구성된 것은 이 같은 미륵신앙이 녹아든 것으로 이해된다. 현재 미륵사지에는 두 기의 석탑이 있고 가운데에 모셨던 큰 목탑은 소실되어 사라진 상태다. 백제문화단지 내에 복원된 능사도 1탑 1금당의 구조이다. 고구려 지역은 '1탑 3금당' 양식으로, 중앙에 탑을 하나 세워 두고 건물 세 개가 마주 보는 양식이다.

신라의 가람 배치는 어떨까? 불국사를 떠올려 보자. 불국사에는 석가탑과 다보탑 등 두 기의 탑 뒤에 대웅전이 배치되어 있다. '2탑 1금당' 양식이다. 장흥 보림사에 가면 두 기의 탑 뒤에 전각이 배치된 가람 배치를 확인할 수 있다. 보림사는 통일신라 당시 개창한 최초의 구산선문(九山禪門)이었다. 그래서 당시 수도였던 서라벌의 스타일을 가져온 게 아닐까 추측한다.

현대의 가람 배치

지금의 사찰은 탑과 금당(대웅전)뿐 아니라 크고 작은 전각들이 있다. 스님이 기거하는 공간인 요사채를 제외하고 불보살들을 모신 전각만 해도 다양한 구조가 있다. 이런 건축물들은 나름의 질서를 가지고 배치되어 있다. 중심일수록 급이 높고, 밖으로 나갈수록 급이 낮아진다. 가장 안쪽은 주로 부처님을 모시는 곳인 대웅전이나 아미타전 등이고, 그다음은 보살단, 가장 마지막은 신중단이다.

가람 배치와 연결해 보면 가람의 가장 바깥쪽에 일주문, 금강문, 사천왕문 등 불법을 수호하는 분들이 배치된다. 신들의 무리인 신중은 주로 불보살들을 외호하는 역할을 한다. 신중들은 뛰어난 분들이지만 깨달은 분

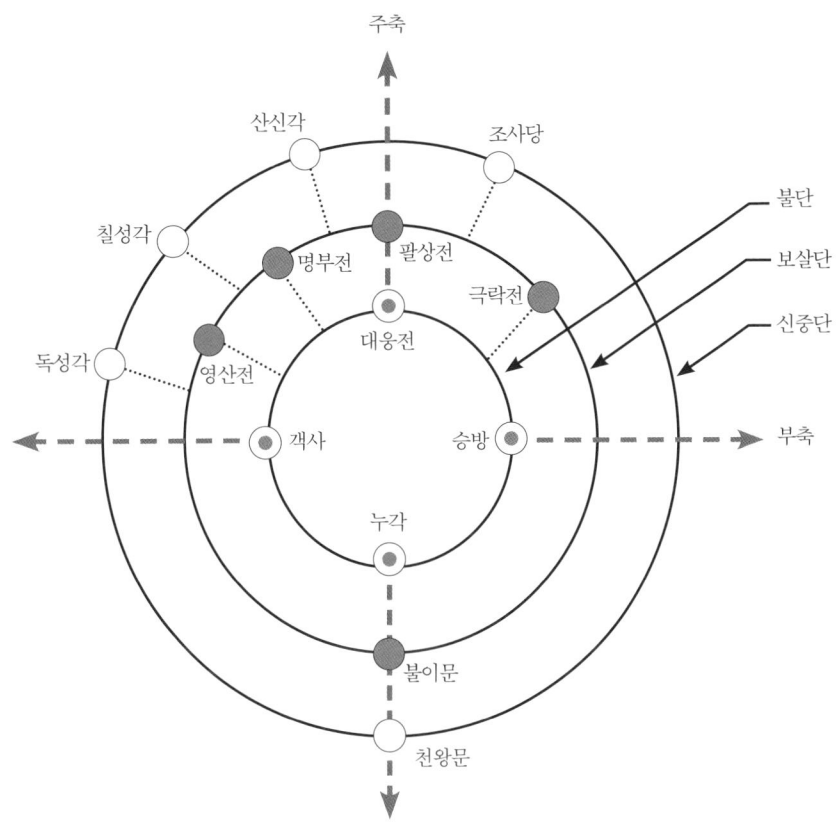

그림 21. 가람 배치의 개념도

들은 아니다.

그다음은 불이문, 해탈문 등으로 불리는 문이 있다. 이 문을 지나면 깨달은 분들이 있는 공간이다. 따라서 불이문은 속세와 열반의 세계를 나누는 경계이다. 안동 봉정사나 영주 부석사 같은 산지중정형의 가람 배치를 보면, 경계 역할을 하는 문을 지나서 들어가면 넓은 마당이 나오고 대웅전이 자리하고 있다. 마당에 들어서기 전에는 대개 누각을 지나게 된다. 누각의 1층을 지날 때까지는 정면으로 계단만 보일 뿐, 계단 너머 넓은 마당은 보이지 않는다.

누각을 지나 계단을 올라가야만 대웅전 안마당이 나오는 풍경을 흔히 만날 수 있다. 요즘은 누각을 크게 짓기도 하지만 옛날에는 누각을 들어갈 때 몸을 숙이고 들어가야 했다. 겸손한 마음으로 부처님을 친견하라는 의미가 담겨 있다.

다음은 해인사의 가람 배치를 예로 들어 보자. 일주문을 들어가면 사천왕문 내지는 금강문 격인 봉황문이 자리하고 있다. 사찰에 들어가면 바로 대웅전이 있을 듯한데 항상 그렇지는 않다. 주불로 석가모니 부처님을 모시는 경우 석가모니 부처님을 모신 대웅전이 있다. 그러나 모시는 주불이 석가모니 부처님이 아닌 경우에는 해당 세계관에 맞는 전각이 대웅전의 역할을 한다. 해인사는 화엄사상을 표방하고 있기에 비로자나 부처님을 주불로 모시고 있다. 이 비로자나 부처님이 주석하는 대적광전이 중심 전각이 된다. 외곽으로는 관음전, 명부전, 독성각 등이 배치된다.

가람의 배치는 기본적으로 전각의 중요도에 따라 배치 서열이 정해진다. 그러나 이것은 어디까지나 기본 원칙이다. 반드시 사찰의 중심에 대웅전이 있어야 하는 것은 아니다. 그리고 반드시 대웅전의 왼쪽에는 관음전, 오른쪽에는 지장전이 있다는 생각을 공식처럼 외워서도 곤란하다.

전각의 구분

전각의 이름을 보면 그 전각의 중요도를 판단할 수도 있다. 한옥 건물의 서열은 '전(殿) → 당(堂) → 합(閤) → 각(閣) → 재(齋) → 헌(軒) → 루(樓) → 정(亭)' 순으로 매겨진다. 부처님과 보살들을 모신 건물은 '전'으로 부른다. 예를 들어 대웅전은 대웅'전'일 뿐, 대웅'각'이라고 부르지 않는다. 지장'당'도 없고 나한'당'도 없다. 이들은 모두 불보살을 모시고 있기에 '전'이라고 칭한다.

그보다는 급이 낮은 이름이 '당'이다. 조사(祖師)를 모신 전각의 규모가 크거나 여럿을 모셨다면 '전'이라고 부르기도 하나, 규모가 작거나 한두 분의 조사를 모신 경우에는 조사당이라고 하는 경우가 많다. 불보살을 모신 것은 아니지만 나름대로 중요한 건물은 '각'이라 이름한다. 송광사 우화각이 그 예이다. 산신각이나 칠성각 등도 사찰에서 흔히 접할 수 있다. 이들은 사찰 나름의 규모에 따라 '당'으로 이름하기도 하지만 대부분 '각'으로 불린다.

공식적인 건물에는 '전·당·합·각'까지 사용하고, '재'는 편하게 생활하고 기거하는 사적인 공간에 이름 붙인다. 심우재 등이 그런 예이다. '헌'이 들어가는 건물은 개인이 기거도 하면서 업무를 보는 공식적인 공간이다. 송광사의 경우 주지스님이 기거하는 처소이자 손님을 맞이하는 등 공식적인 업무를 보는 건물의 이름을 목우헌이라 지었다. 옛 관아에 있던 동헌도 고을 사또가 기거하면서 업무도 보던 공간이었다. '루'는 누각에 붙이는 명칭이고, '정'은 일반적으로 풍광 좋은 계곡이나 개울가에 지어진 정자에 붙이는 명칭이다.

한옥의 구조

사찰은 우리나라 전통 한옥 구조로 세워졌다. 이번에는 한옥의 구조를 알아보자. 한옥 건물은 지붕의 생김새에 따라서 종류를 나눈다. 측면이 뻥 뚫려 있으면 맞배지붕이라고 한다. 수덕사 대웅전, 봉정사 극락전, 무위사 극락전 등이 맞배지붕의 대표적인 예이다. 측면이 개방된 맞배지붕의 경우 뚫려 있는 공간을 눈과 비바람으로부터 보호하기 위해 '풍판'이라는 구조물을 설치하기도 한다.

측면 상부에 공간이 있고 하부에서 다시 처마가 뻗어 내려오는 것을 팔작지붕, 지붕의 네 면이 모두 비스듬하게 내려오는 것을 우진각이라 한다. 모서리의 개수에 따라 사모, 육모, 팔모지붕으로 불리는 것도 있다. 팔모지붕은 팔각형으로 생긴 건물로, 팔각형은 우요삼잡하고 참배하면서 경건한 마음을 내기에 이상적인 양식이다.

지붕과 기둥 사이에서 처마를 받쳐 주는 구조물을 포라고 한다. 포의 형태에 따라 주심포 양식과 다포 양식으로 구분한다. 주심포는 기둥 위에 있는 포를 말하며, 주심포만 있는 양식을 주심포 양식이라 한다. 주로 고려 시대까지 쓰이던 양식이다.

기둥 사이에도 포가 있으면 다포 양식이라 하는데, 기둥과 기둥 사이에 있는 이 포를 주간포라고 한다. 다포 양식은 조선 시대에 널리 사용되었다. 포가 날개처럼 생긴 경우에는 익공이다. 익공이 하나만 있을 때는 초

그림 22. 강진 무위사 극락보전의 맞배지붕(위)과 백련사 대웅보전의 팔작지붕(아래).

불교의 문화

입공, 익공이 세 개가 있으면 삼입공이라 부른다. 우리가 주변에서 흔히 보는 법당 건물은 다포와 삼익공 양식이 많다.

한옥 내부 구조는 크게 보, 도리, 기둥으로 나눈다. 대들보 위에 있는 보는 종보, 긴 서까래를 장연, 짧은 서까래를 단연, 높이 있는 도리는 종도리, 가운데 있는 도리는 중도리, 종도리와 중도리 사이에 있는 도리는 중상돌이, 아래쪽에 있는 도리는 중하도리, 주심도리 바깥에 있는 것은 외목도리라고 한다.

서까래가 외부로 튀어나와 있는 것을 처마라고 하고, 처마가 두 개 겹친 것을 겹처마라고 한다. 처마 아래에는 부연이 있다. 부연은 자연스러운 한국적 곡선을 만들어 내는 중요한 장치이다. 지붕부 가장 위쪽에는 용마루가 있고, 용마루 양 끝은 치미로 장식한다.

건물의 기둥도 생김새가 다르다. 배가 나온 기둥을 배흘림기둥, 일자로 쭉 뻗은 기둥을 민흘림기둥이라 한다.

일주문

대부분의 사찰에서 가장 먼저 만나는 건축물이 바로 일주문이다. 일주문은 특이하게 기둥이 두 개다. 사찰에는 일주문, 금강문, 사천왕문, 해탈문, 불이문 등 문들이 많다. 그러나 엄밀하게 말하면 문이라기보다 통과하는 건물에 가깝다. 건물은 최소한 네 개의 기둥이 있어야 하는데, 일주문을 제외한 나머지 문들은 모두 네 개의 기둥이 있는 건물의 모양이다. 왜 일주문만 유독 기둥이 두 개일까?

일주문 역시 탑의 상륜부와 마찬가지로 산치 대탑에서 볼 수 있는 토

그림 23-1. 산치 대탑의 토라나

그림 23-2. 문경 봉암사 일주문.
일주문은 토라나를 원형으로 한 건축물이다.

불교의 문화

라나에서 발전하여 변형되었다. 처음 출발이 토라나였기 때문에 기둥이 두 개인 것이다.

금강문과 사천왕문

규모가 있는 사찰에 가면 일주문 다음으로 사천왕문이 나오기 전에 금강문이 있기도 하다. 금강문은 금강역사(金剛力士)가 지키고 있는데, 이 금강역사는 그 연원이 헤라클레스에 있다.

일본 사찰에서 흔히 만날 수 있는 금강역사는 인도인의 복식을 하고 있다. 이는 그리스의 헤라클레스가 인도 문명과 만나고 중국을 거쳐 우리나라에 왔다가 일본까지 뻗어간 흔적이다. 금강역사는 두 분이 짝을 이루고 있는데, 입을 열고 있는 분을 '아(阿)금강', 입을 닫고 있는 분을 '훔[吽]금강'이라 부른다.

금강문 다음은 사천왕문이다. 역사(力士)는 힘이 센 장사를 말하고, 사천왕은 동서남북을 관장하는 왕들이다. 당연히 왕이 역사보다 급이 높으므로 사천왕문이 금강문보다 안쪽에 배치된다. 조선 초기에 만들어져 우리나라 사천왕문의 전형이라고 알려진 장흥 보림사 사천왕문을 중심으로 알아보자. 보림사 사천왕문의 특징 중 하나는 금강역사가 사천왕문 안에 들어와 있다는 점이다.

일상생활에서 방위를 말할 때는 '동-서-남-북' 순으로 말하지만, 불교에서는 시계 방향으로 '동-남-서-북' 순으로 방위를 말한다. 이 순서는 결코 변할 수 없다. 사천왕을 구분할 때도 본존불을 중심으로 한 방위가 중요하다. 사천왕이 각각 들고 있는 지물뿐만 아니라 해당 사찰의 본존불

그림 24. 일본 나라현 법륭사의 금강역사

❸	❷	❶
본존불(남향)	본존불(남향)	→ 본존불(남향)
서(좌) 북(우)	서(좌) 북(우)	북(좌) 동(우)
남(우) 동(좌)	남(우) 동(좌)	본존불(동향) 서(좌) 남(우)
①에서 지물은 그대로 두고 천왕만 90도 회전. 예) 보림사	②에서 천왕과 지물을 모두 90도 회전. 예) 내소사	석굴암에서 본존불만 90도 회전하고 지물을 조선 시대 식으로 변경.

그림 25. 사천왕의 배치

불교의 문화

이 어느 방위를 바라보고 있는지도 유념해야 한다.

우선 통일신라 시대인 석굴암 내 사천왕의 배치부터 살펴본다. 본존불이 동쪽을 바라보고 있다. 즉 동향이다. '그림 25'에서 '1'은 석굴암의 사천왕들이 들고 있는 지물을 조선식으로 변경하고 본존불을 90도 회전한 후 이동하였다. 이것이 원형적인 배치라고 할 수 있겠다

'2'는 석굴암의 사천왕 배치에서 천왕과 지물 모두 90도 회전한 것이다. 내소사의 사천왕이 여기에 해당한다. 90도 회전한 것을 제외하면 북방 다문천왕(多聞天王), 동방 지국천왕(持國天王), 남방 증장천왕(增長天王), 서방 광목천왕(廣目天王)의 순서와 지물이 석굴암과 동일하다.

'3'은 '1'에서 본존불과 지물은 그대로 두고 사천왕만 90도 회전했다. 조선 시대 이후 대부분의 사천왕문은 이 배치를 따른다. 그래서 우리가 눈여겨보아야 할 배치이기도 하다. 조선 시대 사천왕문의 전형이라고 할 수 있는 보림사의 배치가 여기에 해당한다. 보림사의 경우 북방 다문천왕은 비파를, 동방 지국천왕은 칼을 들고 있다. 서방 광목천왕은 보탑을 들었던 것으로 추정되고, 남방 증장천왕은 작은 창을 들고 있다. 증장천왕의 지물은 원래 새끼줄에서 출발하여 용으로 변형되기도 하고, 보림사는 작은 창 같은 모양새로 바뀌었다.

우리나라 전각의 대부분은 본존불이 있는 전각이 남쪽을 바라보고 있지만, 그렇지 않은 경우도 있다. 그러므로 각 천왕이 들고 있는 지물과 더불어 본존불의 방향도 따져 보아야 한다. 특히 방위의 순서가 올바른지도 유념해서 살펴보아야 한다. 우리가 일상적으로 '동-서-남-북'이라고 말하지만, 경전을 보면 시계 방향으로 방위를 기술한다. 만약 사천왕문이 남향이라면 오른쪽부터 시계 방향으로 기술하여 '북-동-남-서'가 된다.

그림 26-1. 장흥 보림사 사천왕문의 북방 다문천왕과 동방 지국천왕

그림 26-2. 장흥 보림사 사천왕문의 남방 증장천왕과 서방 광목천왕

불교의 문화

나아가 본존불의 방향과 사천왕문의 방향이 일치하는지도 점검해 보면 좋다. 만약 본존불이 바라보는 방향과 사천왕문이 바라보는 방향이 일치한다면 방위의 순서에서 세 번째가 본존불이 향하는 방위가 된다.

석등과 승탑

석등의 구조를 살펴보자. 석등은 아래서부터 지대석과 하대석, 간주석, 상대석, 화사석, 옥개석, 상륜부 등으로 구분한다. 지대석은 바닥에 깔아 놓은 돌을 말한다. 지대석 위에 놓인 하대석은 연꽃 모양으로 장식하는데 연꽃을 엎어 놓은 모양을 복련, 우러러보는 모양을 앙련이라고 칭한다. 기둥인 간주석을 가운데 두고 하대석은 복련, 상대석은 앙련의 형태를 띤다.

석등의 중심부, 즉 등이 들어가는 부위를 화사석이라 한다. 그 위로는 옥개석이 자리하는데, 옥개석은 석탑과 비슷하되 우리나라의 기와지붕처럼 생겼다. 옥개석의 위는 상륜부로 장식한다.

승탑은 스님의 사리를 모신 탑이다. 과거에는 부도탑이라고 불렀고 요즘은 승탑이라는 이름으로 부른다. 승탑의 구조는 석탑과 비슷하여 지대석, 기단(하대·중대·상대), 탑신석, 상륜부 등으로 이루어져 있다.

승탑과 짝을 이루는 승탑비는 주로 거북 모양 위에 비석을 세운 형태이다. 거북의 형상을 하고 있으나 실은 용이다. 입에 여의주를 물고 있는 것을 보면 알 수 있다. 비석 몸통 위에는 이수라고 하는 상단 장식이 올라가 있는데, 이수 역시 용의 일종이다.

그림 27. 영주 부석사 석등

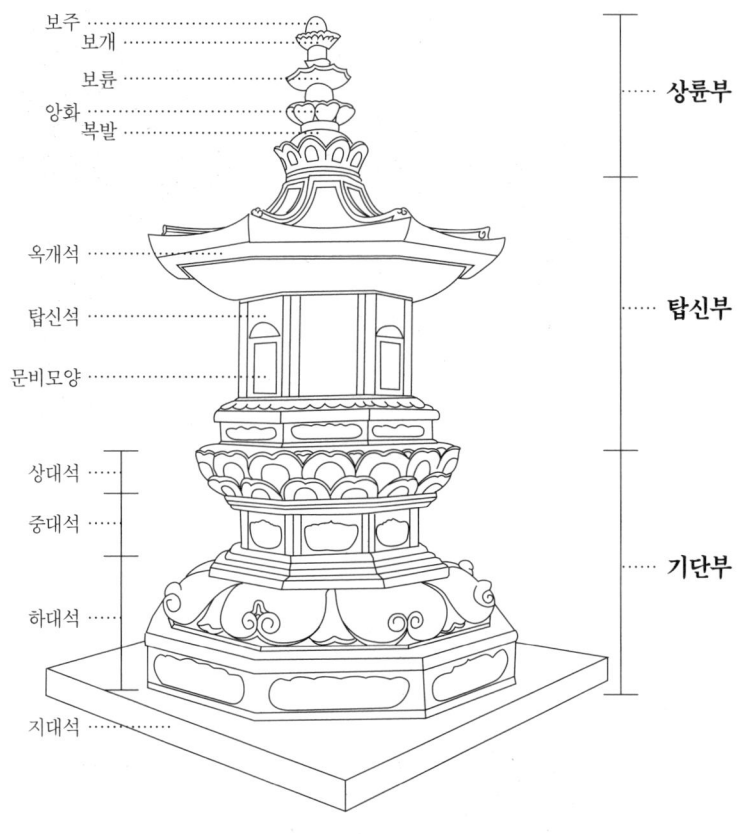

그림 28-1. 승탑의 구조

그림 28-2. 화순 쌍봉사 철감국사 승탑

7강

불보살과
신중들

사찰에 가면 여러 불보살이 있다. 이 전각에는 왜 이 부처님이 있고 이 부처님 옆에는 왜 이런 보살들이 있을까 하는 의문을 가져 본 적이 있는가? 다양한 부처님들이 석가모니 부처님과 어떤 관계에 있는가 하는 궁금증을 해소하기 위해서 이번에는 실내에 모셔진 불보살과 신중들의 이야기를 해 보자.

불교는 수행자 고타마 싯다르타로부터 시작되었다. 이러한 불교가 종교의 외피를 쓰고 퍼져 나가면서 고타마 싯다르타라는 교주 한 명만 가지고는 종교적인 외양을 갖추는 데 부족함을 느끼게 되었다. 당시 인도 사회는 다신교적 전통 아래 그리스 신화처럼 다양한 신들이 존재했다. 이러한 환경에 부응하기 위해 불교는 다른 종교의 신들을 수용하거나 각색하여 부처님에 준하는 신적인 존재들을 만들어 냈다.

따라서 현재 우리가 만나는 불보살들은 초기불교와는 관련이 없는 경우가 대부분이다. 오히려 대승불교에서 만들어 낸 성공적인 '브랜드'로서 불보살을 해석할 수 있다. 이들은 많은 경우에 순수하게 불교 내에서 만들어졌다기보다, 기나긴 불교의 역사 속에서 성공적으로 불교화하여 '불교'라는 종교의 틀에 안착한 존재들이 대부분이다.

다양한 부처님들을 구별하는 방법에는 여러 가지가 있지만 가장 눈에 띄는 방법은 손 모양, 즉 '수인(手印)'이다. 부처님들은 자기만의 수인을 가진 경우가 많다. 물론 지장보살이 아미타 부처님의 수인을 하고 있다거나, 미륵 부처님이 석가모니 부처님의 수인을 하는 경우도 있으므로 모든 부처님이 고유한 수인을 가진다고 단정 지을 수는 없다. 다만 그러한 경향이 있다는 정도로 이해하면, 각 부처님을 구별하는 데에 적잖은 도움이 될 것이다.

석존 5인, 선정인·항마촉지인·전법륜인·시무외인·여원인

수인은 크게 석가모니 부처님이 주로 취하는 수인과 석가모니 부처님의 수인이 아닌 것으로 나뉜다. 석가모니 부처님의 대표적인 다섯 가지 수인을 '석존 5인'이라 칭한다. 석존 5인에는 선정인, 항마촉지인, 전법륜인, 시무외인, 여원인이 있다.

선정인(禪定印)은 말 그대로 고타마 싯다르타가 보리수 아래에서 깊은 선정에 들 때 취하던 손 모양이다.

항마촉지인(降魔觸地印)은 땅을 가리키는 자세로, 고타마 싯다르타가 완전한 깨달음을 얻기 직전 마왕 파순의 방해를 받을 당시 취한 수인이다. 마왕 파순은 싯다르타가 완전한 깨달음을 얻어 부처가 되면 자신의 세계가 위협받을 것을 우려했다. 이에 싯다르타에게 전륜성왕이 되게 해 주겠다고 회유하고, 자신의 세 딸을 시켜 부처님을 유혹하려 한다. 심지어 마구니의 군대를 보내 싯다르타를 위협까지 하나 싯다르타에게는 통하지 않았다. 마왕 파순은 마지막으로 싯다르타에게 당신이 깨달을 수 있는지를 증명하라고 요구한다. 싯다르타는 손으로 땅을 가리키며 '내가 하늘과 땅 모든 세상에서 유일하게 완전한 열반을 성취할 사람이라는 것을 이 땅의 신들이 증명할 것이다.'라고 답한다. 이때 취한 수인이 바로 땅을 가리키는 항마촉지인이었다. 땅의 신들이 이에 화답하여 그 사실을 증명하자 마침내 마왕 파순은 물러가고 부처님은 완전한 열반을 증득하였다.

이처럼 항마촉지인은 싯다르타가 깨달음을 얻는 과정에서 생겨난 이야기를 배경으로 한다. 그래서 항마촉지인을 하고 있다면 석가모니 부처님일 확률이 아주 높으나, 앞서 말한 대로 100퍼센트라고 단정지을 수는 없다.

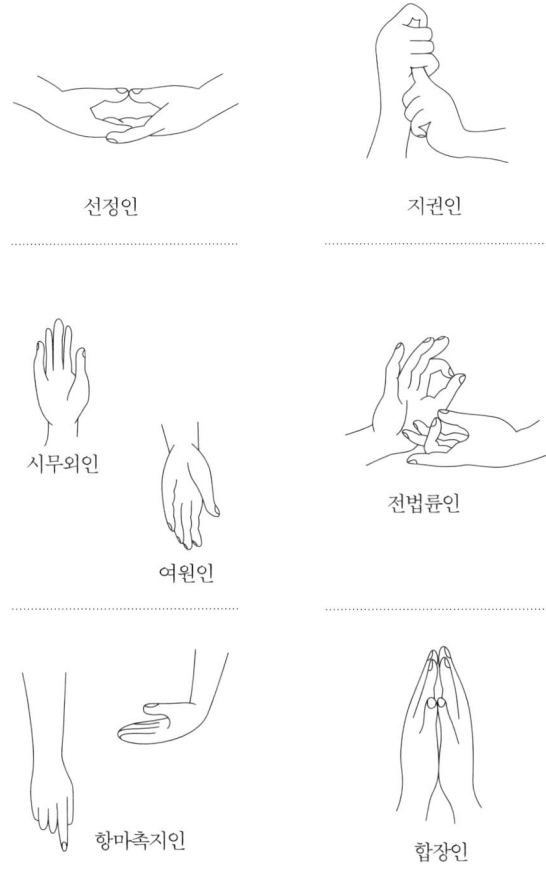

그림 29. 수인

전법륜인(轉法輪印)은 법륜을 굴리는 손의 모양이다. 고타마 싯다르타는 깨달음을 얻은 후 녹야원에서 이전에 함께 수행했던 다섯 비구에게 처음으로 법을 설한다. 전법륜인은 부처님이 법을 설하는 모습을 법의 수레바퀴를 굴리는 모양으로 형상화한 것이다.

시무외인(施無畏印)은 두려움 없음을 베푸는 수인으로 중생들을 두려움으로부터 구제한다는 뜻을 담고 있고, 여원인(與願印)은 중생들의 원하는 바를 이루어 주겠다는 의미이다. 일반적으로 시무외인과 여원인을 함께 취하고 있어 이를 통인(通印)이라 부른다.

비로자나 부처님의 수인은 지권인(智拳印)이다. 설법인(說法印)은 여러 불보살이 많이 하는 수인이다. 실제로는 변형이 많이 생기기 때문에 설법인은 전법륜인이나 아미타 수인 중 하품상생인(下品上生印)과 분간하기 어려울 때가 많다. 일반인들이 '부처님' 하면 떠올리는 가장 대표적인 수인의 모양이 바로 이것이다. 이럴 때는 부처님을 모신 전각의 이름과 맞춰 보는 것도 좋은 방법이다. 만일 극락전에 있는 부처님이라면 아미타 부처님일 확률이 높을 것이다.

두 손을 모은 합장인(合掌印)도 있지만 흔하게 보기 어렵다.

삼존불·삼계불·삼신불

법당에 부처님 혼자 있는 경우는 많지 않다. 좌우에 다른 불보살들이 같이 있는 경우가 많다. 좌우에 있는 보살들이 중앙의 부처님을 보좌하는 것을 '협시한다'고 표현하는데, 여기서 좌우는 우리가 부처님을 마주 볼 때의 좌우가 아니라 언제나 부처님을 기준으로 파악한다. 또한 우리나라로 치면 좌의정이 우의정보다 급이 더 높듯, 일반적으로 협시 보살들도 왼쪽이 상석이고 오른쪽을 하석으로 여긴다.

부처님 세 분이 나란히 모셔진 것을 '삼존불'이라고 한다. 각각의 부처님들이 담당하는 세계가 다르다면 '삼계불(三界佛)'이라고 하고, 시간을 과거·현재·미래로 나누어서 각각의 시대를 담당한다면 '삼세불(三世佛)'이라 하며, 법신·보신·화신 등 세 개의 몸[三身佛]으로 나누어서 조성한 경우도 있다.

삼계불을 알기 위해서는 먼저 각각의 세계를 어떻게 부르는지 알아야 한다. 가운데 있는 비로자나 부처님은 연화장세계를 관장한다. 아미타 부처님은 서방의 극락세계인 서방 정토를 주재하는 부처님이다. 우리가 사는 사바세계를 관장하는 부처님은 석가모니 부처님으로 남쪽에 있다. 미륵 부처님은 북쪽의 용화장세계를 주재하는 분이다(간혹 남과 북이 바뀌기도 한다). 미륵 부처님이 있는 전각 이름은 미륵전, 혹은 용화장세계를 관장한다고 하여 용화전이라 칭한다. 약사여래 부처님은 동쪽의 유리광세계를 담당한다.

다섯 세계의 다섯 부처님을 모두 세우는 경우는 드물고, 보통 세 분의 부처님을 모신다. 이러한 경우에 삼계불이라 하며, 석가모니 부처님을 가운데 놓고 왼쪽에 동방 유리광세계 약사여래 부처님, 오른쪽에 서방 극락정토 아미타 부처님을 배치하는 형식이 많다.

수덕사 대웅전은 삼계불을 모신 대표적인 사례이다. 좌우에 있는 약사여래 부처님과 아미타 부처님은 어떻게 구분할 수 있을까? 이때 보는 것이 손 모양, 즉 수인이다. 가운데 석가모니 부처님은 항마촉지인을 하고 있고, 오른쪽의 아미타 부처님은 아미타 구품인을 하고 있다. 또한 약사여래 부처님은 일반적으로 손에 약병 혹은 약함을 들고 있다.

삼신불, 법신불·화신불·보신불

화엄사 대웅전의 경우, 법신·보신·화신의 삼신불을 모신다. 그중에서도 비로자나 부처님이 중앙의 주불로 모셔져 있다. 왜일까? '화엄사'라는 절 이름 자체가 화엄사상을 내세우고 있기 때문이다. 화엄사상의 핵심은 법신 비로자나불이다. 따라서 화엄사 대웅전은 비록 전각의 이름은 대웅전일지라도 화엄사상의 핵심을 표방하는 비로자나 부처님을 주불로 모신다. 대신 각황전이 영산전과 유사한 배치로 놓여 내용적으로 대웅전의 의미를 담아내고 있다. 해인사 역시 해인삼매에 있는 비로자나 부처님을 주불로 한다.

법신은 진리 그 자체를 형상화한 것이기에 우리 같은 범부 중생들은 비로자나 부처님을 볼 수도 없고, 들을 수도 없고, 만질 수도 없다. 화신인 석가모니 부처님은 이러한 중생들의 갈구에 화답하는 부처님이다. 중생들이 보고 싶은 모습으로 변화하여 나툰다. 예를 들어 '나는 근사한 이성이 세상에서 제일 좋아.'라고 하면 화신불은 세상에서 가장 멋진 이성의 모습으로 중생 앞에 나툰다. 화신불은 중생이 원하는 모습으로, 중생의 요구에 응하여 그 모습을 보여 준다. 그렇기 때문에 화신은 '응신(應身)'이라고도 말한다.

문제는 보신이다. 보신불인 노사나불은 보관을 쓰고 있는 경우가 많다. 부처님과 보살을 구분하는 기준 중 하나가 보관의 유무인데, 노사나불은 보관을 쓰고 있기에 얼핏 개념을 잡기 어려운 존재이기도 하다. 보신이

그림 30. 예산 수덕사 대웅전 목조석가여래삼불좌상

그림 31. 구례 화엄사 대웅전 목조비로자나삼신불좌상

불교의 문화

란 과보로써 부처가 된 분이다. 흔히 과보라는 말을 들으면 나쁜 짓을 해서 인과응보를 받는다는 식으로만 생각하기 쉽다. 그러나 좋은 행동을 하면 좋은 과보를 받는다. 좋은 행동을 조금 한 것이 아니라 어마어마하게 많은 세월 동안 수행과 공덕으로 과보를 쌓았다면 그 과보로써 부처가 될 뿐만 아니라 자신이 주재하는 세계도 생기게 된다.

보신의 대표적인 부처님은 노사나불이지만 우리가 친근하게 접하는 보신은 아미타불이다. 아미타 부처님은 무수한 전생 동안 48가지의 원을 세워서 수행하고 공덕을 쌓은 결과, 부처가 되어 서방 정토 극락세계를 다스리게 되었다. 아미타 부처님은 극락정토에 태어나는 중생들을 모두 깨달음으로 이끈다. 이것이 아미타 부처님이 수행의 공덕으로 받는 과보다.

약사여래불 역시 수행의 과보로써 부처가 된 보신이다. 약사여래 부처님은 부처가 되기 전에 약왕이라는 왕이었다. 약왕은 병으로 고통받는 중생들이 한 명도 남지 않을 때까지 깨달음을 이루지 않고 치료하겠다는 원을 세우고 수행한 분이다. 이런 수행의 과보로 동방 유리광세계를 주재하면서 그 세계에 있는 중생들의 병을 고쳐 준다. 이렇게 수행의 과보로 부처가 되고, 또 거기에 따라서 자신이 다스리는 세계가 있는 부처님들을 일러 '보신불'이라고 말한다.

삼신불 중 법신인 비로자나불은 지권인을 하고 있다. 노사나불은 보관을 썼다는 특징을 가지고 있으며, 수인은 아미타 구품인 가운데 중품의 수인을 하는 경우가 많다. 석가모니불은 항마촉지인을 하고 있다.

삼세불, 과거불·미래불·현재불

삼세불 중에 널리 알려진 것은 서산 마애 삼존불이다. 서산 마애 삼존불은 시간을 과거, 현재, 미래로 나누어 세 분의 불보살을 모시고 있다. 가운데의 석가모니 부처님은 사바세계에 있는 현재불이고, 왼쪽에 아직 부처가 되지 않은 미륵보살이 자리를 차지하고 있다. 오른쪽은 과거세의 보살인 제화갈라보살이다.

미륵 부처님과 미륵보살은 어떻게 구분하는가? 보관의 유무와 생각하는 자세를 통해 알 수 있다. 우리가 잘 아는 금동 미륵보살 반가사유상은 보관을 쓰고, 생각하는 사람 모양인 반가 자세를 취하고 있다. 천상세계 중 도솔천에 있는 미륵보살은 아직 완전한 열반을 증득하지 않은 상태이며, 이 미완성의 미륵보살이 용화장세계에 내려가서 마지막 수행을 거쳐 완전한 열반을 얻게 되면 그 즉시 미륵 부처님이 된다.

석가모니 부처님이 사바세계에 내려오기 전 천상세계의 도솔천에 있으면서 누구의 몸을 빌려 태어나는 것이 좋을까 생각하며 때를 기다렸듯, 미륵보살 역시 도솔천에서 언제 누구의 몸을 빌려 용화장세계로 내려갈까 깊은 생각에 빠진 것이다.

범어사 대웅전의 삼세불은 석가모니 부처님과 미륵보살, 제화갈라보살로 구성되어 있다. 불국사 대웅전에는 미륵보살과 제화갈라보살, 가섭 존자와 아난 존자가 배치되어 있다. 나한전은 석가모니 부처님 당시에 깨달은 제자들인 아라한(나한)을 모신 전각으로, 대표적인 제자인 가섭과 아난 존자가 석가모니 부처님을 양쪽에서 보좌하는 모습으로 나타난다. 불국사 대웅전은 대웅전과 나한전이 합쳐진 특이한 형태이다.

1980년대 초에 조성된 송광사 대웅전의 삼존불은 삼세불이지만 상당

그림 32. 서산 마애여래삼존상

불교의 문화

그림 33-1. 부산 범어사 대웅전 목조석가여래삼존좌상

그림 33-2. 경주 불국사 대웅전

히 특이한 형식을 하고 있다. 연등불이 선정인을 하는 경우도 드물고, 미륵불이 설법인을 하는 일도 전례가 별로 없다. 문수보살이 두루마기를 들고 있는 것도 현대적인 해석이다.

아미타 삼존불, 관세음보살과 대세지보살

아미타 부처님의 수인은 아홉 가지이다. 이를 아미타 구품인이라고 부른다. 먼저 상품·중품·하품으로 나누고, 다시 각각의 품마다 상생·중생·하생으로 나눈다(반대로 하기도 한다). 이렇게 해서 아홉 가지 조합을 만들어 낼 수 있다. 우리가 주로 만나는 아미타 부처님은 하품 자세를 취하고 있다. 중생들을 한 명이라도 더 극락세계로 인도하기 위한 것이다. 하품 수인이 전법륜인, 설법인과 정확하게 구별되지 않기 때문에 큰 흐름만 알고 있어도 무방하다.

아미타 부처님을 보좌하는 분들은 어떤 분들일까? 관세음보살과 대세지보살이 아미타 부처님을 보좌한다. 가장 먼저 보관의 유무로 부처님인지 보살인지를 알 수 있는데, 보관을 쓰고 있으면 보살로 본다.

서방 정토에 있는 아미타 부처님은 서방 정토 극락세계를 주재하며 이 세계의 모든 중생을 깨달음으로 인도하는 분이다. 그런데 당신이 직접 사바세계에 와서 중생을 데리고 가는 것이 아니다. 사바세계에서 서방 정토로 가는 교통편은 '반야용선(般若龍船)'이라고 하는 배이다. 일반적으로 대웅전 편액의 양옆으로 용 두 마리가 얼굴을 내밀고 있고, 법당 뒤쪽으로는 꼬리가 나온 경우가 많다. 즉, 대웅전 자체를 반야용선으로 상정하고 있는 것이다. 반야용선의 가장 앞에는 인로왕보살(引路王菩薩)이 이름처럼 서

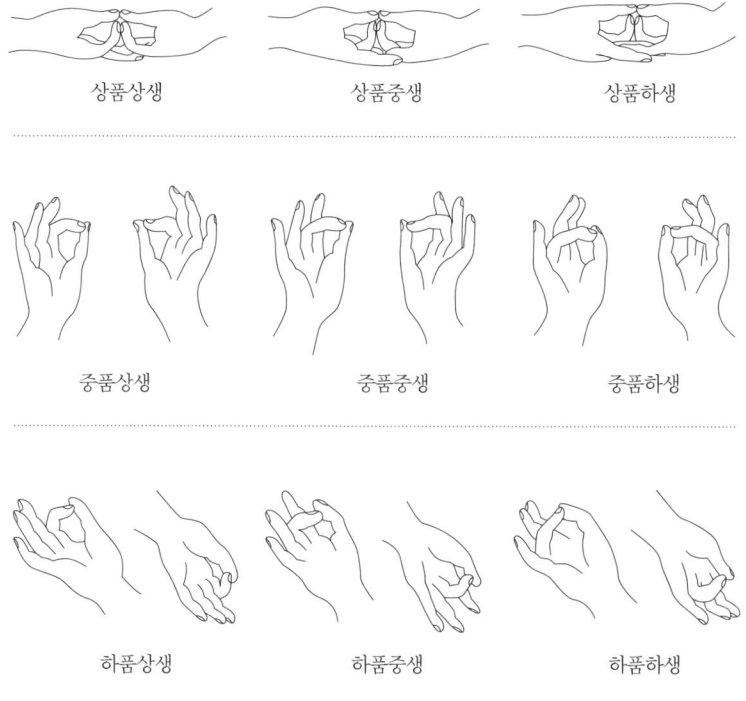

그림 34. 아미타 구품인

방 정토로 가는 길을 인도하기 위해 깃발을 들고, 지장보살이 함께 타고 있다. 지장보살은 지옥 중생을 제도하고자 하는 원을 세웠기에 지옥에서 고통받는 중생들을 구제하여 극락까지 동행한다.

그렇다면 관세음보살과 대세지보살의 역할은 무엇일까? 흔히 관세음보살은 중생들의 소원을 이루어 주는 분으로 생각한다. 그만큼 중생들에게 친근하고 가까이에 있는 보살이기도 하다. 사바세계에 사는 중생들의 소원 중 대표적인 소원은 아마도 극락왕생일 것이다. 그러니까 관세음보살은 극락왕생이라는 중생들의 소원을 들어주기 위해 아미타 부처님과 함께 있다고 볼 수 있다. 쉽게 말해서 두 보살의 역할은 '모집책'이다. 사바세계에 직접 올 수 없는 아미타 부처님을 대신하여 극락정토에 가고 싶은 중생들을 찾고 모아서 반야용선의 인로왕보살에게 인계한다.

부처님을 협시하는 관세음보살과 대세지보살은 양쪽에서 각기 다른 연꽃을 들고 있다. 한 분은 활짝 핀 연꽃을 들고, 다른 한 분은 아직 만개하지 않은 연꽃 봉오리를 들고 있다. 꽃봉오리만 맺힌 것은 아직 깨달음에 이르지는 못했지만 본래 청정한 중생들의 불성을 의미하고, 활짝 핀 연꽃은 깨달음이 활짝 펼쳐졌음을 의미한다. 관세음보살은 정병을 들고 있는데, 만약 양손으로 연꽃을 들고 있다면 그 연꽃 위에 정병이 그려져 있기도 하다. 관세음보살의 보관 가운데에는 작은 부처님이 있는데, 아미타 부처님으로 알려져 있다.

강진 무위사의 여래 삼존불은 왼쪽에 관세음보살이, 오른쪽에 지장보살이 있다. 전형적인 아미타 삼존불과 달라서 '나중에 모셔다 놓았나?'라고 생각할 수 있다. 그러나 후불탱화도 지장보살인 것으로 볼 때 처음부터 지장보살로 협시 보살을 조성했음을 알 수 있다.

그림 35. 양산 통도사 극락전의 「반야용선도」

불교의 문화

그림 36. 강진 무위사 극락보전 아미타여래삼존좌상

강진 무위사의 아미타 삼존불을 시작으로 관음보살과 지장보살이 협시하는 아미타 삼존불이 등장한다. 무위사는 세종 대왕 당시 조선을 건국하면서 죽어 간 숱한 영혼을 달래기 위해 효령 대군이 수륙대재를 봉행한 절이다. 여기에는 세종보다 먼저 세상을 떠난 아내 소헌 왕후를 사랑하는 세종의 마음도 담겨 있다. 유교를 통치 이념으로 내세운 나라의 왕이 차마 공식적으로 불교 행사를 지낼 수 없으니 왕의 형이 주관한 것이지만, 사실상 국가적인 차원에서 지내는 행사나 다름없었다. 소헌 왕후의 극락왕생을 바라는 세종 대왕의 마음이 협시 보살인 지장보살로 나타났다는 설이 있다.

이러한 이야기의 배경에는 고려 말 혼란스러운 시기에 확산한 지장신앙이 자리하고 있다. 나라가 혼란스러운 상황에서 지장신앙이 급성장, 기존의 정토신앙과 결합하면서 원래 대세지보살이 있던 자리를 지장보살이 대신하는 식으로 가시화된 것이다. 이렇게 관세음보살과 지장보살이 함께 협시하는 아미타 삼존불의 구성은 고려 말 조선 초에 등장한 양식이다.

미륵불, 메시아에서 민중 속으로

이제 미륵 부처님을 살펴보자. 유명한 관촉사 은진 미륵불(석조 미륵보살 입상)은 커다란 모자를 쓰고 있고, 인체 비율이 3등신 정도로 표현되어 있다. 이처럼 미륵 부처님인데 가슴이나 배 정도에서 불상 표현이 끝난 경우는 미륵 부처님이 현재에 완전히 나투지 않고 훗날 몸을 더 일으킬 것이라는 의미가 담겨 있다.

강진 무위사 미륵불은 관촉사 은진 미륵과는 양상이 다르다. 자세히 보면 부처님인지 아닌지 헷갈릴 정도이다. 이 부처님은 마을에 있던 불상을 사람들이 절로 가져온 것으로 알려져 있는데, 여기에서 우리나라 미륵 신앙의 전개 양상을 살펴볼 수 있다. 미륵 부처님은 메시아(구원자)적인 존재이다. 처음에는 신앙의 대상으로 불교에서 수용했으나 워낙 메시아적 성격이 강하다 보니 자연스럽게 종교적인 영역보다는 민중들의 열망, 세상을 변화시키고자 하는 열의가 더 강하게 반영되었다. 이에 따라 점차 불교를 벗어나 민중의 자리로 들어가게 되고, 이러한 흐름에 따라 미륵불에서 석장승, 천하대장군과 지하여장군 등으로 변화하였다.

약사여래불과 칠성여래

청양 장곡사는 우리나라에서 유일하게 대웅전이 두 채 있는 사찰이다. 상대웅전에는 삼신불을 모셨고, 하대웅전에는 약사여래불을 모셨다. 금동 약사여래불은 고려 시대의 불상이지만 지금 시대에 보아도 아주 잘생긴 부처님이다. 이 약사여래불은 손에 약함을 들고 있는데, 약함이 밥그릇과 비슷한 형태를 하고 있다. 약사여래 부처님은 아픈 사람만 치료하는 게 아니라 배고픈 사람들에게 밥을 나누어 준다는

그림 37. 논산 관촉사 석조미륵보살입상

그림 38. 청양 장곡사 금동약사여래좌상

불교의 문화

그림 39. 평창 월정사 삼성각 칠성탱화.

의미가 있다.

　약사여래 부처님의 곁에 협시 보살이 있기도 하다. 보살들의 머리 위에는 각각 해를 상징하는 빨간 원과 달을 상징하는 흰색 원이 있다. 이들의 정체가 바로 일광보살(日光菩薩)과 월광보살(月光菩薩)이다.

　칠성탱에 등장하는 치성광여래(熾盛光如來) 역시 일광보살과 월광보살이 좌우로 협시하고 있다. 북극성을 상징하는 치성광여래의 좌우에는 각각 세 분의 부처님과 네 분의 부처님, 도합 일곱 분의 부처님이 있는데 북극성을 중심으로 한 북두칠성을 상징한다. 또한 이십팔수(二十八宿)라 하여 북두칠성 주변의 별들을 신하들로 표현하고 있다.

네 분의 보살과 중국의 5대 명산

우리가 알고 있는 대표적인 보살은 문수, 보현, 관음, 지장의 네 분이다. 문수보살과 보현보살이 짝을 이루고, 관세음보살과 지장보살이 함께 짝을 이룬다. 이러한 보살신앙은 중국을 거쳐서 우리나라로 들어왔다. 중국의 보살신앙에 따르면 중국에는 5대 명산 4대 성지가 존재하고, 각각의 보살들이 관장하는 구역이 따로 정해져 있다. 오대산에는 문수보살이 있고(우리나라 오대산도 여기에서 따왔다), 아미산에는 보현보살이 주석한다. 보타산에는 관음보살, 구화산에는 지장보살이 상주하고 있다.

관세음보살은 보타락가국, 즉 보타섬에 살고 있다. 인도는 인도 대륙 남단, 인도와 스리랑카가 마주 보는 지역에서 해수관음신앙이 처음으로 등장한다. 이 지역은 물살이 세고 거칠기로 유명하여, 뱃길을 가는 사람들을 관세음보살이 항상 보살펴 주었다고 한다. 중국의 해수관음신앙은 이런 인도의 영향을 받은 것이다.

관세음보살

대승불교의 세가 강한 나라들에서는 특징적인 관음보살상을 만날 수 있다. 베트남 다낭에는 손에 정병을 든 거대한 해수관음상이 있다. 중국식 복식이지만 전체적으로 서구적인 느낌을 풍긴다. 일본 교토의 33간당에는 천수천안관세음보살이 모셔져 있다. 각각의 손에는 눈이 그려져 있다. 실제 손은 40개인데, 각각의 손이 25개의 세계를 관장한다. 그래서 합하여 천수천안이 된다.

경주 석굴암에는 십일면관세음보살이 있다. 정면 중앙에 전신으로

그림 40. 경주 불국사 석굴암 십일면관음보살입상

있는 여래상 1면, 정수리에 자상 3면, 오른쪽에 진상 3면, 왼쪽에 백아상출상 3면, 보이지 않는 뒷면에 대소상 1면으로 총 11면의 얼굴이 있다.

백아상출상은 하얀 이를 드러내 웃는 상으로 청정한 중생들을 대하는 모습이다. 진상은 악업을 짓는 중생을 대할 때의 아파하고 슬퍼하는 얼굴이며, 자상은 착한 중생들을 보고 자비심을 내는 얼굴, 후면의 대소상은 선과 악을 구분하지 않고 모두 구제하는 대비심을 보여 준다. 그리고 정면의 여래상은 본래 불성을 가진 중생들이 구경에 이르게 되는 불과를 상징한다.

십일면관음보살과 천수천안관세음보살은 밀교의 영향이 짙게 남은 일본에서 많이 볼 수 있다. 한국불교는 밀교의 영향이 그다지 크지 않다. 다만 사찰에서 행하는 불교 의식에 많이 남아 있는 정도이다.

지장보살

고창 선운사 금동 지장보살 좌상은 머리를 삭발한 것이 아니라 모자나 두건을 둘러쓴 모습이다. 수인은 아미타 하품상생으로 추정된다. 지장보살이 혼자 있는 경우에는 한 손에 육환장을 들고 있고, 양쪽에서 보좌할 때는 좌측 도명존자(道明尊者)와 우측 무독귀왕(無毒鬼王)이 협시한다.

도명존자는 중국의 스님인데 우연한 기회에 지옥세계를 구경한 후 사바세계로 돌아와 그 기록을 남긴 인물로 여겨진다. 발설지옥, 칼산지옥 등 널리 알려진 지옥의 모습이 여기에서 기인한다고 한다. 무독귀왕은 지옥의 가이드 같은 존재다. 인도의 부유한 브라만의 아내가 방탕한 생활을 하다가 죽자, 그 딸이 가진 재산을 모두 보시한 후 어머니가 있는 지옥을

그림 41. 김해 은하사 명부전 목조지장보살삼존상

둘러보고자 서원하였다. 이때 딸을 안내했던 이가 '무독'이라고 하는 귀신의 왕이었다는 설화가 전해진다. 도명존자와 무독귀왕은 이런 인연으로 지장보살을 협시하고 있다.

문수보살과 오대산

문수보살은 지혜를 상징하고 보현보살은 대행을 상징한다. 문수보살은 사자를 타고 보현보살은 코끼리를 타고 있다. 우리나라 문수신앙을 대표하는 분이 바로 오대산 상원사의 문수동자와 문수보살이다.

조선 세조 당시, 세조가 피부병으로 괴로워하던 때에 오대산 상원사에 좋은 물이 있다 하여 치료하기 위해 행차하였다. 아무도 들이지 말라 명하고 개울가에서 몸을 씻는데 한 동자가 홀연히 나타나서 세조의 등을 밀어 주었다. 무척 시원하고 깨끗하게 목욕을 한 세조가 동자에게 '너는 어디 가서 왕의 옥체를 보았다고 발설하지 말라.'고 하니 동자가 답하기를 '너는 어디 가서 보살을 보았다고 하지 말라.'고 하였다. 동자의 정체가 바로 문수보살이었던 것이다.

문수신앙과 관련된 또 다른 설화도 있다. 19세기 근대 중국의 큰스님인 허운 스님이 삼 년간 삼보일배로 오대산을 순례하던 때였다. 죽을 고비를 넘기며 힘겹게 오대산을 향해 가고 있는 절체절명의 순간, 순례를 포기하기 직전이었다. 한 처사가 홀연히 나타나 허운 스님을 도와주었다. 이후 마침내 오대산에 다다라 문수보살을 친견하니 바로 스님을 도와주었던 처사였다.

그림 42. 평창 상원사 문수전 목조문수동자좌상(좌)과 목조문수보살좌상(우)

팔부신중, 불법을 수호하는 인도의 신들

외호신장인 팔부신중을 살펴보자. 경주 석굴암 배치도(뒷장)를 보면 가운데 본존불이 있고 문수, 보현보살이 양쪽으로 보좌하고 있다. 뒤쪽에 십일면관음보살이 있고 부처님의 제자들이 배치되어 있다. 여기까지가 부처님을 지근거리에서 보좌하는 분들이다. 한 구역 떨어져 사천왕이 배치되어 불보살들을 보좌하고, 사천왕에서 한 구역 더 멀리서 호위하는 분들이 있다. 금강역사가 좌우를 지키고 그 앞에 팔부신중이 있다.

팔부신중은 정식으로 정해진 것이라기보다 인도의 이런저런 신들을 차용하여 구성되었다. 힘이 좋은 신, 의미가 좋은 신, 영향력이 있는 신들을 그때그때 따온 것이라 정형화되지 않고 다양하다. 신중탱화에서는 어디에 누가 있는지 구별하기가 어렵기에 조각으로써 팔부신중을 알아보겠다.

가장 첫 번째로 알아 두어야 할 것은 가람 배치와 마찬가지로 급이 낮을수록 중심의 바깥쪽에서 외호한다는 점이다. 탑으로 치면 주로 기단부에 있으며, 기단부가 상층과 하층으로 나뉘진다면 상층은 사천왕이, 하층은 팔부신중이 배치되는 식이다.

흔히 팔부신중이라 하면 천(天), 용, 야차, 건달바, 가루라, 긴나라, 아수라, 마후라가 등으로 이야기한다. 천은 천신을 의미하며 금강저를 들고 있다. 용은 주로 물과 관계되며 인도의 용을 숭배하는 용족이 모시는 신에서 따왔다고 전한다. 야차는 사람을 잡아먹는 귀신인데 불법에 귀의하여 북방 다문천왕의 권속이 된 존재이다. 사람의 얼굴을 할 때는 커다란 송곳니가 나 있고, 사람의 모습이 아닐 때는 흉악한 짐승의 모습이다. 아수라는 팔이 여덟 개인 것이 특징인데, 여덟 개의 팔로 싸움을 하면 주위가 난장판이 되니 여기에서 '아수라장'이라는 말이 유래했다.

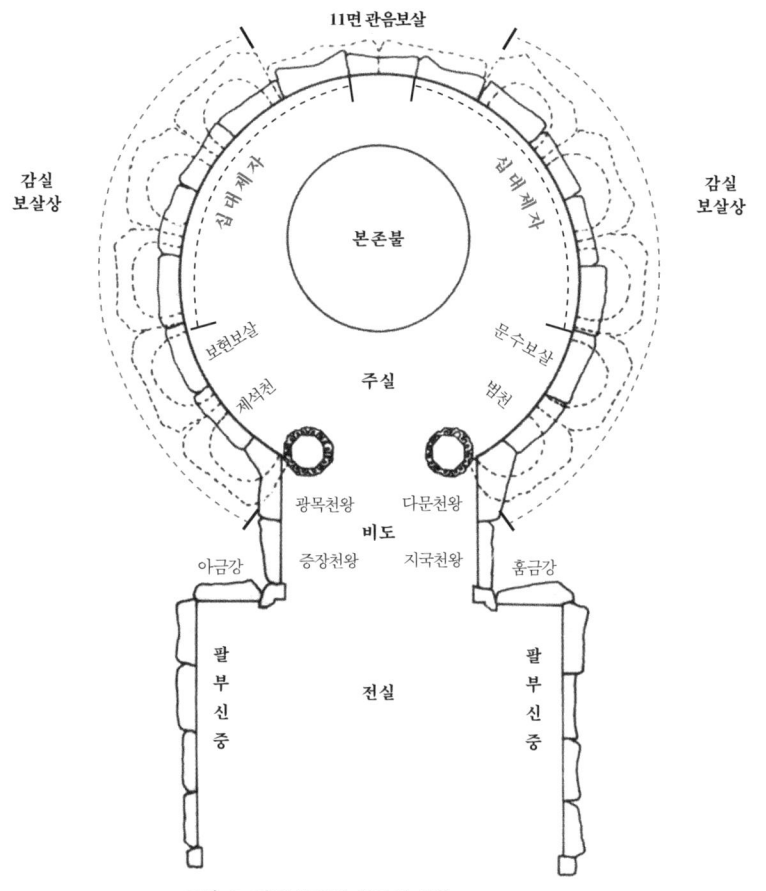

그림 43. 경주 불국사 석굴암 배치도

그림 44.
경주 석굴암 내 팔부신장

불교의 문화

건달바는 머리에 사자 갈기처럼 생긴 모자를 쓰고 있으며 향(香)을 먹는다. 건달바는 중음신(中陰身)이라고도 한다. 죽음과 다음 생 사이의 세상인 중음의 세계에서 가지는 몸으로써, 중음신의 상태에서는 다음 세상을 냄새로 찾아간다. 긴나라는 사람의 머리에 새의 몸을 하고 있거나 사람의 몸에 말의 머리를 하고 있다. 가릉빈가와 긴나라가 같은 존재로 여겨지기도 하는데 가릉빈가의 경우 주로 악기를 연주한다.

마후라가는 집을 지키는 구렁이 같은 존재이며, 식별할 수 있는 외양적 특징은 뱀의 모자를 쓰거나 뱀을 드는 것이다. 가루라는 용을 잡아먹는 금시조이다. 항상 새 부리 모양의 입을 하고 손에 뱀 같은 것을 쥐고 있는데, 이는 뱀이 아니라 용이다.

팔부신중은 삼국 시대까지는 특징적인 외양을 드러내지만 고려나 조선 시대로 갈수록 명확하게 구분하기 어려워지는 경향이 있다.

5

붕괴의 수행

ed
8강

마음 다스리기의 이론과 실습

생각과 찰나

생각이란 무엇인가? 불교에서 말하는 생각이란 '머릿속에서 일어나는 모든 활동'이다. '바닥이 차다', '무릎이 시리다', '간지럽다', '배고프다' 등의 느낌은 물론 '기쁘다', '슬프다', '공부하기 싫다', '저 사람은 얼굴만 봐도 짜증이 난다'와 같이 그때그때의 감정, '결혼을 해야 어른이 된다.' 등의 견해, 나아가 가치관 등을 모두 포함한다.

'찰나'라는 말이 있다. 아주 짧은 순간을 말하는 인도의 시간 단위이다. 찰나의 정의를 정확하게 알면 이번 주제인 명상을 절반 정도는 이해할 수 있다. 도대체 찰나와 명상이 무슨 관련이 있나 싶겠지만, 찰나는 마음을 다스리는 수행과 깊은 연관이 있다.

대개 시간은 다른 시간 단위와의 비교로써 표현된다. 하루는 24시간, 1시간은 60분, 1분은 60초인 것처럼 말이다. 찰나 역시 시간의 단위이지만 다른 시간의 단위로 나타내지 않는다. 우선은 찰나를 '하나의 생각이 생겼다가 사라지는 시간' 정도로 이해해도 좋다. 찰나는 막연하게 느껴지는 '무상'을 어떻게 하면 구체적인 수치로 표현할 수 있을까 하는 고민에서 탄생했기 때문이다.

초기불교에서 찰나는 무상의 최소 단위를 가리키는 말이다. 정확하게 말하면 법(法)이 자신의 고유 성질을 유지하는 최소한의 시간이다. 그리고 한 생각은 17심찰나(心刹那) 동안 일어난다고 한다. 시간 단위인 초로 환산하자면 1찰나는 대략 75분의 1초에 해당한다. 그러나 실제 수행의 관점에서는 앞서 말한 식으로 이해해도 크게 틀린 말은 아니다.

예를 들어 가정에서는 텔레비전을 보면서 청소기를 돌리는 와중에 아이에게 잔소리 한마디 하고 다시 텔레비전에 눈길을 주는 일이 흔하다.

이 모든 과정이 아주 짧은 시간에 진행되기 때문에 우리는 이 각각을 동시에 진행한다고 생각한다. 동시에 여러 가지 일을 하는 것 같지만 사실은 한 찰나에 한 가지 일과 관련된 생각만 한다. 이 개념을 이해하는 것이 아주 중요하다.

컴퓨터 공학에서는 이러한 방식을 멀티태스킹(multitasking) 중에서도 타임슬라이싱(time-slicing) 방식이라 부른다. 시간을 아주 짧게 쪼개서 중앙처리장치(CPU)로 하여금 빠르게 여러 일을 돌아가면서 순차적으로 처리하도록 하면, 마치 동시에 여러 가지 일을 하는 것처럼 보인다. 사람들이 동시에 다양한 일을 하는 것 또한 같은 원리이다. 동시에 하는 듯 보이지만 하나의 순간에는 오직 한 가지 일만 처리할 수 있다.

현대의 인지 과학에서 인간이 스스로 인지할 수 있는 가장 짧은 시간을 16분의 1초라고 한다. 찰나는 대략 75분의 1초이니 명상 수행의 경험이 없는 일반인이라면 감지하기 매우 어렵다. '생각한다'는 것이 전개되는 과정은 찰나 찰나 생겼다가 사라지는 생각들이 사슬처럼 서로 연결되어 일련의 흐름을 이루는 것과 같다. 다만 우리 스스로 이런 일련의 흐름을 '무수한 생각들의 집합'이 아니라 하나의 '생각 덩어리'로 느낄 뿐이다.

찰나의 이런 특징을 상속(相續)이라고 한다. 하나의 찰나가 사라지면 다음 찰나가 '끊김 없이', '틈이 없이', '뒤따라' 일어난다. 어떤 사람이 모종의 이유로 화가 났다고 하자. 보통은 1~2초 사이에 화를 내고 그치는 게 아니라 5분, 10분, 심하면 오전 내내 화를 내기도 하고 더 나아가서는 며칠 내내 화가 나 있기도 하다. 이런 경우는 찰나 찰나 생겼다가 사라지는 수천 개의 '화'라는 생각이 마치 사슬처럼 연결된 셈이다. 생각은 찰나 단위로 생겼다가 사라진다. 즉, 존속한다. 생각(감정)을 다스리는 방법은 꼬리에

꼬리를 물고 이어지는 찰나와 찰나 사이의 연결고리를 끊어 버리는 데에 있다.

생각은 자신이 하고 싶다고 해서 하는 것도 아니고, 하기 싫다고 안 하는 것도 아니다. 만약 생각이 자신 마음대로 통제될 수 있다면 이 세상에 괴로워할 사람은 아무도 없을 것이다. 괴로운 생각이 일어날 것 같으면 얼른 일어나지 않도록 마음먹으면 되기 때문이다. 그러나 현실은 그렇지 않다. 생각, 감정, 느낌 같은 마음의 작용들은 결코 마음대로 되지 않는다. 생각은 다만 조건에 의지해서 생겼다가 역시 조건에 의지하여 사라진다. 흔히 하는 말로 바꾸자면, 생길 만하니까 생기고 사라질 만하니까 사라지는 것이다.

견물생심(見物生心)은 마음이 생기고 멸하는 이치를 정확하게 설명하는 사자성어이다. 눈앞에 뭔가를 보면 그것이 조건이 되어 그것에 대한 마음이 생기는 법이다. 눈앞에 먹음직스러운 빵이 있는 것을 보자 '배가 조금 고픈데 뭐라도 좀 먹을까?'라는 생각이 드는 것은 자연스러운 현상이다. '빵을 본다'라는 조건에 의지해서 '배가 고프다'라는 생각이 일어난 것이다. 생각이 조건에 의지하여 생기고 사라진다는 말은 이런 것을 의미한다.

'내 생각을 내 마음대로 통제할 수 있을까?' 하고 곰곰이 생각해 보면 문장 자체에 심각한 문제가 있다. 이를 이해하기 위해 '나'가 종이를 접어서 종이비행기를 만들었다고 가정해 보자. 이때 '내가 만든 종이비행기=나'라고 생각하지 않을 것이다. 종이비행기는 내가 아닌 다른 그 무엇이다. 그런데 '나-생각'의 관계는 '나-종이비행기'의 관계와는 다르다. 내가 나 자신이 아닌 종이비행기를 통제하는 일은 있을 법하다. 내가 원하는 모양으로 종이를 접어서 원하는 방향으로 날리는 등의 통제를 가할 수 있다.

불교의 수행

그러나 마음먹은 대로 생각하는 것, 즉 내가 나의 생각을 제어하는 일은 생각이 생각을 제어한다는 말과 근본적으로 다르지 않다. 이 말은 종이비행기가 종이비행기를 제어한다는 황당한 논리와도 같다. 그런데도 내가 마치 종이비행기를 만들 듯, 나와 생각을 분리하여 내가 의도하는 대로 생각을 만들어 낸다고 '생각'한다(이 또한 생각이다).

생각은 생각과 별개의 어떤 존재가 만드는 것이 아니라, 여러 조건에 의지하여 생겼다가 사라질 뿐이다. 생각을 일으키는 조건은 다양하다. 보고 듣고 맛보고 냄새 맡은 것, 즉 자신이 인식한 것이나 자신의 기억 등이다. 그중 생각에 가장 큰 영향을 미치는 것은 바로 직전 찰나의 생각이다. 다시 말하지만 이러한 이유로 생각의 고리를 끊는 것이 중요하다.

힐링의 법칙 ① 대상 설정

힐링의 대상을 명확하게 설정해야 한다. 마음이 아무렇지도 않을 때는 힐링할 필요가 없다. 마음이 괴롭거나 슬프거나 짜증 나거나 심심하거나 우울할 때, 마음을 치유하고 싶다는 생각이 든다. 이때 힐링의 대상을 명확하게 설정해야 효과적으로 힐링할 수 있다. 나의 어떤 생각이 나를 힘들게 하는지 정확하게 알아야 한다. 그 생각을 대충 아는 것이 아니라 구체적으로, 제대로 알아야 한다.

힐링의 대상은 타인이 아니라 나의 생각들이다. 힐링은 바깥의 조건들을 개조하는 게 아니라 나의 마음을 다스리는 것이다. 템플스테이에 온 직장인들이 약속이라도 한 듯 질문하는 것이 있다.

"직장에서 미워하는 사람이 있을 때는 어떻게 하는 것이 좋을까요?"

싫어하는 직장 상사와 같이 있으면 너무나 괴로울 것이다. 충분히 수긍된다. 이 질문을 길게 펼쳐 놓으면 '나는 회사를 위해서 열심히 일하는데 저 사람은 내 일을 방해하고 내 성과를 다 가져가는 나쁜 사람입니다. 회사에 아무 쓸모가 없는 사람이라서 저 사람만 보면 화가 납니다.'이다.

이때 힐링이 필요한 대상은 누구인가? 힐링의 대상은 화가 나서 괴로운 나의 감정이지, 나를 화나게 한 그 사람이 아니다. 이같이 자신 안의 감정과 그러한 감정을 일으킨 조건들을 명확하게 분리할 필요가 있다. 자신의 마음을 다스린다고 해서 어느 날 내가 미워하던 그 사람이 갑자기 나에게 친절하게 대하는 것은 아니기 때문이다.

그런데 우리는 일상적으로 마음이 괴로울 때 그 원인을 다른 사람 혹은 자신의 바깥에서 찾는다. '괴로운 이 감정은 다른 사람이 나에게 준 것'이라고 혼동한다. '나는 가만히 있는데 그 사람이 나를 화나게 하기에 힘들다', '나는 양심적으로 살려고 노력하는데 세상이 나에게 양심 같은 것은 버리라고 강요한다'라는 식으로 생각한다. 잔잔한 호수에 파문이 일어나는 것은 누군가 돌을 던졌기 때문이라는 논리이다.

이것이 맞는 이야기이기 위해서는 감정이라는 것에 실체가 있어야 한다. 돈이나 물건처럼 말이다. 마치 감정에 실체가 있어서 누군가가 나에게 특정한 감정을 특정한 양만큼 주었고, 나는 내게 없던 그 감정을 받아서 휘둘린다고 생각한다. 그러나 타인의 언행은 화를 유발하는 외부 조건 중 하나일 뿐이다.

화는 이러한 조건에 의해 생겨난, 내면의 자신이 만들어 낸 나의 감정이다. 또한 감정에는 실체가 없어 찰나의 순간에 화가 난다는 감정이 생겼다가 사라지고 다음 찰나에 또 생겼다가 사라진다. 이는 모두 내 마음속에서 일어나는 일련의 과정이다.

'하지만 실제로 현실에서 닥치면 내 맘대로 되지 않아요. 그냥 그 사람만 보면 나도 모르게 자동으로 화가 납니다.'라고 반박하는 사람도 있을 것이다. 이런 경우에는 먼저 안과 밖을 구별하는 훈련부터 해야 한다. 이런 상황이 발생하는 것은 안과 밖이 떼려야 뗄 수 없을 정도로 긴밀하게 붙어 있기 때문이다.

우선 마음을 자신 안의 감정에 집중하는데, 왜 그런 감정이 생기는지는 잠깐 제쳐 두자. 안과 밖의 구별이 모호한 상태에서 원인은 대게 바깥에 존재하는 것으로 받아들여지기 때문이다. 대신 나 자신이 느끼는 감정 그 자체를 묘사하려고 노력해 보자. 이런 훈련이 쌓이다 보면 어느 정도 안과 밖 사이에 틈이 생기게 된다.

안과 밖을 구별해야 한다. 힐링해야 할 대상은 자신의 감정이고 자신의 생각이다. 이것만 제대로 구별해도 어느 정도 힐링이 된다. 그런데 대부분은 본인이 힘든 이유를 다른 사람의 탓으로 돌린다. 다른 사람이나 세상을 향해 원망을 퍼붓는다. 원망이 길어지고 커질수록 내 마음속 괴로움도 커지고 깊어진다. 타인, 주변 환경, 사회를 바꾸는 것은 내 마음을 다스린다고 해서 직접적으로 해결될 일이 아니다. 그것은 다른 범주의 문제다.

힐링의 법칙 ② Not 무엇 때문에, But 어떻게

원인을 찾으려고 하지 말고 어떤 마음이 드는지를 묘사하듯 들여다봐야 한다. 화가 나거나 불안할 때 우리는 원인을 먼저 찾으려고 한다. 자식 때문에, 직장 상사 때문에 화가 나고 불안하다고 생각한다. 그러나 엄밀하게 따지자면 이들은 내가 화를 내거나 불안해하도록 하는 조건을 제공했을 뿐이다. 그러한 생각(화, 불안 등)들을 만드는 것은 나의 마음이다.

흔한 실수는 원인을 찾는다고 하면서 조건들을 따지고 들어가는 일이다. 화나 불안 같은 감정의 화살을 원인으로 포장된 조건들로 돌린다. 원인(으로 착각하는 조건)을 찾아 들어가면 오히려 그것들 때문에 더 화가 나고 더 슬퍼진다. 달리 말해서 기존의 생각(화, 불안 등)들을 계속해서 유지하고 증폭시킨다. 원인(으로 착각하는 조건)을 찾으려 하지 않고 다만 지금의 내 마음을 묘사하듯 관찰하는 것이 그래서 중요하다.

힐링을 위해서 중요한 것은 자신의 마음이 '어떻게' 불안하고 '어떻게' 화가 났는지를 제대로 아는 것이다. 그러자면 내 안의 감정을 묘사하려고 노력해야 한다.

'지금 내가 이렇게 화를 내는구나. 심장이 이렇게 빨리 뛰는구나. 불안한 마음이 이러저러하게 생겨나는구나.' 드라마 주인공의 모습을 관찰하는 심정으로 자신의 마음을 관찰하면, 관찰하는 동안 찰나 찰나 이어지며 증폭되던 특정한 생각들이 끊어진다. 끊어지는 시간이 길어지면 특정한 생각이 이어지는 조건이 점점 약해지면서 사라지게 된다.

힐링의 법칙 ③ 보면 사라진다

'보면 사라진다'는 위빠사나 수행의 중요한 원리이다. '본다'는 말은 찰나의 생각을 관찰하는 것이다. 관찰하는 순간에는 찰나와 찰나 사이의 고리가 작동하지 않는다. 생각이 '직전 찰나의 A'라는 생각에서 'A라는 생각을 관찰하는 현재 찰나의 B'라는 생각으로 이어지기 때문이다. A → A'가 아니라 A → B로 이어진다. 첫 번째는 A라는 생각을 나도 모르는 사이 계속 반복하는 것이고, 두 번째는 중간에 관찰하는 행위가 개입되어 계속 이어지던 A라는 생각의 연결고리가 끊어지는 것이다. 같은 생각(감정)들은 찰나 찰나 이어지지 않으면 곧 사라진다.

 생각을 생각으로 몰아낸다. '화를 내지 말아야지.'라는 생각을 하면 화가 더 난다. '화를 내지 말아야지.'라는 생각을 하기 위해서는 먼저 화를 내는 상황을 생각할 수밖에 없다. '화를 내지 말아야지.'라고 생각하는 것은 동시에 화에 대해서 생각하는 것이기도 하며, 결국 화라는 감정이 이어지는 것이다. 화를 내지 않는 가장 효과적인 방법은 직전의 생각이나 느낌, 감정을 다만 관찰함으로써 화의 고리를 끊어 내는 것이다.

 '시간적으로 이미 지나간 찰나인데 어떻게 눈으로 보고 관찰할 수 있는가?'라는 의문이 들 수 있다. 이것은 우리가 공간적으로 사고하는 데에서 오는 폐단이다. 마음을 본다는 것은 직전 찰나의 생각을 생생하게 사진 찍듯 기억한다는 의미이다. 위빠사나 수행에서는 '응념(凝念)'이라는 표현을 사용한다. 직전 찰나의 생각을 이어서 계속 생각하는 것과 그 생각을 기억하는 것은 완전히 다르다. 그래서 특정한 생각은 다른 생각(관찰, 응념, 묘사)으로 차단하여 몰아낼 수 있다.

 실전에서 이렇게 하기 위해서는 어느 정도의 명상 수행이 되어 있어야 한다. 평소 명상이나 화두 참선 수행을 꾸준히 하지 않은 사람은 찰나의 순간에 생멸하며 이어지는 감정을 관찰하는 것이 어려우므로, 전혀 다른 생각을 억지로라도 하는 것이 현실적이다. 그러나 당장 화가 나서 미칠 것 같을 때는 아무리 다른 즐거운 생각을 하려고 해도 잘될 리가 만무하다. 온 마음이 화나 불안, 슬픔 같은 부정적인 생각으로 가득 차 있기에 다른 생각을 일으킬 여유가 없다. 이성적으로는 '이래서는 안 돼.'라고 생각하나 마음이 말을 듣지 않는다.

이런 상황을 대비해서 평소에 '마음의 빈자리'를 만들어 두어야 한다. 부정적인 감정이 치솟을 때 언제든지 소환할 수 있는 '다른 생각'을 준비해 두어야 한다. 염불(念佛)이 좋은 예이다. 평소에 염불을 자주 해서 익숙해지면 마음이 부정적인 생각으로 괴로울 때 억지로 다른 생각을 하는 것보다 염불을 하는 게 훨씬 더 쉽다. 이렇게 염불을 하다 보면 부정적인 생각으로 가득 찬 마음에 조금의 빈자리가 생긴다. 그래야 자신의 상태를 관찰할 수 있다.

요가 수행

힐링의 대표적인 수단 중 하나가 요가이다. 요가는 몸을 건강하게 할 뿐 아니라, 가만히 앉아 있는 명상에 비해 몸을 움직이기 때문에 지루하지 않다. 그래서 현대인들이 선호하는 힐링 요법 중 하나이다. 그러나 요가의 발원지인 인도의 요가와 우리가 알고 있는 요가는 달라도 많이 다르다.

인도의 요가행파는 요가 수행을 통해 불완전하고 거짓된 나를 없애고 참 나를 찾는다. 요가행파에서는 수행을 여덟 단계로 나눈다. 1~2단계는 예비 단계에 해당한다. 윤리적·도덕적 덕목을 지키면서 경전을 학습하고, 고행하고, 신에 대해 헌신하는 준비 과정이다. 불교로 말하면 계를 지키고 예불과 같은 신행을 하는 단계(야마, 니야마)이다.

3~5단계는 하타요가의 단계이다. 아사나(행법, 자세)라고 하는 외적 기술을 통해 호흡을 조절하고 감각 기관을 억제하는 등 수행하기 위한 몸을

예비 단계	하타요가 (외적 기술)	라자요가 (내면적 요가)
- 윤리적, 도덕적 덕목을 지킨다. - 경전 학습, 고행, 신에 대한 헌신	- 아사나 - 호흡 조절 - 감각 기관의 억제	- 마음 집중 - Dhyana 　(Pjhana, 선·선정·참선·명상) - 삼매(samādhi)

그림 45. 요가 수행의 단계

만든다. 우리가 주위에서 흔히 접하는 요가가 바로 여기에 해당(아사나, 프라나야마, 프라타하라)한다.

　6~8단계는 라자요가의 단계로, 실질적인 내면 수행에 집중하는 훈련이다. 마음을 집중하고(다라나), 댜냐(명상·선정·수행)와 사마디(삼매)에 드는 단계이다. 이 단계는 불교의 사마타 수행에 해당한다고 볼 수 있다.

　일반적으로 '요가'라고 하면 필라테스와 같은 체력 및 몸매 관리 등을 연상하지만 실제 요가행파에서 궁극적으로 추구하는 단계는 라자요가의 단계이다. 요가 수행은 삼매에 들어 잡생각을 일으키지 않는 단계에 들어가는 것을 목표로 한다.

　명상이라는 말은 산스크리트어 '댜냐(dhyana)', 빠알리어로 '쟈나(jhana)'에서 유래했다. 빠알리어 '쟈나'를 중국에서 소리 나는 대로 번역한 것이 '선나'이고, 최종적으로는 '선(禪)'이 되었다. '선'이라는 말에 이런저런 수식을 붙여 선정, 참선이라는 말이 생겨났으니 이 단어들의 뿌리는 모두 댜냐 혹은 쟈나에서 비롯된 것이다. 흔히 명상과 참선이 다르다고 생각하는데 본질적으로는 같다. 힐링하기 위해서는 결국 명상, 즉 마음 공부를 해야 한다.

실습 ① 와선(臥禪), 누워서 관찰하기

명상은 자기 자신을 관찰하는 것이다. 이름을 명상이라고 해도 좋고 참선이나 선이라 표현해도 좋지만 본질적으로는 자신을 관찰하는 행위이다. 지금 이 순간부터는 나 자신을 '나'가 아니라 남이라고 생각하고 '저놈이 무엇을 하고 있지?' 하며 관찰하는 시간을 갖는다.

누운 자세는 사람이 취할 수 있는 가장 편안한 자세이다. 누워서 발은 어깨너비로 벌리고 손은 밑으로 편하게 뻗은 채로 자신을 관찰하는 연습을 해 보자. 주어진 시간 동안 마음이나 머릿속에서 몇 번의 생각이 스쳐 지나가는지를 손가락으로 세어 보자.

2분이 지났다. 아무 준비 없이 명상 비슷한 행위를 해 본 것이다. 누군가는 숫자를 헤아려 보았을 수도 있고, 누군가는 '아무 생각도 안 나던데.'라고 생각할 수 있다.

이번에는 미리 준비를 하고 다시 나 자신을 관찰해 보자. 아랫배에 손을 가볍게 올린 후에 마음을 아랫배가 아닌 손바닥에 집중한다. 숨을 쉬는 동안 자연스럽게 손이 올라갔다 내려갔다 하는 게 느껴질 것이다. 정신이 다른 곳에 팔리면 다시 손바닥으로 마음을 가져오는 것을 반복한다.

몸으로 호흡을 느끼는 것은 어떤 의미일까? 손을 배에서 떼어 손바닥이 하늘을 향하게 바닥에 내려 두고 상상력을 동원해 보자. 손바닥으로 공기를 빨아들인다면 어떨까? 손을 통해 들어온 공기가 팔과 어깨, 가슴을 지나 폐까지 들어왔다가 반대 순서로 빠져나갈 것이다. 손바닥으로 공기가 들어오고 나간다는 상상을 하면서 마음을 손바닥에 집중해 보자.

이렇게 하다 보면 손바닥이 따뜻해질 것이다. 또는 손바닥이 찌릿찌릿하거나 간질간질한 느낌이 있을 것이다. '마음을 어느 부위에 두라.'는 말은 특정 부위에 마음을 집중해서 그 부위의 감각을 더 예민하게 느껴 보는 것이다.

이번에는 공기를 발바닥으로 받아들여 보자. 발바닥, 종아리, 허벅지, 허리까지 타고 올라와 폐를 거친 후에 역순으로 나간다. 어느 정도 집중해 본 후 다시 손바닥으로 호흡하는 상상을 하고, 이 상상이 익숙해지면 처음 동작인 아랫배에 손을 올리는 자세를 취하면서 손이 움직이는 느낌을 잘 관찰해 본다.

마음을 어딘가에 집중한다는 것은 특정 지점에 모든 정신을 집중하여 그 지점에서 생기는 느낌을 느끼는 것이다. 대상을 특정하기 어려우면 집중도 어렵기 때문에 제일 먼저 편안하게 누워서 내 몸의 일부를 관찰하는 연습을 해 보았다.

실습 ② 경행(輕行), 걷는 나를 관찰하기

이번에는 마음을 여러 군데로 분산해서 나 자신을 관찰하는 훈련을 해 보자. 걷는 것이 대단한 수행인가 싶을 수도 있겠지만 남방불교에서는 좌선과 경행의 비중을 같게 둘 정도로 중요한 수행으로 여긴다. 간화선을 하는 우리나라 선방에서도 50분의 참선 후에는 반드시 10분간 경행을 한다.

지금부터는 직접 걸으며 경행을 해 보는 시간을 갖겠다. 중요한 것은 마음을 집중하는 일이다. 동작이 크거나 많으면 집중하는 마음이 분산되기 때문에 최대한 동작을 줄인다. 손을 흔들지 않고 맞잡은 상태에서 아랫배에 가볍게 대고, 이 상태를 유지한다. 이를 '차수'라고 말한다. 걸으면서 주변을 둘러보면 정신이 분산되므로 시선은 1미터 전방의 바닥을 내려다

본다. 이 상태로 할 수 있는 최대한 천천히 걸어 본다. 곁눈질 말고, 옆 사람을 보지 말고, 자신의 발가락을 본다는 느낌으로 시선은 최대한 내린다. 이렇게 가이드 없이 자연스러운 상태로 천천히 걸어 보자. 생각보다 쉽지 않다는 걸 느낄 수 있을 것이다. 마음은 천천히 걷고 싶은데 자기도 모르게 발이 빨리 나가려고 한다.

'천천히'에도 방법이 있다. 동작을 자세히 관찰하는 것이다. 무언가를 자세히 관찰하려고 하면 천천히 할 수밖에 없다. 또한 그 무엇(동작)을 최대한 세세하게 나누면 역시 자세히 관찰할 수 있다. 걷는 동작도 마찬가지다. 왼쪽 뒤꿈치를 든다-왼쪽 발을 땅에서 뗀다-왼쪽 발이 앞으로 이동한다-왼쪽 뒤꿈치가 땅에 닿는 동시에 오른쪽 발꿈치가 들린다. 단순히 한 걸음을 옮기는 동작을 여러 과정으로 쪼갤 수 있다.

이번에는 동작을 세분한다는 데에 정신을 집중하고 걸어 보자. 마음을 발바닥에 집중하여 발바닥에서 올라오는 모든 감각을 오롯이 느끼면서 세분해 놓은 동작을 의식한다. 이렇게 동작을 나누는 것에 익숙해지면 평상시에 걸을 때도 마음을 발바닥에 두고 걷는 연습이 가능해진다. 이처럼 걷는 연습을 해 보면, 평소 산책을 하면서 얼마나 많이 주위에 마음을 뺏겨 있는지 알 수 있다. 두리번거리고, 옆 사람과 이야기를 하고, 몸을 마구 흔들며 걷는다. 정신을 내 몸이 아닌 내 바깥에 두는 것이다.

위빠사나의 네 가지 관찰 대상은 몸, 느낌, 마음, 법이다. 지금 했던 연습은 몸과 느낌에 대한 관찰을 섞은 것이고, 다음 단계는 마음(생각)을 관찰하는 것이다. 흔히 '의도를 알아차린다'라는 말을 쓴다. 걸으면서 발바닥의 느낌에 집중하는 것이 아니라 왼쪽 뒤꿈치를 떼기 전에 '떼어야겠다'라는 생각을 관찰해 보자.

일상에서 느끼지 못할 뿐, 우리가 걸을 때는 발바닥을 떼기 전에 마음속에서 '발바닥을 떼어야겠다'라는 의지 내지는 욕망을 일으킨다. 이런 생각들이 마음에서 일어나는 것을 간파하기란 물론 쉽지 않다. 그러나 꾸준히 훈련해서 생각을 관찰하는 힘이 커지면 행위를 일으키는 마음을 관찰하는 것은 물론, 멈추는 것도 가능하게 된다.

실습을 하면서 뒤꿈치를 '떼어야겠다' 혹은 '뗀다'라고 생각한 후에 발을 움직여 보자. 의도한 대로 걷는 것이 익숙하지 않기 때문에 걷는 모양이 슬로비디오처럼 어색한 게 정상이다.

실습 ③ 관찰, 내가 '나'가 아니라는 생각으로

지금까지 관찰하기에 대한 세 가지 연습을 했다. 처음에는 마음을 신체의 한 부위에 집중하는 연습을, 두 번째는 동작을 최대한 세분화하여 관찰하는 연습을 했다. 마지막으로 느낌을 관찰하는 단계에서 나아가 몸을 움직이게 하는 의도를 관찰하는 단계로 나아갔다.

이번에는 걷는 동작을 통해서 관찰하는 연습을 했지만, 나중에는 밥 먹는 동작을 세분화하여 관찰하기도 하고, 친구와 대화를 하면서 친구의 이야기보다 자기 마음속의 느낌을 관찰하는 등 생활 속에서 무궁무진하게 응용할 수 있다.

관찰하기의 핵심은 "내가 '나'가 아니다."라는 것이다. 보통 무언가를 관찰한다는 행위는 내가 아닌 다른 무엇을 보는 일이다. 그래야 관찰이 가능해진다. 자연의 풍경을 관찰하기도 하고, 재미있는 드라마를 보기도 하고, 아름다운 음악을 듣기도 한다. 관찰의 대상은 언제나 내 밖에 있는 무엇이다.

　나의 몸이나 나의 마음, 느낌, 생각을 관찰하기 위해서는 의도적으로 '이것이 나'라는 생각을 지워야 한다. 마음속에 문지기 한 사람이 있어서 그 문지기가 생각이 들락날락하는 것을 감시하고 있다고 생각해도 좋다. 힌두교에서 말하는 '제3의 눈'이 이와 같은 개념이다. 제3의 눈이 뜨여서 빛이 나오는 것이 아니다. 제3의 눈은 자기 자신을 관찰하는 능력을 의미한다. 가령 '오늘은 내가 뭔가 일이 잘 풀리네', '오늘은 내가 하는 일마다 꼬이네'라고 생각하는 건 관찰이 아니다. 당사자의 입장이 아니라 남의 일처럼, 남을 보듯이, 경치를 바라보듯이 자신의 감정이나 생각을 관찰하는 것이 포인트다.

　자기 자신을 관찰할 때 가장 쉬운 방법은 '와선'이다. 숨 쉴 때 배가 오르락내리락하는 느낌을 손으로 느끼는 건 누구나 할 수 있는 일이다. 반면 와선에는 치명적인 약점이 있는데 바로 잠이 온다는 것이다. 좌선(坐禪)을 하는 이유가 여기에 있다. 좌선은 하나의 자세를 가장 효율적으로 오래 유지하는 방법이다. 서 있는 것보다 에너지 소모가 덜하고, 누웠을 때처럼 쉽게 잠들지도 않는다.

실습 ④ 좌선(坐禪), 가장 집중하기 좋은 자세

지금부터는 흔히 말하는 명상, 우리가 알고 있는 명상인 좌선을 연습해 보자. 왜 하필 좌선일까? 하나의 자세를 가장 오랫동안 유지할 수 있는 방법이 바로 좌선이기 때문이다. 서서도 명상을 할 수 있고 누워서도 명상을 할 수 있지만, 앉아서 하는 것이 가장 집중하기 좋다. 행주좌와 어묵동정

그림 46. 좌선

(걷고 머물고 앉고 눕고, 말하고 침묵하고 움직이고 멈춰 있음)할 때 모두 화두를 들 수 있지만 그중 앉아 있을 때가 가장 안정적이고 효율적이다.

먼저 방석 위에 앉는다. 허리가 아프다면 방석 뒷부분을 안쪽으로 살짝 접어서 엉덩이를 높여 주는 것도 좋다. 앉을 때는 엉덩이와 양쪽 무릎 세 개의 지점이 바닥에 닿아 삼각형이 되어야 한다. 중요한 것은 회음부가 바닥에 닿는 느낌으로 앉는 것이다. 엉덩이 두 쪽을 차례로 들었다가 떼면서 엉덩이를 뒤로 빼고, 회음부가 바닥에 닿는 느낌이 나면 엉덩이를 빼면서 살짝 앞으로 숙인 허리를 천천히 바로 세운다. 앉은 자세는 회음부가 바닥에 닿고 허리가 펴진 자세이다. 반대로 회음부가 바닥에 닿기 위해서는 허리를 펴야 하기도 한다.

이 상태에서 가능한 사람들은 가부좌나 반가부좌를 하되, 도저히 다리가 안 올라가는 사람들은 평좌(양반다리)를 해도 된다. 가부좌를 할 때 무릎 부분이 뜨면 오래 앉아 있기 힘들다. 무릎이 뜨는 것은 몸의 무게 중심이 뒤로 넘어가 있다는 의미이다. 다시 말하면 회음부가 떠 있는 것이다.

무게 중심이 뒤에 있으니 우리 몸은 머리나 목을 앞으로 숙여서 중심을 잡으려고 한다. 머리가 척추 위에 바로 얹혀 있지 않고 앞으로 나와 있으면 중력의 영향을 받게 되고, 머리에 가해지는 중력을 버티려면 목, 어깨와 연결된 근육이 머리를 당겨야 하니 금방 피로하게 된다. 뿐만 아니라 허리를 바로 세워야 척추가 펴지는데, 허리를 펴지 못하면 척추가 구부정해지고 등에 통증이 온다. 앉은 자세를 최소 한 시간을 하고 있어야 하니 온몸이 다 아프게 되는 것이다.

잘못된 자세로 인한 부작용을 방지하는 방법은 엉덩이를 뒤로 빼서 회음부를 바닥에 닿게 하는 것이다. 평평한 방석에서 회음부가 바닥에 닿기 어렵다면 방석을 접어 엉덩이 뒷부분을 세우는 자세가 도움이 된다. 정석 자세를 흉내 내는 것이 중요한 게 아니라 자신의 몸 상태에 맞는 방법을 찾아내는 것이 중요하다. 앉는 자세의 핵심은 머리부터 척추를 타고 허리에 이르기까지 바닥과 90도의 각도를 유지하며 일직선으로 상체를 세워서 유지하는 일이다. 실제로는 완벽한 일직선은 아니지만 전체적으로 상체가 바닥과 수직을 이루어야 한다.

앉은 자세가 완성되었다면 상체에도 신경을 써 보자. 허리를 세우고 앉되 상반신의 힘을 최대한 빼야 한다. 한 시간 동안 움직이지 않고 앉아 있어야 하는데 몸 어딘가에 힘이 들어가 있으면 십 분만 지나도 힘이 들어간 곳이 아파 온다.

같은 맥락에서 손의 위치를 정해 본다. 단전 앞에서 양손을 포개고 엄지손가락끼리 붙이는 정인(定印)은 숙련자들에게나 편안한 자세이기 때문에 처음부터 이런 손 모양을 가지려고 노력할 필요 없다. 대신 최대한 손에 힘을 뺄 수 있는 자세를 취하면 된다. 예를 들어 손바닥으로 무릎을 감싸듯 내려놓은 자세나 허벅지 위에 올려놓는 자세도 상관없다. 어떤 모양을 만들려고 했을 때 어깨에 힘이 들어간다면 모양을 만드는 데에 집중하지 않고 상체에 힘이 모두 빠진 상태를 만드는 데에 초점을 맞추어 보자.

시선은 어디에 두어야 할까? 가장 이상적인 것은 부처님 눈 모양을 떠올리면 된다. 부처님의 눈은 반개(半開)이다. 게슴츠레하니 뜬 것도 감은 것도 아닌 상태이다. 반개는 엄밀하게 말하면 절반이 아니라 눈에서 4분의 3 정도까지 눈꺼풀이 내려온 상태로, 앉은 자리에서 1~2미터 정도만 시야에 들어온다. 너무 많은 영역이 눈에 보여도, 혹은 눈을 감아도 잡생각이 많이 나기 때문에 눈은 반개한다.

관찰이 화두로 이어진다

이렇게 앉는 자세를 만든 후 명상에 들어간다. 처음부터 간화선 화두 수행을 하려면 쉽지 않기 때문에 와선이나 경행과 같이 감각에 집중하는 위빠사나 수행을 해 보도록 하자. 앉은 상태에서 느낌이 가장 잘 오는 부위를 찾아본다.

무릎이 아프다면 오른 무릎인지 왼 무릎인지를 특정하고 해당 부위에 마음을 집중한다. 좌복과 회음부가 맞닿은 자리가 따끈따끈하니 기분 좋은 느낌이 든다면 그곳에 마음을 집중해 본다. 가령 평소에 허리를 펼 일이 없었는데 지금 허리를 펴고 앉으니 에너지가 몸에 퍼져 나가는 기분이 들어 좋다면 허리에 느낌을 집중해 보자.

집중할 부위가 딱 한 군데면 금방 딴생각이 드니까 몇 군데를 정해서 옮겨 가면서 집중해 본다. 이윽고 마음에 집중한다. 앉은 상태에서 염불시수(念佛是誰)를 해 보는 것도 좋다. 마음속으로 관세음보살을 외다가, 관세음보살 소리를 내는 그놈을 본다는 느낌을 유지한다. 도대체 무엇이 마음속으로 관세음보살 소리를 내는가? 의문에 마음을 집중해 본다.

이렇게 나 자신의 느낌을 관찰하는 것이 익숙해지면 곧 관찰하는 행위가 낯설어진다. 이 낯선 느낌을 계속 가져간다. 그 낯선 느낌을 굳이 말로 표현하면 '염불하는 이놈이 누구인가', '시체를 끌고 다니는 이놈은 무엇인가'라는 공안이 된다.

관찰을 계속하다 보면 관찰하는 상황에 대한 느낌이 평상시와 전혀 다름을 느끼게 된다. 마치 내가 나 자신이 아닌 것 같은 느낌을 계속 가져가는 것이 바로 '이뭐꼬' 하는 화두 참선의 첫걸음이다.

망상과 특별한 체험도 그저 관찰할 뿐

좌선을 하고 있으면 자신도 모르게 다른 생각들이 든다. 혼자서 소설을 쓰기도 하고, 친구에게 일장 연설을 하기도 하고, 과거 일을 회상하기도 한다. 그러나 그런 자신을 관찰할 뿐 평가하면 안 된다. '내가 지금 참선을 하고 있는데 잡생각을 하면 안 되지.'라고 평가하는 것 역시도 관찰의 대상일 뿐이다.

내부에서 일어나는 모든 느낌과 생각은 관찰의 대상이다. 참선을 할 때는 모든 것이 달라진다. 내가 '나'가 아니다. 평상시 모드와 나 자신을 관찰할 때의 모드는 느낌 자체가 다르다. 그 다른 느낌을 빨리 알아차리고 그 상태를 유지한다.

딴생각이 들면 딴생각을 하는 자신도 관찰하면 된다. '이런 생각을 하는구나.'라고 관찰하고 다시 관찰하는 느낌, 낯선 느낌, 내가 아닌 것 같은 느낌에 집중한다. 이렇게 집중하다 보면 어느 순간 외부의 감각과 차단되는 느낌이 온다.

차단되는 느낌은 아주 고요한 순간으로 경험할 수도 있고, 특정한 소리가 들릴 수도 있고, 눈앞에 빛이 나타날 수도 있다. 평상시에 경험하지 못하는 현상들이 생겨나기도 한다. 그러나 이것은 특별한 것이 아니다. 수행을 하면 보통 사람에게도 흔히 생기는 정상적인 현상이다. 그러니 이러한 경험이나 체험과 같은 일을 특별하게 여기거나 현혹될 필요 역시 전혀 없다.

수행은 꾸준히 해야 한다. 가장 좋은 시간은 일어난 직후나 자기 직전이다. 하루 삼십 분이라도 정해 놓고 꾸준히 명상 수행을 하면 마음의 빈자리가 필요한 순간에 결정적인 역할을 해 준다. 일상생활 중 마음이 바깥으로 향해 있는 상태에서는 필연적으로 부정적인 감정들이 생겨난다. 이럴 때 마음의 빈자리를 만들어 둔 사람은 그 즉시 염불을 한다던가 명상을 하는 행위를 통해 부정적인 마음이 일어나는 찰나 찰나를 차단할 수 있다. 그렇게 나 자신을 힐링하는 상태가 발전하면 수행으로 나아갈 수 있다.

9강

기도하면
정말로
소원이
이루어지나?

이론과 실제, 학문과 수행

학문적으로 불교에 접근한 나라로는 일본이 단연 선두였다. 그러나 막상 일본 현지에서 불교를 들여다보면 많은 사찰 옆에 사찰에서 운영하는 묘지가 있어서, 사찰이 일종의 상조회사와 같은 역할을 하는 듯하다. 유서 깊은 고찰은 대부분 관광지로 전락했고, 실제 스님들이 수행하는 모습은 찾아보기 힘든데 불교학으로는 여전히 전 세계에서 이름을 떨치는 나라가 일본이다. 왜 이런 불균형이 발생했을까? 일본에서는 불교가 불교의 틀이 아닌 학문의 틀 속에서 성장했기 때문이다. 일본불교의 경우에서 알 수 있듯 이론적으로만 불교에 접근하면 기형적인 형태를 보이기 쉽다.

'꿈은 이루어진다.' 2002년 한일월드컵의 슬로건이었다. 정말로 기도하면 이루어질까? 그럴 수도 있고 아닐 수도 있다. 복불복이다. 불교에서는 이 질문을 두고 업에 대해서, 공덕에 대해서, 특히 믿음에 대해서, 삼귀의(三歸依)와 사홍서원(四弘誓願) 등 실천 수행의 핵심적인 내용에 대해서 다룰 수 있다.

불교에서 중요한 것은 '얼마만큼 아는가'가 아니라 '무엇을 하는가'이다. 스스로 무언가를 하면서 동시에 부족한 부분들을 채워 나가야 한다. 이 시간에는 종교적 기도를 불교적 수행으로 승화시키자는 대주제를 여러 갈래의 소주제로 풀어 간다.

종교적 기도와 종교가 요구하는 것

종교적 기도를 한마디로 줄이면 '소통과 간청'이다. 소통과 간청은 믿음을 바탕으로 간절하게 열심히 청하는 것이다. 간절하게 빌면 기도가 이루어진다는 것이 일반적인 믿음이다.

　소통은 믿음을 바탕으로 한다. 신 혹은 절대적인 존재와 자신이 소통할 수 있어야 자신의 소원은 전달할 수 있다. 어떤 식으로든 소통할 수 없다면 기도의 대상이 자신의 소원을 이루어 줄 것이라는 믿음도, 그리고 그에 따른 기대도 이루어질 수 없다. 어쨌거나 믿음은 소통을 전제로 한다.

　간청은 열심히 비는 것이다. 다른 것 없이 간절하게 기도하는 것이다. 간청한다는 말은 곧 요구한다는 말이다. 인간은 기도를 통해서 종교적 절대자에게 끊임없이 무언가를 요구한다. 그런데 과연 인간만 절대자에게 요구하는 일방적인 관계일까? 그렇지 않다. 절대자도 인간에게 요구하는 바가 있다. 욕심은 줄이고 이타적인 삶을 살라고 요구한다. 청빈과 봉사는 모든 종교에서 요구하는 사회적인 덕목이다.

　이러한 덕목을 실현하려면 욕심을 내는 자기 자신, 이기적인 자기 자신을 성찰하여 이타적인 삶을 살기 위해 노력해야 한다. 그래야 원하는 바가 이루어진다고 대부분의 고등 종교에서 이야기한다. 인간이 종교에게 소원을 요구하듯, 종교는 인간에게 청빈과 이타적인 삶 그리고 이를 실현하기 위한 자기 성찰을 요구한다. 이는 기도하는 당사자가 바뀌지 않은 채 요청하기만 해서는 원하는 바를 이루는 데에 한계가 있기 때문이다.

　자신의 욕망을 다스리는 것, 이타적인 삶을 실천하는 것, 자신을 성찰하는 것. 그 자체가 곧 수행이다. 소원 성취를 제대로 하려면 종교적 절대자의 요구를 충실히 따라야 하고, 그러자면 수행하지 않으면 안 된다. 결국 진정한 기도는 기도하는 자체만으로 끝나는 게 아니라 수행과 함께한다. 그래야 기도하는 바를 이룰 수 있기 때문이다. 불교는 애초에 수행으로부터 탄생하였으니 다시 말할 필요가 없다. 기독교, 이슬람교 같은 고등 종교 역시 불교와는 그 양상이 많이 다르긴 하지만 개인의 수행을 한 축으로 하고 있다.

평소에는 해당 종교와 무관한 삶, 자기 욕망과 자기 이해에 충실한 삶을 영위하다가 자기 필요에 따라 종교적 절대자를 찾는 사람들이 있다. 이런 부류의 사람들은 종교인이 아니거나 종교인으로 행세할 뿐이지, 진정한 종교인이 아니다. 필요할 때만 종교의 절대자를 찾아 원하는 바를 간청하는 것은 제대로 된 기도가 아니다. 이러한 행동은 자신이 욕망하는 것만을 종교적 절대자에게 요청할 뿐, 종교가 자신에게 요구하는 일에는 관심이 없다.

그러나 종교가 자신에게 요구하는 것에도 충실해야 진정한 의미에서 소통이 이루어지고, 그래야 본인이 간청하는 바가 이루어질 가능성도 커지는 법이다. 그러므로 평소에 해당 종교가 본인에게 요구하는 바를 충실히 이행하는 삶이 바탕이 되어야 한다. 소원 성취가 제대로 이루어지기 위해서라도 일상적으로 진정한 종교인의 자세를 가지려고 노력해야 한다. 그리고 그것은 어떤 의미에서든 자기 변화를 핵심적인 내용으로 하는 수행을 근간으로 한다.

불교의 믿음

『화엄경』「현수품」의 네 구절을 참고하여 불교의 믿음에 대해 알아본다.

信爲道元功德母　신위도원공덕모
長養一切諸善法　장양일체제선법

斷除疑網出愛流　단제의망출애류
開示涅槃無上道　개시열반무상도

믿음은 불도의 근원이며 공덕의 어머니라
일체의 선한 법을 다 길러내나니
의심의 그물을 끊어 버리고 애착의 물결을 벗어나서
가장 높은 열반의 도를 열어 보이네.

믿음의 반대말은 의심이다. 무언가에 대한 믿음이 없다는 말은 무언가를 의심한다는 것과 같다. 믿음을 갖는 것은 곧 의심을 끊어 버리는 것이다. 또한 애착의 물결을 벗어난다는 말은 곧 열반의 무상도를 열어 보이는 것이다. 열반이 따로 있고 번뇌에서 벗어나는 것이 따로 있는 게 아니라 번뇌에서 벗어나는 것이 열반을 증득하는 것이다. 긍정적으로 표현하느냐 부정적으로 표현하느냐의 차이일 뿐, 같은 의미를 담고 있다.

그리고 불교에서의 선은 곧 깨달음에 이익되는 것을 말하므로, 모든 선한 법을 길러낸다는 말은 깨달음을 성취한다는 의미와 통한다. 그렇기에 이 게송의 두 번째 줄과 네 번째 줄은 같은 의미로 봐도 무방하다. 이 게송의 군더더기를 털어 내면 첫 번째 줄에 모든 내용이 압축되어 있다.

믿음은 도의 근원이다. 도란 무엇인가? 도는 깨달음이다. 불자가 궁극적으로 가야 할 길은 깨달음을 성취하는 것이다. 그러니 '믿음이 불도의 근원'이라 함은 깨달음의 근본이 믿음이라는 것이다.

깨달음을 얻기 위해서는 수행을 해야 한다. 스스로 자신의 행을 닦아야 한다. 꾸준히 수행해야 하고, 수행에 마가 끼어서는 안 된다. 생각만 하고 시작을 하지 않으면 수행하지 않는 것이다. 그래서는 깨달음을 얻을 수 없다. 깨달음을 얻기 위해서는 깨달으려는 마음을 내야 하고, 실제로 수행을 시작해야 하고, 꾸준히 수행하되 옆길로 새면 안 된다. 이렇게 하기 위해서는 자신이 가고자 하는 길(깨달음)에 대한 확고한 믿음이 있어야 한다. '이렇게 하면 깨달음을 얻을 수 있다.'라고 한 부처님의 말씀을 믿어야 깨달음에 이를 수 있다.

등산을 하다가 지금 자신이 가고 있는 길에 대한 의심이 생기면 가다가 멈춰 서서 다른 길이 있지는 않을까 찾아보거나, 되돌아가거나, 경로를 변경하여 다른 길로 가거나, 아니면 아예 등산을 포기할 수도 있다. 의심과 믿음이 마음속에서 끊임없이 갈등할지라도 믿음을 잃지 않는다면 여러 우여곡절을 겪을지언정, 원하는 목표에 도달할 수 있다. 그러나 의심이 마음을 지배하면 끝까지 가지 못한다.

부처님의 가르침에 대한 믿음이 있어야 수행을 지속할 수 있다. 그래서 믿음이 도의 근원이 되는 것이다. 수행을 하다가도 일상이 바쁘고 몸이 힘들고 별다른 변화가 느껴지지 않아 소원해지는 때가 있다. '그럼에도 불구하고' 열심히 수행하게 만드는 힘이 바로 믿음에서 나온다.

믿음은 공덕의 어머니

믿음은 또한 공덕의 어머니이다. '공(功)'은 열심히 노력하는 것이고, '덕(德)'은 '득(得)'에서 유래한 것으로 '취득하다'라는 의미이다. 열심히 노력한 수행의 결과 생기는 것이 '공덕'이다. 공덕을 보다 쉽게 말하면 '복(福)'이다.

수행의 결과로 생긴 공덕을 쌓아 그 공덕의 힘으로 깨달음을 이룬다. 그런데 수행에 임할 때 이기적인 마음으로 수행하거나 나 자신을 위해서 수행하거나 명예를 위해서 수행을 하면 공덕이 쌓이지 않는다. 그 마음이야말로 바로 수행을 통해 불식시키려는 대상이기 때문이다. 그러므로 수행의 과정에서 이기심이나 명예 같은 마음이 있다는 것은 수행이 아직 무르익지 못했음을 의미한다. 수행이 올바르지 못할 수도 있고, 게으름 때문일 수도 있다. 이유가 무엇이 되었든, 수행이 무르익지 않으면 수행의 열매는 결실을 볼 수 없다.

올바른 수행은 이기심이 아니라 이타심과 함께한다. 올바른 수행에는 그 공덕으로 모든 중생을 제도하겠다는 서원이 서려 있다. 그렇지 않은 수행은 깨달음에 이르지 못한다. 올바른 수행만이 깨달음으로 인도한다는 믿음이 있어야 복덕이 쌓인다. 그렇게 했을 때 일체의 선한 법을 길러낼 수 있다. 믿음은 불교 수행의 시작이자 끝이다. '부처님 말씀대로 하면 깨달음을 얻을 수 있다.'라는 믿음 없이는 제대로 된 수행을 할 수 없다.

불교의 믿음은 단지 소통과 간청의 힘이 되어 주는 것만이 아니라, 나아가 수행의 바탕이 되며 깨달음을 이루는 길 그 자체이다.

삼귀의, 종교적 기도에서 불교적 수행으로

불교의 기도도 처음에는 종교적 기도, 즉 절대자에게 개인의 소원 성취를 기도하는 것으로 시작했다. 소원 성취의 욕망을 어떻게 하면 불교적 수행으로 승화할 수 있을까? 어떻게 하면 나 혼자만을 위한 수행이 아니라 모든 중생을 제도할 수 있는 수행으로 회향할 수 있을까? 이런 고민이 있을 때 종교적 기도에서 불교적 수행으로 나아갈 수 있다. 종교적 기도를 불교적 수행으로 전환하는 것이 '삼귀의'이다.

歸依佛兩足尊　귀의불양족존
歸依法離欲尊　귀의법이욕존
歸依僧衆中尊　귀의승중중존

지혜와 복덕을 갖춘 존귀한 부처님께 귀의합니다.
욕심을 떠난 부처님의 가르침에 귀의합니다.
무리 중 가장 존귀한 부처님을 따르는 수행자들에게
귀의합니다.

부처님이 갖춘 두 가지 거룩한 덕목은 무엇인가? 지혜와 복덕이다. 부처님은 엄청나게 많은 수행을 통해서 선업을 지었고, 그 선업의 결과 많은 복덕을 쌓았다. 현세불로 이 세상에 온 것은 그 복덕의 결과이다. 사바세계의 모든 중생을 제도할 수 있을 만큼의 복덕이 있어야 현세의 부처가 될 수 있다. 지혜만 갖추어서는 부처가 될 수 없다. 나 혼자 깨달음을 얻는 것이 아니라 모든 중생을 제도할 수 있는 능력이 있어야 한다. 그래서 숱한 수행으로 쌓은 공덕, 즉 복덕이 바로 중생들을 제도하기 위해 불보살들이 갖춘 능력과 자원이다. 부처님은 완전한 지혜만 갖춘 게 아니라 복덕까지 갖추었다.

　　부처님 가르침의 핵심은 무엇인가? 욕심을 떠나는 것이다. 욕심을 버려야만 연기실상의 세계를 볼 수 있고, 연기실상의 세계를 보아야 제행이 무상하고 '나'라는 것이 없으며 일체가 고(苦)임을 알 수 있다. 이렇듯 연기 실상의 세계를 보아야만 깨달음을 얻어야겠다는 발보리심을 낼 수 있다. 불교에서 욕심을 버리는 일은 단순한 윤리의 개념이 아니다. 연기법을 체험하기 위해서 반드시 행해야 할 목표이다.

부처님의 가르침에 따라 수행하는 집단은 무리 중 가장 존귀한 무리이다. 존귀한 무리에 귀의하는 것이 삼귀의의 마지막인 '귀의승 중중존(歸依僧衆中尊)'이다. '귀의한다'라는 말은 돌아가 의지한다는 뜻이다. 불교에서 흔히 사용하는 표현인 '나무(南無)'와 같은데, 나무는 산스크리트어 '나모(namo)'를 음차한 것으로 '몸을 구부리다', '몸을 숙이다', '경례하다'라는 의미를 갖는다. 즉 상대방에게 존경의 마음을 표시하는 것이다.

상대방을 존중하는 방법은 두 가지가 있다. 하나는 자신은 그대로 두고 상대를 높이는 것이다. 한없이 상대방을 높이면 더 이상 오를 수 없는 자리인 절대적 자리, 신적인 위치까지 이른다. 즉 신격화이다. 다른 하나는 상대방은 그대로 있되 나 자신을 낮추는 것이다. 불교에서는 이를 하심(下心)이라고 말한다.

귀의불과 발보리심

부처님에게 돌아가 의지한다는 말은 부처님을 존경한다는 말이다. 부처님을 존경한다는 것은 부처님처럼 생각하고 부처님처럼 행동하겠다는 의미이다. 불자라면 여기서 한 걸음 더 나아가야 한다. 부처님이 다른 사람과 다른 점은 완전한 깨달음을 이루었다는 데에 있다. 부처님처럼 생각하고 부처님처럼 행동하겠다는 생각은 자신도 부처님처럼 완전한 깨달음을 이루겠다는 각오로 이어져야 한다.

    보살(菩薩)을 산스크리트 원어로는 '보디사트바(bodhisattva)'라고 한다. 깨달은 중생이라는 뜻이다. 여기서 '보디'는 '깨달았다'는 말로, 한역되면서 '보리'가 되었다. 즉 보리심이란 깨닫겠다는 마음이다. 발보리심은 깨닫겠다는 마음을 내는 것으로, 줄여서 발심(發心)이라고도 한다. 『화엄경』에 '초발심시변정각(初發心時便正覺)'이란 말이 나온다. 부처님과 같은 깨달음을 얻고야 말겠다는 마음을 내는 즉시 정각에 이른다는 뜻이다.

    방점은 깨달음을 얻겠다는 각오에 있다. '불교 공부가 마음을 다스리는 데에 좋다고 하니 공부를 한번 해 볼까?' 혹은 '시간도 많은데 불교 대학에 가서 교양을 좀 쌓아 보자', '좌선을 하면서 불안을 털어 내고 싶다'라고 하는 것은 엄밀히 말하면 깨달음을 이루겠다는 마음이 아니다. 이런 마음을 내는 것도 결코 쉬운 일은 아니다. 더욱이 완전한 깨달음에 이르겠다는 마음을 내는 발심 자체가 엄청나게 어려운 일이다. '발심을 하면 반은 깨달은 것'이라는 말이 여기에서 나왔다. 거룩한 부처님에게 귀의한다는 말은 기필코 발보리심, 발아뇩다라삼먁삼보리(無上正等覺)를 하겠다는 각오이다. 그냥 깨닫는 게 아니라 위없고 완전한 깨달음을 얻겠다는 다짐이 바로 '귀의불'이다.

귀의법과 삼법인

부처님의 법에 귀의한다는 것은 부처님의 가르침대로 행동하고 생각하겠다는 것이다. 부처님의 가르침이란 무엇인가? 삼법인이다. 제법무아(諸法無我), 제행무상(諸行無常), 일체개고(一切皆苦), 열반적정(涅槃寂靜)이다. 각각의 내용도 중요하지만 이들의 상관관계를 파악해야 한다.

    삼법인 혹은 사법인을 풀어서 아주 간략히 말하자면 다음과 같다. 고정된 '나'가 있다는 생각에서 헤어나지 못하면 모든 것은 끊임없이 변화하는 것으로 인식된다. 변화하는 것은 곧 괴로움이기에 모든 존재는 괴로움일 수밖에 없다. 열반을 증득하면 이러한 근원적인 괴로움에서 벗어날 수 있다.

    중생들은 평상시에 "고정된 '나'가 있다."라고 철석같이 믿는다. 어제의 나, 한 달 전의 나, 작년의 나, 십 년 전의 내가 다 똑같은 '나'라고 생각한다. 비록 피부와 체중이 좀 변화해도 '나' 자체는 변하지 않는다고 여긴다. 고정되어 변화하지 않는 '나'가 존재하듯 책상도 있고, 빵도 있고, 친구도 있고, 하늘도 있고, 땅도 그렇게 고정되어서 존재한다고 생각한다. 평상시의 상식적인 사고방식으로 봤을 때 그 누구도 책상이 단 1초도 쉬지 않고 끊임없이 변화한다고 생각하는 이는 없을 것이다.

    이렇듯 '나'가 고정되어 있으므로 나 아닌 것들도 고정된 것으로 인식한다. 자신을 비롯한 모든 존재하는 것들은 변하지 않고 고정되어 있다고 당연히 생각하는데, 실제 세상의 모든 것들은 자세히 보면 일분일초도 쉬지 않고 변화한다. 태어난 것은 병들고 늙고 죽어서 사라진다. 즉 변화한다. 물건 역시 시간이 흐를수록 빛바래고 낡고 고장 나서 제 기능을 제대로 발휘하지 못하다가 급기야 버려진다. 스스로 믿는 것처럼 세상 모든 것이 항상 고정되어 있어야 하는데 실제로는 변화하기 때문에 괴롭다.

    정지된 것이 없으면 변화하는 것도 없다. 달리는 기차 안 좌석에 기차가 달리는 방향으로 C와 D라는 사람이 나란히 앉아 있다. 두 사람은 움직이는 기차 안에서 기차와 함께 움직이고 있으니까 서로 상대를 보면 정지해 있다. 그런데 E라는 사람이 기차 밖에서 가만히 서서 기차 안의 C와 D를 바라보면 이들은 기차의 속도로 움직이고 있다.

정지가 전제되어야 변화를 상정할 수 있다. 중생들은 자신과 자신 주변의 모든 것이 고정되어 있다고 생각하기 때문에 세상 모든 것이 변화하는 것으로 보인다. 그러나 끊임없이 변화한다는 것은 중생들의 잘못된 생각이다.

연기실상의 세계에서는 끊임없이 변화한다는 개념 자체가 없다. 끊임없이 변화하기 위해서는 어떤 고정된 개체가 존재해야 한다. 연기법은 고정된 무언가가 이미 '있다'는 게 아니라, 이 세상은 오직 조건에 의지하여 무언가가 '있는 것처럼 보인다'는 것이다.

나 자신을 비롯한 모든 존재가 고정되어 있다는 생각으로 세상을 바라보면 세상 만물이 끊임없이 변화하는 것으로 보인다. 변하지 않았으면 좋겠는데 변화하기 때문에 괴롭다. 이 고통을 완전히 없애기 위해서는 제법무아의 도리를 깨쳐서 깨달음의 길로 나아가야 한다. 이것이 귀의법의 핵심이다.

귀의승과 계율

거룩한 승가에 귀의한다는 말은 승가라는 집단에 귀의한다는 뜻이다. 승가란 부처님의 가르침을 실천하는 집단을 가리키는 말로, 출가자와 재가자 모두를 아우르는 사부대중(비구, 비구니, 우바새, 우바이)을 말한다. 집단을 이루고 집단을 유지하기 위해서는 집단의 구성원이 함께 지킬 규칙이 필요하다. 승가에서는 이를 계율이라 하며, 승가에 의지한다는 말은 곧 계율을 잘 지키겠다는 약속이다.

사홍서원

삼귀의를 지킨다는 말은 소통하고 간청하는 종교적인 기도의 차원에서 불교를 대하는 것이 아니라, 수행의 영역으로 자신의 행위를 전환하겠다는 다짐이다. 삼귀의를 자신의 생활에 받아들일 때 자신의 삶을 불교적 수행으로 바꿀 수 있다.

이렇게 수행을 자신의 삶에 구현하되, 수행의 선업을 자신만을 위한 것으로 가져온다면 수행의 공덕이 쌓이지 않는다. 나와 남을 구별하지 않고 수행의 공덕을 쌓겠다는 마음을 가져야만 수행의 결과를 올바르게 회향할 수 있다. 네 가지 큰 서원인 사홍서원이 이러한 내용을 담고 있다.

衆生無邊誓願度　중생무변서원도
煩惱無盡誓願斷　번뇌무진서원단
法門無量誓願學　법문무량서원학
佛道無上誓願成　불도무상서원성

중생을 다 건지오리다.
번뇌를 다 끊으오리다.
법문을 다 배우오리다.
불도를 다 이루오리다.

삼귀의로 수행의 원동력 삼아 깨달음에 이르도록 수행의 힘을 잃지 않는다. 그리고 사홍서원으로 수행의 이정표 삼아 수행의 도정에서 길을 잃고 헤매지 않고 올바른 길로 나아간다. 삼귀의가 수행의 발심을 이끌어 낸다면, 사홍서원으로 수행의 공덕을 올바르게 회향한다.

즉 삼귀의로 시작하여 사홍서원으로 완성하는 것이 불교의 수행이므로, 이러한 불교의 수행 정신을 다지기 위해 삼귀의로 시작하여 사홍서원으로 불교 행사를 마무리하는 것이다.

기도·예불·불공, 어떻게 다르고 무엇이 같은가?

불교는 수행에서 비롯되었고 수행으로 귀결된다. 기도, 불공, 예불 모두 수행에서 뻗어져 나온 가지이다. 기도, 불공, 예불은 같은 것이되 강조하는 방점을 어디에 찍느냐에 따라 표현하는 뉘앙스가 달라진다.

아침에 일어나 잠시라도 가부좌를 틀고 명상을 한다면 이것은 수행이다. 이동하는 중에 지하철이나 버스 안에서 자기 마음을 관찰한다면 이것 역시 수행이다. 넓은 의미에서 스스로 노력하여 자신을 올바른 방향으로 바꾸어 가는 노력은 모두 수행이라 할 수 있다. 반면 좁은 의미의 수행은 격식을 갖춰 정해진 형식과 의식에 따라서 수행하는 것을 말한다.

기도란 무엇인가? 격식을 갖춘 수행이되 원하는 바를 이루고자 하는 것에 강조점을 둔다. 불공은 공양물을 올리는 데에 방점을 찍는다. 예불은 부처님을 존경하는 마음을 담아 예를 표하되 정해진 시간에 규칙적으로 한다는 특징이 있다.

격식을 갖춘 수행으로 원하는 바를 이루고자 하는 데에 강조점을 둔 수행이라고 해서 통상적으로 모두 기도라고 하지는 않는다. 일반적으로 좌선이나 사경 같은 불교의 수행을 기도라고 말하지는 않는 것처럼 말이다. 내용의 측면에서 보자면 불교의 다양한 수행 중에서 염불, 주력, 정근 등을 특정하여 기도라고 말한다. 기도의 세부 내용을 살펴보자.

염불은 기도의 핵심이 무엇인지를 강조한다. 염불은 말 그대로 지금 자신의 마음속에서 불보살을 생각 생각마다 끊이지 않고 이어가는 것이다. 머릿속으로 부처님의 상호를 세밀하게 그려 보는 관상염불, 불보살의 이름을 반복해서 외우는 칭명염불 등 두 가지로 나뉘는데 우리나라에서 행하는 염불은 대개 칭명염불이다.

정근은 기도를 어떻게 하는지에 강조점을 둔다. 그래서 부처님의 명호를 반복해서 외우되 부지런히 한다는 데에 방점을 찍는다. 그래서 정근은 어떤 불보살의 명호를 반복해서 외우는지에 따라 관음정근, 지장정근, 아미타정근, 석가모니불정근 등으로 나뉜다.

주력은 기도의 내용에 초점을 맞춘다. 즉 불보살의 명호가 아니라 진언을 반복해서 외운다.

염불 실습, 염불하는 이놈은 무엇인가

수행이란 마음의 소리에 귀를 기울이는 것이다. 기도 역시 수행이므로 수행의 일환으로 기도해야 한다. 기도할 때 명심해야 할 유명한 수행법 중 '반문문자성(反聞聞自性)'이 있다. 듣는 자성을 돌이켜 듣는다는 뜻이다. 예를 들면 관음정근을 할 때 무엇이 정근을 하고 있는가에 마음을 집중하는 것이다. 소리 내는 이것이 무엇인지에 몰두할 때 수행이 된다. 염불하면서 옆 사람이 왜 다른 소리를 내는지 거슬린다고 따지고 든다면 그것은 수행이라 할 수 없다.

근대에 들어서 가장 많이 하는 화두 중 하나가 염불시수(念佛是誰)이다. '염불하는 이것이 무엇인가?'라는 화두를 드는 것이다. 이 화두를 들기 위해서는 먼저 염불을 해야 한다. '누구냐'라는 질문은 실은 '나'를 전제를 하게 되므로 '무엇인가'라고 의문을 가져야 한다. 염불을 하면서 '염불하는 이것이 무엇인가?'라는 의문이 계속 이어지도록 하는 게 염불시수 화두 수행이다.

염불이란 부처님을 생각하는 것이다. 본래 인도에서는 관상염불이라 하여 부처님이나 관세음보살의 상호나 탱화를 그려 놓고, 그 디테일한 부분을 눈을 감고 다시 그려 보는 데에서 시작했다. 불보살의 상호를 눈앞에서 보는 듯이 다시 그려내는 수행인 것이다. 후에는 좀 더 쉬운 방법인 칭명염불로 변화했다. 소리 내어 부처님의 이름을 부르면서 부처님을 생각하는 것이다.

정근 역시 동일하다. 불보살의 칭호를 외우되 부지런히 부르는 것이다. 주력은 '옴마니반메훔'과 같은 진언을 외우는 것으로, 이들 모두 입으로 소리 내어 염불하되 대상과 방법이 약간 다를 뿐이다. 통상적으로 기도·염불·정근은 모두 동일한 대상, 즉 특정 불보살의 명호를 반복해서 외우는 수행을 지칭한다고 해도 무방하다. 앞서 말했듯 강조하는 바가 조금씩 다를 뿐이다.

화두 수행으로서의 염불은 4단계를 따른다. 1단계는 예비 단계로 자신의 소리에 집중하는 단계이다. 보통 여러 사람이 모인 가운데 염불을 하다 보니 옆 사람이 내는 소리에 신경이 쓰이게 된다. 혼자서 이상한 음률을 내는 사람, 소리를 너무 크게 내는 사람, 기침하는 사람 등 주변 사람의 소리에 신경 쓰다 보면 짜증이 나기도 하고 스트레스를 받기도 한다. 자신의 소리에 집중할 때는 소리에 변화를 주는 것도 도움이 된다. 소리를 크게 냈다가 작게 냈다가 악센트의 위치를 앞뒤로 변경하는 등 변화를 주면서 어느 정도 자신에게 맞는 패턴을 찾아내는 것이 1단계이다. 이 단계에서 제일 중요한 목적은 자신의 소리에 집중하는 것이다.

2단계는 자신의 귀로 자신의 소리를 듣는 단계이다. 다른 사람이 내는 소리가 아닌 스스로가 내는 소리에 집중하기 위해서는 마음을 귀에 두어야 한다. 귀에 집중하면 소리를 내는 것보다 듣는 것에 집중이 되기 때문에 자신이 내는 소리까지 신경을 쓸 수가 없다. 1단계에서 자기 패턴의 소리를 찾아내는 일이 중요한 이유다. 2단계가 되면 흔히 '기도가 기도를 한다.'라는 말을 한다. 딱히 스스로 기도를 해서 무언가를 이루겠다기보다, 기도하는 행위 그 자체에 집중하고 몰입하게 된다. 물론 수시로 딴생각이 생겨서 집중이 깨지기도 한다. 그럴 때면 다시 1단계의 방식을 활용한다. 즉 리듬을 달리해 본다든가, 소리를 크거나 작게 하거나, 악센트를 달리해 본다든가 하는 변화를 주면서 다시 기도에 마음을 집중한다. 집중이 원활하게 이루어지면 자연스럽게 육신의 귀로 듣기보다 마음의 귀로 마음의 소리를 듣게 된다.

3단계는 귀로 듣는 게 아니라 마음으로 듣는 것이다. '마음으로 듣는다'고 함은 마음속으로 내는 소리를 듣는다는 의미이다. 이렇게 마음속으로 소리를 내고, 그 소리를 역시 마음속으로 듣기를 계속한다. 이 상태가 익숙해지면 평소에 굳이 목탁을 치고 소리를 내어 정근하지 않더라도 마음속으로 염불을 할 수 있다. 그러면 언제라도 자투리 시간이 생기면 마음속 염불을 할 수 있다. 이때 가끔 마음속으로 소리를 내려고 하는 의도를 느낄 때가 있다. 염불을 마음속으로 하다가 자신도 모르게 입으로 소리가 툭 튀어나올 때, 그렇게 하고자 하는 의도를 느낄 수 있다. 이러한 상황에서 자신의 마음은 마음속에서 하는 염불에 집중되므로 목이나 목구멍 부근에 느낌이 몰린다.

3단계가 자연스러워지면 4단계로 연결된다. 마음속 염불 소리를 관찰하는 것이다. 관찰의 특징은 '나'가 아닌 바깥의 대상에 있다는 이야기를 했다. 소리 역시 그렇다. 자신이 내는 마음속 소리를 관찰하려고 보면 그 소리는 자신이 내는 소리가 아니라 다른 무언가가 내는 소리가 된다. 자신이 내는 소리에 이질감이 느껴지고 낯설게 느껴진다. 그때부터 마음속에 이런 의문이 든다.

'소리를 내는 이놈은 도대체 무엇일까?'

이 의문이 바로 화두이다. 이러한 의문이 가볍게 드는 상태에서 계속 마음의 소리를 관찰하는 것이다. 의문이 사라지거나 집중이 떨어지면 다시 앞 단계로 갔다가 돌아온다.

6

붕끄의 울리

10강

불교의 선악관과 계율

"악이 도처에서 활개를 치고 있고 우리는 이렇게 고통받고 있는데 도대체 신은 무엇을 하고 있는가?"

영화 「사바하」(2019)는 위의 독백으로 끝이 난다. 감독이 영화를 만들게 된 계기 역시 이 질문에서 비롯되었다. 이 영화는 기독교에서 생각하는 선와 악, 불교에서 생각하는 선과 악, 그리고 보통 사람이 일반적으로 생각하는 선과 악이 다르다는 사실을 생각하게 한다.

기독교의 선악론, 원죄와 순종

기독교에서는 선과 악이 아주 명료하게 정리되어 있다. 「실낙원(失樂園)」 이야기이다. 태초에 에덴동산이 있었고, 생명의 나무와 선악의 지식을 알려 주는 선악과나무가 있었고, 그곳에 아담과 이브가 살고 있었다. 여호와는 아담과 이브에게 이 에덴동산에 있는 모든 것을 먹어도 되지만 선악과나무에 열린 금단의 열매는 손대지 말라고 경고한다. 이때 뱀이 나타나서 '선악과 열매를 먹으면 너의 하나님 아버지보다 더 현명해질 것'이라고 이브를 유혹한다. 이브가 열매를 따 먹는 순간 부끄러움을 알게 되고, 하나님은 아담과 이브를 에덴동산에서 추방한다.

아담과 이브는 왜 쫓겨났을까? 여호와의 첫 번째 계명인 '순종하라'를 어겼기 때문이다. 에덴동산에는 생명의 나무가 있어서 영원한 생명을 누릴 수 있었지만, 쫓겨난 아담과 이브는 죽어야 하는 운명에 처했다. 또한 그것만으로는 부족하여 남자인 아담에게는 평생 노동하는 수고를, 여자인 이브에게는 출산의 고통이라는 형벌을 내렸다. 이렇게 아담과 이브는 세

가지 벌을 받았다.

　아담과 이브가 여호와의 명을 어긴 것, 순종하지 않음, 이것이 기독교의 원죄이다. 그 원죄가 후손들에게도 내려와 후손들은 태어난 순간부터 죄를 가지고 태어난다. 여호와는 어떻게 그 죄를 사하여 주는가? 예수 그리스도가 사람의 몸으로 태어나서 인간들의 모든 원죄를 대신 속죄하고, 인간들은 스스로 지은 죄만 참회하면 된다. 죄를 씻으려면 어떻게 해야 할까? 여호와의 말에 절대적으로 복종하며 따르면 된다. 믿으면 된다. 예수 천당, 불신 지옥. 기독교에서는 믿으면 모든 죄가 다 사라진다. 이것이 기독교의 선악관을 압축적으로 표현하고 있는 설화이다.

"우리 애는 원래 나쁜 애가 아니에요"

기독교의 선악론에서는 몇 가지 특징을 찾아볼 수 있다. 첫 번째, 아담과 이브는 가만히 있다가 뱀의 유혹에 넘어가는 피동적인 존재로 묘사된다. 인간이 주체적이고 능동적이어서 스스로 죄를 짓는 등 악한 행동을 하는 게 아니다. 악한 존재가 유혹하니까 수동적으로 끌려간다는 것이다. 두 번째, 악한 존재인 뱀이 객관적으로 이미 존재하고 있다. 에덴동산에 악이 실제로 존재한다는 것이다.

　이 두 가지가 기독교의 선악론에서 나타나는 특징이다. 이는 기독교만의 독특한 선악관이라기보다 상식적인 인간들이 가지는 선악에 대한 생각이다. 악은 실제로 존재하며, 자신이 잘못한 게 아니라 주변 환경이 이러이러해서 나쁜 짓을 한 것이라고 주장한다.

　문제를 일으킨 학생의 학부모가 학교에 가서 이렇게 말하는 경우가 있다.

"우리 애는 정말 착한데 주변에 나쁜 놈들이 있어서 유혹하고 꼬드기니까 어쩔 수 없이 같이 한 것입니다. 선생님, 똑바로 보세요. 우리 애는 절대 나쁜 애가 아닙니다. 친구들이 나쁜 애들이에요."

기독교의 선악론과 기본적인 구조가 똑같다. '인간 자체는 악한 존재가 아닌데 악한 존재가 따로 어딘가에 있어서 우리를 유혹하니 내가 고통받고 나도 죄를 짓는다.'

서두에 언급한 감독의 질문을 다시 생각해 보자. '악이 이렇게 활개를 치고 다니는데 신은 무엇을 하고 있는가?' 그런데 엄밀하게 말해서 기독교적인 선악론에서 '신은 무얼 하고 있느냐?'라고 이야기하면 안 된다. 악은 에덴동산에서도 이미 존재하던 것으로, 악의 존재는 신의 뜻이다. 악이 활개 치는 듯 보이는 것 역시 신의 뜻이며 이 '신의 뜻'을 인간이 평가해서는 안 된다. 신 앞에서 절대복종하겠다, 오로지 여호와만 믿겠다고 스스로 다짐해야만 인간사의 온갖 고통이 없어진다. 기독교적인 선악론에 비추어 보면 이 감독은 믿음이 부족하다. 고통받고 있는 것을 신한테 따져 봐야 소용없다. 따진다고 해서 될 문제가 아니다.

기독교적인 선악론에 입각하면 모든 문제가 명료하다. 신에 대한 순종과 절대적인 믿음만 있으면 세상 모든 일이 해결될 것 같다. 그러나 현실은 그렇지 않다. 현실과 너무 다르니까 갈등이 생긴다.

현실의 선악론, 사회적 판단

살인은 아주 큰 죄이다. 그런데 만일 지금이 전쟁 중이라면 많이 죽일수록 영웅이 된다. 살인은 나쁜 건데 어떤 때는 살인을 권장한다. 악을 '악'이게 하는 그 무엇이 현실에 존재한다면 가치 판단이 수시로 달라져서는 안 된다. 말장난처럼 들리지만, 책상인데 어떤 때는 의자가 되고 어떤 때는 망치가 될 수 있는가? 책상은 그냥 책상이다. 가끔 책상을 의자처럼 사용할 수는 있지만 그렇다고 해서 현실의 책상이 의자로 변하는 것은 아니다.

같은 논리다. 악은 악이다. 그런데 악이 어떤 때는 선이 되고 어떤 때는 정의가 된다면, 그런 악은 현실적으로 존재할 수 없다. 마치 저기에 산이 있고 건물과 집이 있듯, 악도 어딘가에 실재하는지에 대한 의문을 가지지 않을 수 없다.

우리나라에서 간통(姦通)은 더 이상 사회적으로 죄가 아니다. 2015년 간통죄 폐지 이후 개인 대 개인 간의 문제, 양심의 문제라고 우리 사회는 규정한다. 반면 아프리카의 어느 부족은 우리와 사뭇 다르다. 바람을 피우다가 들키면 유부남은 아무렇지도 않으나 여자는 돌팔매질을 해서 죽인다. 똑같은 연애인데 어떤 사회에서는 죄가 되어 감옥에 가야 하고, 어떤 사회에서는 맞아 죽어야 하고, 또 어떤 사회에서는 로맨스라고 한다. 시대와 사회에 따라서 악에 관한 판단이 달라진다.

사이공식 처형

'사이공식 처형'이라는 제목으로 퓰리처상까지 받은 사진이 있다. 1968년 베트남 전쟁이 한창이던 때에 무장한 베트콩들은 사이공에 총공세를 펼쳤다. 일명 '구정 공세'로 알려진 유명한 전투이다. 이때 미군과 베트남 정부군은 베트콩의 공격을 잘 막아냈다.

사진에는 총을 든 남베트남 경찰청장이었던 응우옌응옥로안(Nguyễn Ngọc Loan) 준장과 소시민처럼 보이는 베트남인이 등장한다. 사실 로안 준장에게 총살당한 사진 속 베트남인은 베트콩의 간부 응우옌반렘(Nguyễn Văn Lém)으로, 로안 준장의 가족 등 일곱 명을 살해한 혐의를 받는 용의자였다. 구정 공세에 맞서 사이공 시내를 사수하던 미군과 베트남 정부군들은 베트콩으로 의심되는 사람들을 잡아들여 즉결처형에 돌입했다. 로안 준장은 베트콩이 밀려들어 오는 엄중한 상황에 단호한 태도로 일관, 총살을 망설이는 부하를 대신해 즉결처형을 했다. 결과적으로 사이공은 함락의 위기에서 벗어났으며, 당시 미군의 정보장교는 베트콩의 구정 공세에 대한 성공적인 방어에는 로안 준장의 공이 크다고 분석하기도 했다.

문제의 사진은 미국의 종군 사진기자 에디 애덤스(Eddie Adams)가 촬영한 것으로, 애덤스는 당초 총살이 아닌 위협으로 생각하고 카메라 셔터를 눌렀으나 애덤스의 생각과는 다르게 로안 준장이 방아쇠를 당겨 즉결처형이 이루어졌다. 이 사진이 퓰리처상을 수상하면서 비정하게 목숨을 빼앗는 전쟁의 잔인함 역시 세계적으로 널리 알려졌다. 이에 전쟁을 중단해야 한다는 반전(反戰)의 목소리가 높아졌다. 전쟁 후 로안 준장은 미국으로 망명했으나 애덤스의 '사이공식 처형' 사진으로 수십 년간 '살인자'라는 낙인과 비난 속에 힘겨운 삶을 살아야 했다. 긴 시간이 흐른 후에야 사진기자 애덤스는 '한 사람은 총에 맞아 죽었고, 다른 한 사람은 나의 카메라에 의해 죽었다.'라는 말과 함께 평생 짊어지고 온 로안 준장에 대한 죄책감을 털어놓았다.

전시 상황에서 적을 처단하고 아군의 사기를 끌어 올리는 것은 악한 행위가 아니다. 오히려 지휘관으로서 필요한 지도 역량이다. 전쟁 상황에서 적을 많이 죽인 사람은 전쟁 영웅으로 칭송받는다. 로안 준장은 급박한 전시에 취할 수 있는 행동을 했다. 그러나 평화로운 일상의 안전한 공간에서 이 상황을 지켜보았던 당시의 미국인들에게 로안 준장은 비정한 살인마였다. 누구도 잘못했다고 논할 수 없다.

이처럼 동일한 상황에서 선과 악이 다르게 해석된다면, 선과 악이 객관적인 실체로써 존재한다고 볼 수 없다.

선과 악 그 자체는 자성이 없다

선과 악은 정해져 있는 것이 아니다. 객관적으로 실재하는 게 아니다. 이 말을 불교적으로 말하면 '자성이 없다', 다시 말하면 '공하다'라고 한다. 『천수경』에 나오는 구절을 보자.

罪無自性從心起　죄무자성종심기
心若滅時罪亦忘　심약멸시죄역망
罪忘心滅兩俱空　죄망심멸양구공
是卽名謂眞懺悔　시즉명위진참회

죄는 자성이 없으니 마음 따라 일어나고
마음이 멸하면 죄 역시 사라진다.
죄가 다하고 마음이 멸하여 양쪽이 다 공하니
이것을 진정한 참회라 한다.

이 말은 선이나 악에 객관적인 실체가 없으므로 참회를 통해 자신의 악업을 청산할 수 있다는 의미이다. 죄에 객관적인 실체가 있다면 참회를 한다고 해서 죄가 없어지는 것은 불가능한 일일 것이다. 내가 일주일 동안 열심히 절을 한다고 해서, 바로 그 이유 때문에 산사태로 길을 가로막고 있는 바위 더미가 모두 사라지지 않는 것과 동일한 이치이다.

그러나 불교에서는 무아(無我)를 말한다. "'나'라고 할 만한 것이 없다."라는 말은 '나'의 실체가 없다는 말과 같다. 선 역시 개념일 뿐 실재하지 않는다. 따라서 참회를 하고 선업을 쌓아 악업을 소멸시킬 수 있다고 말한다.

현실에서의 선과 악은 시대에 따라서, 사회에 따라서, 전후 사정에 따라서, 상황에 따라서 달라진다. 수시로 변하는 것이 현실이며 우리가 상식적으로 생각하는 선악과 현실의 선악은 다르다. 기독교적인 선악관은 어떻게 보면 우리 인간들이 상식적으로 가지는 선악에 관한 생각을 체계화시킨 것이다.

그렇다면 불교는 선과 악에 대해서 어떻게 생각할까? 『천수경』에서 힌트를 얻어 보겠다.

    我昔所造諸惡業   아석소조제악업
    皆由無始貪嗔痴   개유무시탐진치
    從身口意之所生   종신구의지소생
    一切我今皆懺悔   일체아금개참회

    내가 지난날 지은 모든 악업은

모두 탐진치로 말미암았으니
이것들은 모두 신구의에 의해 생긴 것
내가 이제 이 모든 걸 참회한다.

이 안에 불교의 선과 악에 관한 생각이 다 들어가 있다. 불교에서 말하는 악은 무엇인가? 바로 탐진치(貪·瞋·癡)에서 비롯된 것이다. 탐진치는 세 가지 독이다. 그중 근본은 '치(癡)', 어리석음이자 무명(無明)이다. '내가 있다'라는 잘못된 생각 때문에 욕심내고 화내는 행위에서 근본적인 번뇌와 정신적인 고통이 생긴다. 그 탐진치가 나 자신을 괴롭히고 우리를 괴롭혀서 그로 인해 행하는 게 바로 나쁜 행동이고, 불교적으로 표현하면 악업이다. 탐진치를 없애지 못하고 탐진치에 이끌려서 하는 행동이 악한 행동이다.

선한 행동은 무엇인가? 무명에 휩쓸려서 하는 행동들을 참회하고, 반성하고, 욕심내지 않고, 화내지 않고, 자비롭고 자애롭게 살고자 노력하는 행동이다.

불교에서는 선과 악이 너무나 명쾌하게 정리되어 있다. 탐진치가 있어 그 탐진치로 말미암아 하는 행동은 악한 행동이고, 탐진치가 없이 청정한 마음으로 하는 행동은 선한 행동이다. 불교에서의 깨달음, 열반이란 다른 게 아니고 탐진치 삼독이 완전히 사라진 상태이다. 깨달음을 추구하는 행동은 선한 행동이요, '나'가 있다는 생각이 잘못된 생각인 줄 모르고 거기에 이끌려서 하는 모든 행동은 악한 행동이다. 그래서 불교에서 선의 원천은 탐진치가 없는 마음이다. 청정한 마음, 다시 말하면 자비심, 다르게 말하면 보리심이 되는 것이다.

행동을 갈고 닦는다는 것은 단순히 행동만 다스리는 게 아니라 올바른 습관이 뿌리내려 성품이 되고 성격이 되고 자신의 체질이 되도록 하는 것이다. 선업이 완전히 뿌리를 내려서 삼독심이 사라지는 이것이 불교에서 말하는 선악관이다.

선(善)을 실천하려면

그렇다면 우리는 어떻게 불교적인 선(善)을 실천해야 할까? 자애로운 마음, 자비로운 마음, 청정한 마음을 항상 지니고 유지하려 노력해야 한다. 방법은 그렇게 복잡하지 않다.

자비로운 마음은 우리가 상식적으로 잘 알고 있다. 내가 행복하고 싶다면 남도 당연히 행복하고 싶을 것이라고 하는 역지사지(易地思之)의 마음이다. 또한 자리이타(自利利他)의 마음이란 나만 이로울 것이 아니고 남도 이로운, 모두가 이로운 행동을 하자는 뜻이다. 우리는 하나이기 때문이다. 상대방만 이롭고 자신만 괴로우면 어떨까. 쌓이고 쌓여서 결국 자신에게 화가 되고, 그것이 터져 나오면 나중에는 상대방에게도 이롭지 않은 행동으로 나온다.

자신도 이롭고 상대방도 이로운 자리이타의 마음을 가지는 것이 선업을 키우고 쌓아 가는 방법이다. 선업을 쌓은 게 습관이 되고 습관이 다져져서 성품이 된다. 이렇게 자기 안에 선업이 완전히 뿌리를 내리게 되면 '나'는 깨달은 사람이 된다. 물론 그게 쉬운 일은 아니지만 말이다.

기독교 선악관의 특징 중 하나가 '악이 객관적으로 존재하고 있으며 인간은 피동적인 것'이라고 이야기했다. 불교에서 악이라고 말하는 탐진치는 바깥에 있는 대상이 아니라 결국 자신의 마음 안에 있는 생각이다.

'나'가 있다는 잘못된 생각 때문에 생기는 것들이므로, 악이 생기고 악이 커지고 악을 없애는 것 모두가 결국은 마음을 어떻게 다스릴 것이냐 하는 문제로 귀결된다.

마음을 어떻게 다스릴 것인가

밝음이 있으면 어두움이 있고, 남자가 있으면 여자가 있고, 위가 있으면 아래가 있듯 선이 있으면 악이 있다. 선과 악은 마치 동전의 양면과 같이 상대적이다. 상대적이기에 경계가 명쾌하게 나누어지지 않는다. 선과 악은 마치 밝음과 어두움처럼 서로 의존하는 관계이다.

현실에서 선과 악은 시대에 따라, 사회에 따라, 상황에 따라, 앞뒤 맥락에 따라서 달라진다. 변한다는 말은 자성이 없다는 말이다. 실체가 없으므로 변하는 것이다. 변한다는 것은 '실체가 없다', '자성이 없다', '공하다', '연기하다'라는 말이다. 즉 선과 악도 불교적인 관점에서 보면 연기한다. 이것이 '공'이다.

불교에서는 이런 말도 있다. 악래선도(惡來善度)라, 악이 오면 선으로 제도한다. 왜? 선과 악이 서로 다른 게 아니기 때문이다. 근본 뿌리는 실체가 없고 서로 의존하기 때문에 서로 통하고, 서로 통하기 때문에 악을 선으로 대체할 수 있다. 같은 맥락에서 선도 악으로 오염될 수 있다. 그래서 악이 오면 선으로 제도하고 번뇌는 보리로 치유한다. 같은 맥락이다.

『출요경』에 이르기를,

　　　　諸惡莫作　　제악막작

諸善奉行　중선봉행

自淨其意　자정기의

是諸佛敎　시제불교

모든 악을 짓지 말고

모든 선을 봉행하며

스스로 내 마음을 청정하게 하는 것

그것이 바로 불교다.

모든 악을 행하지 않고 선을 행하는 것이 곧 불교라는 뜻을 담고 있다. 계율은 선과 악이라는 개념과 연결되어 있다. 악을 행하지 않고 선을 행하도록 하는 것, 이것이 계율의 근본 정신이다.

계율이란?

'오계(五戒)'는 불자가 지켜야 할 다섯 가지 계를 말한다. 오계는 오계라고 하지, '오율(五律)'이라거나 '오계율'이라고 이야기하지 않는다. 언제나 오계라고 말한다. 그런데 일상적으로는 '계율을 지켜야 한다.'라는 표현을 사용한다. 과연 '계(戒)'와 '율(律)'은 어떻게 다를까?

먼저 계와 율이 무엇인지 알아보자. 계와 율은 엄연히 다르다. 쉽게 생각하면 계는 자기와의 약속이다. 어긴다고 해서 처벌받는 것이 아니다. 반면 율은 지켜야 할 규칙으로, 어길 경우 처벌이 따른다.

A라는 사람이 어머니를 요양원에 모시고 있다고 하자. 매주 찾아뵙고

문안을 올리자고 스스로 약속했는데 여러 사정으로 매주는커녕, 한 달에 한 번 찾아뵙기도 힘들게 되었다. 평범한 보통 사람이라면 이러한 상황에서 죄책감을 느낄 테지만, 그렇다고 해서 처벌을 받지는 않는다. 계를 범한 것은 이런 상황이다.

그런데 A 어머니의 병환이 위중하여 갑작스럽게 큰 수술을 하게 되었다고 하자. 마침 회사에서 회계 담당이었던 A가 회사 자금을 잠깐 빼서 수술비를 충당했다면 어떨까? 물론 A는 당장 돈이 없어서 그렇게 했지만, 가까운 시일 내에 충분히 갚을 수 있다고 판단했다. 이 경우 A는 악의를 가지지 않았지만 횡령죄라는 범죄를 저질렀다. 마땅히 조직 또는 사회적 차원에서 처벌을 받게 된다. 이처럼 구성원끼리 합의한 규칙을 어겨서 처벌 혹은 강제 조항이 따르는 일을 저질렀다면 이는 율을 어긴 것이다.

송광사 강원에 다닐 적, 새벽 예불을 하면 이른바 전투모기라고 하는 아주 지독한 모기들이 달려들어서 예불이 끝날 때까지 대여섯 방 정도는 예사로 물어뜯겼다. 예불문이나 천수경을 할 적에 팔이나 목에 물리면 그런대로 참을 만하지만, 예불이 끝나갈 무렵 긴장이 살짝 풀렸을 때 발등을 물리면 순간적으로 살기가 치솟을 만큼 아프다. 차마 모기를 잡을 수는 없지만 화가 머리끝까지 치밀어 오른다.

예불이 끝나고 나면 강원 큰방에 모여 간경을 한다. 큰방의 모기들은 하도 배불리 피를 빨아 먹다 보니 언제나 고도 비만 상태라서 날렵하게 날지 못한다. 책을 보면서 저리 가라고 가볍게 손을 휘젓기만 해도 툭 맞아서 피가 터져 죽고 만다. 내 피를 먹은 것도 아니고 내가 의도한 것도 아니지만 내가 휘두른 손에 맞았으니 내가 죽인 것이다.

계(戒), 나 자신과의 약속이자 도덕

계는 나 자신과의 약속이다. 불살생의 계율로 비추어 볼 때 '나는 살생을 하지 않겠다.'라는 나 자신과의 약속이 계이다. 달리 말하면 일종의 도덕과 윤리인 것이다.

앞에서 모기의 예를 들었다. 법당에서 모기에게 물려서 순간적으로 살의를 느꼈다면 이것은 계를 어긴 걸까, 어기지 않은 걸까? 모기를 죽이지는 않았지만 죽이고 싶다는 마음을 냈기 때문에 계를 어긴 것이다. 몸으로 짓는 업(행위)만 업이 아니다. 업은 신(身)·구(口)·의(意), 세 가지로 지으므로 마음으로 짓는 업도 계의 대상이 된다.

오계는 벌칙이 따르는 법률이 아니다. 불자라면 자발적으로 행하도록 노력하라는 것이지, 이것을 어기면 벌을 주는 게 아니다. 재가자가 오계를 어긴다고 해서 처벌받지 않는다. '오율'이 아니라 '오계'이기 때문이다. 계는 일종의 사회적 도덕 윤리로 이해할 수 있다.

율(律), 어기면 벌칙이 강제되는 공동체의 규칙

반면 스님들이 수지하는 율장에는 각 조항에 대한 처벌 조항이 존재한다. 앞의 모기의 예를 다시 들어 보자. 모기가 눈앞에서 얼쩡거리기에 그저 손을 휘저어 모기를 내쫓으려 했다. 죽이려는 의도는 전혀 없었지만, 하필이면 그 손에 모기가 맞아서 죽었다. 그런데 송광사 스님들이 모여서 모기를 죽이는 살생을 범하면 지장전에서 한 달 동안 참회를 해야 한다는 규칙을 정했다면 이것은 일종의 강제 조항이다. 이런 경우라면 의도가 무엇이 되었건 모기를 죽인 일은 사실이므로 율을 위반한 것이 된다. 따라서 지장전에 가서 한 달간 참회해야 한다.

정리하자면 계는 나 자신과의 약속이다. 사회적인 표현으로는 도덕, 윤리와 같다. 율은 법령이나 규칙을 말한다. 어기면 벌을 받는다고 명시되어 있다. 율은 강제 조항으로 어기면 그에 상응하는 처벌을 받아야 하고, 계를 어기면 벌을 받지는 않지만 자신 안에 죄책감 혹은 죄의식이 생긴다. 이것이 계와 율의 차이다.

불자라면 계와 율의 차이를 정확하게 알고 생활해야 하는데 이를 혼동하는 경우가 있다. 예를 들어 어떤 신도가 스님이 법문을 하는 도중에 모기를 잡았다고 하자. 이때 스님이 화가 나서 '살생을 하다니! 법회 끝나고 108배 하세요.'라고 강제할 수 있을까? 그렇게 한다면 스님은 계와 율을 동일시하는 우를 범한 것이다. 만약 이때 '불자가 법회를 보는 동안 모기를 죽이면 한 달 동안 법회 출입을 금한다.'라는 규칙이 있다면 이야기는 달라진다. 신도는 공동체가 정한 계율을 어겼으므로 그에 상응하는 벌을 달게 받아야 할 것이다. 이렇게 불자들은 계와 율을 정확하게 알고 올바로 이해할 필요가 있다. 계는 자신 안의 윤리 의식이자 불자로서의 정체성을 훼손했을 때 스스로 참회하는 것이다.

지계(持戒)의 기준, 동기와 의도

계율을 지킨다는 것은 무엇을 기준으로 삼을까? 계율을 지키는지를 판단하는 기준은 동기일까, 의도일까? 서두에 예로 든 모기를 죽이는 경우를 더욱 확장해서 경전에 나오는 '자비로운 살인' 이야기를 살펴보자. 자비와 살인이 어떻게 하나의 문장에 들어가게 되었을까?

부처님이 전생에 선장으로 살던 때가 있었다. 망망대해를 항해하는 배에는 오백 명의 상인과 승객이 탑승했고 부처님이 바로 그 배의 선장이었다. 어느 날 선장의 꿈에 현인이 나타나 '이 배 안에 강도가 있고, 그 강도가 상인들을 죽이고 재산을 갈취할 것'이라고 말했다.

선장이 할 수 있는 행동은 세 가지이다. 첫 번째는 아무것도 하지 않는 것이다. 이 경우 강도가 오백 명의 상인을 죽일 테고, 살인을 저지른 강도는 죽은 후에 지옥으로 떨어져 억겁의 고통을 받을 것이다. 두 번째, 상인들에게 이 사실을 이야기하는 것이다. 그렇다면 상인들은 살기 위해 강도를 죽이고, 그 악업으로 상인들이 받을 과보도 엄청날 것이다. 세 번째, 선장이 홀로 강도를 죽이는 것이다. 이렇게 하면 강도와 상인 모두 살인이라는 악업을 짓지 않고 오직 선장만 그 과보를 받게 될 것이다. 부처님의 전생인 선장은 과연 무엇을 택했을까? 본인이 홀로 강도를 죽이고 살인의 과보를 감수하는 길을 택했다. 계율을 어기는 행위임을 알면서도 선장은 왜 살인을 선택했는가. 강도와 상인들 모두가 악업을 짓지 않게 하고자 자비심을 낸 것이다. 이는 어쩔 수 없는 상황에서 최소의 악을 선택한 행동이다.

불교에서 어떠한 행위를 볼 때는 동기와 의도를 함께 본다. 동기는 '행위의 궁극적인 이유', 목표이다. 어떤 목표를 지향하여 생각하고 행동하도록 하는 원인 또는 일을 뜻한다. 의도는 '무엇을 하고자 하는 생각이나 계획'으로 하나의 행동이 나타나려면 반드시 거쳐야 하는 과정이다.

예를 들어, 턱걸이를 하는 상황을 생각해 보자. 만약 체력을 키우고자 턱걸이를 한다면, 이것이 턱걸이를 하는 동기가 될 것이다. 턱걸이를 하는 목적, 이유가 곧 동기이다. 그러나 '체력 단련을 위해 턱걸이를 해야지.'

라고 생각만 하고 실제로는 하지 않는다면 이런 동기는 아무 소용이 없다. 실제 턱걸이를 하려면, 즉 턱걸이를 하는 행위를 실제로 하려면 그 이전에 '턱걸이를 하겠다'라는 의도가 선행되어야 한다. 물론 이러한 의도는 행동하는 당사자가 의식할 수도 있고, 의식하지 못할 수도 있다. 하지만 아무리 사소한 행동이라도 반드시 의도를 가지고 있으며, 이는 인간의 행동을 연구한 결과 확인된 사실이다.

동기와 의도라는 틀로 선장의 행위를 바라보자면, 자비심이라는 동기를 가지고 죽이겠다는 의도를 내어서 살생하였다. 즉 동기는 선하나, 의도가 악한 경우이다. 아무리 선한 동기일지라도 직접 행동을 일으키는 의도가 악할 수 있다. 계율은 동기와 의도가 서로 충돌할 경우, 의도를 우선시한다. '자비로운 살인'이 바로 이러한 경우이다. 이는 불살생의 계율을 어긴 것이다. 계율 역시 동기도 중요하지만 의도가 무엇인지에 따라 주요하게 판단된다. 이 같은 원칙을 적용하면 우리를 고민하게 하는 많은 문제가 해결된다.

한편 계율과 별개로 인과응보의 차원에서 동기와 의도를 볼 수 있다. 일찍이 부처님은 '업은 의도'라고 하며, '업에는 반드시 과보가 따른다.'라고 말씀하였다. 그래서 자비로운 살인을 행한 선장은 악한 과보를 받을 수밖에 없었다. 비록 선장의 동기는 자비심이었을지라도 살인이라는 악업을 지었기에 그에 대한 과보를 받은 것이다. 인과응보 역시 의도에 적용되는 것이다.

마찬가지로 전쟁터에서 어떤 병사가 적을 죽이고 자신도 부상으로 전사한 경우, 그 병사 또한 지옥으로 환생한다고 부처님은 말씀하였다. 어쩔 수 없이 전쟁터에 끌려온 사람이 아무도 죽이고 싶지 않다는 동기를 가져도, 자신을 지키기 위해 남을 죽이겠다는 의도로 살생을 한 이상 그 과보를 피할 수 없다.

인과응보가 의도에 적용되므로 계율은 의도, 즉 업을 따진다. 어떤 마음을 의도해서 행동에 이르렀는가가 중요하기 때문이다. 눈을 가리고 오직 저울로만 죄의 무게를 결정하는 정의의 여신 디케처럼 말이다. 선한 동기에 의해, 자비심으로 행위를 하더라도 그 업(의도)이 계율에 어긋난다면 계율을 지키지 못한 것임을 명심해야 한다. 같은 맥락에서 지계에 관한 한 '하얀 거짓말'도 거짓말하지 말라는 계를 어기는 것이다.

지계란 부끄러워하는 마음

자기 혼자 스스로 '나는 불자다'라고 이야기하는 것과 정식으로 수계식에 참여해서 오계를 수지하는 것은 크게 다르지 않아 보일지 모른다. 그러나 혼자 마음속으로 한 자신과의 약속과 공식 석상에서 공개적으로 한 약속은 그 무게가 같을 수 없다.

나 스스로 불자라고 천명할 때는 계를 실천하든 말든 오직 자신의 양심에 따를 수밖에 없다. 반면 큰스님들 앞에서 계를 지키겠다고 맹세하는 수계식을 했다면 이는 큰스님과 대중들 앞에서 계를 지키겠다고 약속한 것이다. 세상에는 형식이 주는 힘이 있다. 이러한 의식(儀式)을 취하는 것은 자신과의 약속의 무게를 더욱 무겁게 하여, 약속을 어겼을 경우 양심의 가책만 약간 느낄 게 아니라 참으로 부끄러워하기 위함이다.

자신의 입으로 맹세한 계를 어겼을 때 부끄럽다면 참회해야 한다. 참회하지 않는다면 부끄럽지 않은 것이다. 계를 지키겠다고 큰스님과 대중들 앞에서 약속했듯, 계를 어긴 자신을 부끄러워하며 행동으로 참회해야 진정한 참회이다. 그렇지 않다면 계를 지키든 말든 개인의 양심에 따르는 것과 다를 게 전혀 없다. 부끄러운 마음이 들지 않으면 진정한 참회가 되지 않고, 진정한 참회가 되지 않으면 자신 안의 삼독심이 녹아 없어지지 않는다.

이렇게 계를 지킨다는 것은 자발적인 일이고 반드시 참회로 이어져야 한다. 단지 불자라서 참회한다는 의미가 아니다. '오계 중 하나라도 어겼다면 부끄러워서 얼굴을 들고 다닐 수가 없구나.'라는 마음으로 참회하며, 계를 어겨서 부끄러운 마음을 표현하고자 참회하는 것이다.

> 살생으로 지은 죄업 참회합니다.
> 도둑질로 지은 죄업 참회합니다.
> 사음으로 지은 죄업 참회합니다.
> 거짓말로 지은 죄업 참회합니다.
> 꾸민 말로 지은 죄업 참회합니다.
> 이간질로 지은 죄업 참회합니다.
> 악한 말로 지은 죄업 참회합니다.
> 탐욕으로 지은 죄업 참회합니다.
> 성냄으로 지은 죄업 참회합니다.
> 어리석어 지은 죄업 참회합니다.

오계를 지킨다는 것은 달리 말하면 십악에 대해 참회하는 것이다. 그래서 열 가지에 대해 참회를 한다. 이것을 '십악참회'라고 한다. 살생(殺生)하지 않겠다는 죄를 어겼기 때문에 참회한다. 도둑질[偸盜]하지 않겠다는 것을 어기면 참회하고, 사음(邪淫)하지 않겠다는 계를 어겨서 참회한다. 거짓으로 말하고[妄語] 그럴듯하게 기만하는 말[綺語]을 하고 한 입으로 두말하는 것[兩舌]은 모두 네 번째 계인 불망어계(不妄語戒)를 어긴 것이다.

오계를 지키려고 자발적으로 노력하는 이유는 자신 안의 탐진치를 없애기 위함이다. 탐욕(貪慾)과 진에(瞋恚), 우치(愚癡)를 몰아내겠다는 마음으로 오계를 지키는 것이고, 오계를 지키지 못할 때마다 참회해야 한다.

부끄러움 자체를 없애 버리면

종종 관세음보살 사진이나 조각상을 집에 모시고 있다가 절에 가져오는 분이 있다. 관세음보살이 보는 앞에서 가족들과 다투는 등 함부로 행동하기가 부끄럽다면서 말이다. 관세음보살이 지켜보고 있을 때만이라도 올바로 행동하고, 그것이 어렵다면 관세음보살을 떠올리면서 참회하는 것은 좋은 일이다. 그마저도 없애 버리면 부끄러움 자체가 없어지고 만다.

이런 경우는 마음으로만 부끄러워하고 행동으로는 참회하지 않는 심리와 같다. 어떻게 보면 이런 마음이 선하고 착한 마음 같지만, 거기에서 한 걸음 더 나아가야 한다. 일부러라도 관세음보살을 모시고, 싸울 땐 싸우더라도 이후에 참회하면 된다. '마음이 불편하니까 치워 버리자.'라고 해서는 안 된다. 부끄러운 마음에서 참회하는 행동으로 나아가야 한다. 계를 지킨다는 것은 불자로서 양심을 지키는 일이다.

부처님은 재가자를 대상으로 법문할 때 두 가지를 강조했다. 바로 '지계'와 '공덕'으로, 계를 지키고 공덕을 쌓아 선업을 지으라고 강조한 것이다. 재가자는 공덕만 쌓으면 된다는 말이 아니다. 계를 지키는 일 자체가 수행이다. 이 사실을 망각해서는 안 된다.

지킬 수 있는 계를 받고, 받은 계는 지킬 것

출가 수행자를 대상으로 한 법문에서는 농담으로라도 거짓말을 하지 말라고 강조한다. 언제? 24시간, 항상, 머리를 깎고 부처님 제자로 있는 동안은 철저하게 계를 지켜야 한다고 한다. 그런데 재가자라면 일상생활에서 격려하기 위한 거짓말, 원활한 관계를 유지하기 위한 거짓말을 어쩔 수 없이 하게 된다. 현실적으로 세속에서 24시간 계를 지키는 것은 힘들다. 그래서 계를 지키기 위해 한 달에 두 번, 포살일만이라도 철저하게 노력하라고 이야기한다.

인도의 대표적인 인물인 마하트마 간디(Mahatma Gandhi)의 어머니는 자이나교였다고 한다. 자이나교와 불교는 공통분모가 상당히 많다. 간디는 일주일 중 월요일을 '침묵하는 날'로 정하고 평생을 지켰다. 아무래도 간디가 자이나교의 영향을 받지 않았나 싶다. 재가자면서 1년 365일 내내 수행을 할 수는 없었지만 일주일 중 하루라도 제대로 수행을 하고자 하는 의지가 있었던 것이다.

재가자들도 법회가 있는 날만이라도 오계를 지키겠다고 자발적으로 맹세를 하는 것이 어떨까? 그렇게 스스로 정했을 때 이를 어겼다면 참회를 해야 할 것이다. 자신이 지키기로 한 계를 어겼을 때 참회도 하지 않고 부끄러운 마음도 없다면 애초에 계를 지키겠다고 맹세할 필요도 없다.

부처님이 비구 스님들에게 말씀하기를 재가 수행자에게 계를 줄 때

본인이 다섯 가지를 다 지키겠다고 하면 다섯 가지 계를 다 주고, 오계의 일부만 지키겠다고 하면 일부만 주라고 하였다. 생업이 정육업자라서 불살생의 계를 지킬 수 없다면 불살생 계를 뺀 나머지 네 개의 계를 받는 것이 맞다.

  받은 계를 매일 지키지 못하더라도 적어도 자신이 정한 날에는 반드시 계를 지키도록 노력해야 한다. 이것이 출가자와 재가자의 차이다. 재가자는 세속에서 살아가기 때문에 철저하게 계를 지키는 것이 현실적으로 힘들다. 포살일이나 법회가 있는 날만이라도 계를 지키도록 노력해야 한다. 지계의 핵심은 부끄러워하는 마음이며, 그로 인한 참회임을 명심하기를 바란다.

11강

일상에서 만나는 계율

부처님이 말씀하기를, 이 세상에서 가장 복이 많은 사람은 지혜로운 사람도 아니고 재력이 많은 사람도 아니고 공덕을 쌓은 사람이라고 하였다. 부처님이 재가자들에게 법문할 때 언제나 강조한 것은 지계와 공덕으로, 계를 지키는 것과 공덕을 베푸는 것이다. 부처님이 설한 다섯 가지 계율 가운데 첫 번째인 불살생에 관해 이야기해 보자.

지계는 곧 도덕

'계를 지킨다'라는 불교적 표현을 일반적으로 바꿔 말하면 '도덕적인 생활을 한다.'가 된다. 즉 도덕과 윤리를 잘 지키는 것이다. 1970~80년대까지만 해도 우리 사회에서는 도덕을 강조하지 않아도 일상생활 전반에 녹아 있었지만, 급속한 경제 발전으로 도덕 경시 풍조가 팽배해졌다. 지금 우리 사회에서 도덕은 그저 남에게 피해 주지 않으면 된다는 정도로만 통용된다. 법을 지키는 범위 안에서 하고 싶은 것은 모두 해도 된다는 생각이 만연하다. 그러나 법은 최소한의 도덕이라는 말이 있듯, 법은 도덕이 무너졌을 때 비로소 작동한다.

  도덕이 실종된 사회에서 모든 것을 법에 의지하여 살아야 할까? 불자라면 부처님이 강조한 대로 계를 지키면서 살아야 한다. 그렇게 하는 것이 곧 도덕적인 생활을 하는 것과 같다.

  1. 불살생(不殺生): 살생하지 않는 것
  2. 불투도(不偸盜): 도둑질하지 않는 것
  3. 불사음(不邪淫): 삿된 음행을 하지 않는 것

4. 불망어(不妄語): 거짓말하지 않는 것
5. 불음주(不飮酒): 술을 마시지 않는 것

이 다섯 가지의 기본 계율이 오계이다. 오계만 지켜도 도덕적인 생활을 할 수 있다.

불살생(不殺生)이란?

초기 경전 『숫타니파타』에서는 불살생에 대하여 이렇게 이야기하고 있다.

> 산 것을 몸소 해쳐서는 안 된다.
> 남을 시켜 죽여서도 안 된다.
> 그리고 죽이는 것을 묵인해서도 안 된다.
> 난폭한 짓을 두려워하는 모든 생물에 대해서
> 폭력을 거두어야 한다.

위 경전에 따르면 살생은 폭력에 바탕을 둔다. 폭력은 상대방을 자신과 같은 인간으로 생각하지 않고 오직 대상으로 생각할 때 발현된다. 사람이 아닌 물건, 중생이 아닌 무정물로 취급할 때 상대에게 폭력을 가하게 된다.

인간 중심적인 시각으로 보면 중생은 크게 두 가지로 나뉜다. '사람'과 '사람 아닌 중생'이다. 사람을 죽이는 것을 특별히 '살인(殺人)'이라고 하는데, 사람에 대한 살생도 두 가지로 구분할 수 있다. 지금 이 자리에서 즉각적으로 모든 사람을 두 부류로 나눌 수 있는 기준은 단 하나이다. '나'와

'나 아닌 사람'이다. 이 사이에는 그 누구도 없다. 이 세상의 모든 사람은 나와 나 아닌 사람으로 나눌 수 있으며, 사람을 죽이는 살인도 이 기준에 따르면 두 가지로 나뉜다. 나를 죽이는 자살(自殺)과 남을 죽이는 타살(他殺)이다.

살인하지 말라는 것은 불교의 고유한 계율이 아니다. 어느 문명에서나 금하고 있다. 기존 인도 사회에서도 비폭력, 즉 '아힘사(ahimsā)'라는 계율에 따라 보편적인 정서로 불살생을 제창했다. 그러나 현실적으로 모든 상황에서 그렇지는 않다. 어쩔 수 없이 하는 살인, 정당한 살인, 내지는 정의로운 살인이라 불리는 일이 분명히 존재한다. 더욱이 부처님이 재세하던 2600년 전과 현대 사회는 다른 점이 많다. 우리 시대에 불살생이라는 계율을 과연 어떻게 지킬 것인가는 많은 고민을 요한다.

전쟁에서의 살인

어쩔 수 없이 저지르는 살인의 가장 대표적인 예는 무엇일까? '전쟁'이다. 전쟁 상황에서는 나라에서 더 많이 죽이라고 독려하고 훈장까지 내리며, 살인하지 않으면 명령 불복종 죄로 처벌도 받는다. 경전에서는 이러한 상황을 무어라고 설명할까? 전쟁에 나가야 하는 군인들에게도 불살생의 계율을 적용해야 할까?

부처님 당시에 이런 질문을 한 군인이 있었다.
"전쟁터에서 죽은 병사들은 극락으로 환생합니까,
지옥으로 환생합니까?"

거듭되는 질문에 부처님은 마지못해 답하였다.

"전쟁터에서 죽은 병사들은 모두 지옥에서 환생한다."

동기가 상사의 명령이든 누군가를 죽여야만 자신이 살 수 있겠다는 절박함이든 간에, 그 직접적인 의도는 살인이었다. 의도가 명백한 살인이므로 불살생의 계를 어긴 것은 물론, 악업에 따른 과보도 피할 수 없다.

상식적으로 생각할 때 이것은 억울한 일이다. 마지못해 끌려나간 전쟁터에서 죽기 싫어서 죽이고, 마침내는 자신도 죽음을 맞이했는데 너무 가혹한 듯하다. 그러나 부처님은 분명히 동기와 의도에 따른 결과를 말씀하였다. 8세기 수행자인 샨티데바 스님도 '전쟁에 나간 병사는 본인이 직접 전투에 참여하지 않더라도, 전쟁에 관련된 것만 해도 첫 번째 계율을 어긴 것'이라고 이야기했다.

현대전의 특징, 구조적인 살인

현대에는 자신의 일상과 전혀 동떨어진 공간에서 일어나는 전쟁이 매체를 통해 생생하게 생중계된다. 현대인들은 죽고 죽이는 전쟁 장면을 스포츠 경기 관람하듯 지켜본다. 미국과 이라크의 전쟁은 인류가 최초로 실시간 중계를 통해 지켜보았던 전쟁이다. 세계 곳곳에서 미사일이 날아다니는 장면을 여과 없이 보았다. 전투 방식 또한 직접 상대방의 목숨을 끊는 육탄전뿐만 아니라, 버튼만 누르면 살상 무기가 적의 시설을 파괴하는 기술전이 주류를 이룬다. 직접 죽이지는 않았으나 직간접적으로 살생에 노출되는 오늘날의 전쟁 현실을 불교적으로 어떻게 해석해야 할까?

제2차 세계 대전 당시 유대인 학살을 지휘한 아돌프 아이히만(Adolf Eichmann)은 전범 재판을 받는 법정에서 이렇게 말했다.

"나는 그들을 죽이지 않았다. 나는 그저 상부에서 시키는 대로 했을 뿐이다."

현대전에서는 직접 대면하여 살인하지 않은 경우도 허다하다. 독가스로 유대인을 집단 학살한 경우에도 가스를 만드는 사람, 열차 시간을 배정하는 사람, 유대인을 감시하는 사람, 가스 주입 시설을 관리하는 사람 등이 모두 별개로 존재한다. 그 누구도 직접 유대인을 죽이지 않았는데 육백만 명에 달하는 유대인들이 아우슈비츠와 같은 수용소에서 목숨을 잃었다. 이 사태를 어떻게 설명할 것인가? 아이히만의 전범 재판을 지켜보았던 유대인 철학자 한나 아렌트(Hannah Arendt)는 이렇게 말했다.

"다른 사람의 처지를 생각할 줄 모르는 생각의 무능은 말하기의 무능을 낳고 행동의 무능을 낳는다."

즉 기계적으로 시키는 대로만 하는 사람은 말하고 생각하고 행동하는 데에 있어서 무능에 빠진다는 말이다. 스스로 살인에 가담하면서도 살인을 하고 있다는 생각을 하지 못하는 것, 평범한 사람이 평범한 행동을 하면서 악을 생산하는 것. 이를 두고 한나 아렌트는 '악의 평범성'이라고 이야기했다.

결과적으로 살인에 이르는 행동을 했으나 본인은 책임이 없다고 생각할 것이다. 또 실제로도 자발적으로 살인을 도모한 것도 아니다. 하지만 살인이 구조화된 시스템 속에서는 살인할 의도를 가지고 행동하지 않아도 자신의 행동이 궁극적으로는 살인에 일조한다. 이럴 때도 불살생의 계율을 적용할 수 있는 걸까.

현대 사회를 살아가는 우리는 살생을 하면서도 스스로 살생을 하고 있다고 자각하지 못하고 있다. 2600년 전의 계율로 시스템의 살인, 구조화된 살인을 어떻게 규정할 것인지 고민하게 된다. 이렇듯 사회가 고도로 복잡해지는 시대에 불살생이라는 계율이 힘을 잃고 있는 건 아닌지 자신을 돌아보아야 한다.

안락사

선뜻 규정할 수 없는 살인에는 '안락사'가 있다. 사람들 대부분이 안락사는 자신과 거리가 멀다고 생각하지만, 이미 노령화 국가에 접어든 우리 사회에서 그저 멀기만 한 이야기가 아니다. 약물 또는 의료 기관을 통해 연명하는 삶을 너무도 지근거리에서 보고 있다.

안락사에는 비자발적인 안락사와 자발적인 안락사가 있다. 비자발적인 안락사란 당사자는 죽고 싶지 않은데 국가나 권위 있는 기관이 판단해서 죽이는 것이다. 제2차 세계 대전에서 나치가 그러했고, 일본 제국주의 시대에 마루타(생체 실험)가 그랬다.

자발적인 안락사는 또 두 가지로 나뉜다. 스스로 죽고 싶으나 환자라서 그럴 수 없는데, 고통은 너무 크니 누군가에게 죽여 달라고 요청하는 행위가 적극적 안락사이다. 그리고 지금은 멀쩡하지만 훗날 의식을 잃었을 때를 대비하여 연명 치료 포기를 서약하는 식의 소극적 안락사도 있다.

적극적 안락사는 계율을 적용하면 어떻게 될까. 의사의 입장에서 환자의 청을 받아들여서 그의 고통을 덜어 주고자 안락사를 시켰다면, 그 동기는 자비심에서 발현된 걸까? 온전히 자비심만 존재하고 고통에 대한 혐

오가 전혀 없다고 할 수 있을까? 설령 동기는 자비심이라 하더라도 의도는 명백한 살인이다. 혹은 가족이 투병으로 너무나 고통스러워할 때 그를 안락사시킨다면 이는 불교적으로 용납되는 살인일까? 그것은 살인의 행동을 한 것이고 동기도 자비심에 근거한 게 아니라고 할 것이다. 법적으로 보아도 적극적 안락사는 현재 우리나라 의료법상 명백한 살인 행위이다.

자발적이고 주체적으로 죽음을 맞이하겠다는 소극적 안락사는 어떨까. 우선 의식이 없는 상황을 대비하여 스스로 판단해 연명 치료를 거부하는 경우가 있다. 연명 치료를 포기한다는 것은 억지로 생명을 연장하지 않겠다는 의미로 해석할 수 있다. 오히려 온갖 생명유지장치를 동원하여 어떻게 해서든 목숨을 유지하려는 행위가 문제이다. 심지어 연명 치료에는 상당한 액수의 치료비까지 동반되기도 하기에 연명 치료는 과잉 진료의 폐단으로 볼 수도 있다. 그러므로 연명 치료 포기는 죽음을 자연스럽게 맞이하는 태도이다.

비자발적인 안락사, 적극적인 안락사는 현재의 사회적 정서로도 문제가 된다. 연명 치료는 과잉 진료의 문제를 띠고 있으므로 연명 치료 포기 자체는 문제가 되지 않는다. 결국 남은 것은 일정 조건을 충족하는 경우 안락사를 하겠다고 미리 서약하는 상황이다. 몸과 마음이 멀쩡할 때 미리 생명 연장을 하지 않겠다고 선언하는 것으로, 유럽의 일부 나라에서는 법적으로 허용되기도 한다. 과연 불교적 관점에서는 이를 어떻게 이해해야 할까?

우선, 비록 그 사람이 정상적인 의식이 있을 때 그러한 마음을 가졌더라도 죽음이 임박한 상황에서 다시 한번 확인해야 한다. 사람의 마음은 변하기 때문이다. 무상하고 무아인 것이 인간이므로, 그 사람의 현재 생각이 이전의 생각과 같은지 확인해야 한다.

불교적 관점에서 본인의 생사를 스스로 결정하고 안락사시켜 달라고 하는 것은 불살생의 계를 어기는 행위라고 일부 학자들은 해석한다. 안락사를 자연적인 인연을 거스르는 행위로 여기는 이들은 삶과 죽음은 자연적인 현상이기에, 인간으로서의 존엄 등을 이유로 선택할 수 있는 문제가 아니라는 입장이다. 다만 부처님은 안락사에 대해서 정해준 바가 없으므로 판단은 각각 다를 수 있음을 전제해야 한다.

호스피스

연관 지어 '호스피스' 활동을 생각해 보자. 호스피스는 부처님 당시에 없었던 것인데, 어떻게 불교적으로 받아들여야 할까. 요즘 세상에는 병이 들면 어떻게든 생명을 연장하기 위해 환자를 더욱 괴롭게 만든다. 환자의 정신을 오히려 흐리고 산란하게 한다. 그러나 불교에서는 죽음의 순간을 중시하며, 죽음의 순간을 통찰해야 한다고 말한다. 그러기 위해서는 죽음에 임하는 사람의 마음이 차분하고 평온해야 한다. 그래야 죽음의 순간을 통찰할 수 있다.

여기에서 나온 활동이 호스피스이다. 호스피스 활동을 권장하는 것은 안락사와는 다른 차원의 문제이다. 호스피스는 죽음을 깨어 있는 정신으로 맞이하자는 의미이고, 안락사는 괴로움을 피하고자 능동적이든 수동적이든 살인의 행위를 통해 생명을 단축하는 것이다.

대체로 불교에서는 안락사를 허용하지 않는다. 다시 정리해 보면 이렇다. 첫째, 죽음을 깨어 있는 마음으로 성찰할 기회를 빼앗아 가기 때문이다. 둘째, 사람이 나고 죽는 것은 업에 따르는데 그 업에 어긋나는 일이기 때문이다. 셋째, 비록 안락사라는 표현을 사용하더라도 비자발적인 안락사나 적극적인 안락사의 본질을 들여다보면 살생으로 간주된다.

불교에서 바라보는 자살

계율의 기본 정신은 아주 간단명료하다. 나에게 안 좋은 것은 남에게도 안 좋다. 내가 하기 싫은 일은 남도 하기 싫은 것으로, 역지사지이다.

자살은 특별한 경우이다. 일반인들이 일상생활을 하면서 접하기 힘든 상황이고, 설령 접하더라도 일상의 대화 주제로 꺼내기 어렵다. 생명을 가진 존재가 스스로 자기의 생명을 포기하는 일은 지극히 비정상적인 상황이다.

부처님 계율에는 자살을 언급한 부분이 없다. 계율을 어겼을 때 당사자가 살아 있어야 처벌 혹은 견책을 받으라고 할 텐데, 당사자가 없으면 아무런 소용이 없다. 당사자가 없는 계율이란 존재하지 않기 때문에 자살에 대한 계율도 없다. 법률 용어로 치자면 '공소권 없음'과 일맥상통한다.

부처님 당시에 있었던 몇 가지 일화로 스스로 택한 죽음을 어떻게 받아들일 것인가를 가늠해 볼 수는 있다. 부처님 당시에 빨리 열반을 얻기 위해 육신을 버리는, 즉 자살을 시도하는 비구들이 있었다. 그러나 스스로 목숨을 끊고자 하여도 무조건 죽을 수 있는 것은 아니므로 자살 시도를 했다가 실패한 비구들도 있었다.

부처님은 첫째, 죽음을 부추기거나 죽음을 돕거나 말로써 죽음을 찬양하는 경우에는 불살생 계율에 준하는 엄격한 잣대로 다스렸다고 한다.

불살생에는 직접 죽이는 것과 남에게 죽이라고 하는 것 모두 포함된다. 자살을 부추기는 행위도 살인과 같다고 보았다.

세상에 누가 자살을 부추기겠는가? 그러나 환자가 너무 고통스러워 죽음을 생각하고 있을 때, 주변에서 누군가 '그래, 하루빨리 고통에서 벗어났으면 좋겠다.'라고 한다면 그것은 환자의 죽음을 부추기는 행위이자 불살생의 계율을 어기는 것이다.

계율을 어기지 않는 것으로 판단하는 경우도 있다. 중한 병에 걸려 아주 오랜 시간 투병 생활을 하여 자신도 힘들고 주위 사람들도 극도로 고통받는 경우, 환자가 스스로 곡기를 끊겠다고 하는 상황이다. 수행자가 음식을 섭취하는 것도 잊고 장기간 깊은 삼매에 들었다면 어떻게 했을까? 부처님은 '마치 거기에 손을 얹을 수 있을 정도로 생생하게 삼매의 경지에 들었다면 그 삼매를 이어서 열반에 드는 것을 막을 필요는 없다.'라고 말씀하였다. 불교에서 스스로 죽음이 허용되는 경우는 극히 이례적이다. 이로써 자살을 강하게 비판하는 불교의 시각을 확인할 수 있다.

사람이 아닌 중생에 대한 살생과 육식

동물, 곤충, 식물과 같이 사람이 아닌 중생에 대한 살생은 어떨까? 특히 동물에 대한 살생은 곧 육식으로 이어지곤 한다. 스님이 고기를 먹는 것, 재가자가 고기를 먹는 것을 부처님은 어떻게 생각했는지 알아보자.

부처님이 전생에 사슴 무리의 왕으로 있을 때의 일이다. 그 나라의 인간 왕은 사슴 무리를 울타리에 가둬 놓고 매일 사냥을 했다. 매일매일 죽음의 공포에 시달리던 사슴들은 모든 무리가 고통스럽지 않도록 순번을

정하여 매일 한 마리씩 인간 왕에게 희생하기로 했다. 어느 날 임신을 한 암사슴이 희생될 차례가 되었다. 암사슴이 사슴 왕에게 사정을 읍소하자 사슴 왕은 기꺼이 암사슴을 대신하여 죽음의 순번을 맞이하기로 하였다. 사정을 알게 된 인간 왕은 사슴 왕의 희생에 감복하여 사슴 사냥을 멈추기로 했다. 이때 사슴 왕이 말했다.

"그것으로는 부족합니다. 먹을 것을 목적으로 하는 모든 살생을 멈춰주십시오."

그렇게 인간 왕의 왕국은 살생을 금하게 되었다는 이야기이다. 먹을 것을 위한 살생도 가능하다면 하지 않는 편이 좋다는 내용을 담고 있다.

부처님은 재가 신도가 스님에게 공양을 올릴 때, 그것이 육고기라 하더라도 세 가지가 순수하면 그 공양을 받을 수 있다고 말했다. 스님의 공양을 위해 동물이 살생되었음을 보지 않고, 그렇게 동물이 살생되었다고 듣지 않고, 그렇게 동물이 살생되었다고 의심할 만한 정황이 전혀 없는 것, 이 세 가지가 순수하다면 공양을 기꺼이 받아도 된다.

예를 들어 A라는 신도가 나에게 '스님, 내일 공양을 올리고 싶습니다.'라고 청했다고 하자. 그런데 지나가다가 언뜻 'A 신도가 어제 소를 잡았다더라.' 하는 이야기를 들었다면 이것은 의심의 여지가 있다. 혹시라도 스님들에게 공양하기 위해 그 소를 잡았을 수도 있기에 이러한 상황에서는 반드시 사실 관계를 확인해야 한다. 나를 위해 살생한 것이라면 그 공양을 받지 말아야 하며, 그런 것이 아니라면 공양을 받을 수 있다. 공양을 올리는 재가자가 공양을 통해 선업을 쌓도록 하는 것이 수행자의 의무 중 하나이다.

공양을 올리는 재가 신도의 입장에서도 살생의 기준이 있다. 공양을 올리기 위해서 자기 손으로 살생해서는 안 된다. 다만 이미 죽은 동물의 고기로는 공양을 올려도 된다. 만약 스님에게 공양을 올리고자 양계장에 가서 '저 닭을 잡아 주세요.'라고 하였다면, 이는 살생을 요청하는 것이므로 해서는 안 된다. 그리고 직접 죽이지 않고, 남을 시켜 죽이지 않을 적에는 스님들에게 공양을 올려도 된다고 부처님 당시에 이야기하고 있다.

우리가 알고 있는 '육식 금기'는 계율이 아니라 관행에 가깝다. 이는 부처님 열반 이후 대승불교에서 정립된 것으로, 부처님 재세 시와는 다른 면이 있다. 흔히 불교가 중국으로 넘어오면서 출가자의 육식이 금기시되었다고 생각하지만, 이미 아쇼카 대왕 시절 자비심을 바탕으로 육식을 멀리하고 채식을 권장하는 문화가 인도 내에 있었다.

한편 재가 신도가 세 가지가 순수한 공양을 올렸는데 스님이 '나는 육식을 하지 않으니 먹지 않겠다.'라고 거절하는 경우가 존재할 수 있다. 부처님은 무어라 말했을까? '공양물을 하나의 선호 대상으로 판단해서는 안 된다.'라고 하였다. 비구는 걸사(乞士)이다. 걸식은 밥을 빌어먹는 것, 걸사는 밥을 구걸하여 먹는 사람이다. 신도가 제대로 갖춘 공양을 올린 것을 거부해서는 안 된다. 『초발심자경문』에도 수행을 하기 위하여 이 육신을 유지할 목적으로 음식을 취하는 것이지, 개인의 취향과 호불호를 따져서는 안 된다고 이르고 있다.

부처님 당시에 데바닷타(Devadatta)라는 수행자가 육식을 엄격하게 금하는 계율을 제정하자고 부처님에게 강하게 건의한 적이 있었다. 이때 부처님은 '육식은 개인의 선택일 뿐 계율로 정할 필요는 없다.'라고 답했다. 부처님 당신은 죽음에 이르는 극도의 고행을 해 본 분이다. 무엇을 먹고 무엇을 먹지 않을 것인지, 혹은 겉모습만으로 내면의 수행을 판단하는 행동은 곤란하다고 본 것이다.

　현대에도 스님들이 절 밖에서 공양을 하는 경우, 오신채(파, 마늘, 달래, 부추, 흥거)와 육고기가 전혀 들어가지 않은 음식을 찾아 먹기는 어렵다. 된장찌개 하나만 먹으려고 해도 육수부터 고명까지 현실적으로 오신채나 고기가 전혀 포함되지 않은 식사를 하기란 불가능하다. 바깥에서 철저하게 육식을 하지 않는 것은 비현실적이므로, 이 경우에 바깥 음식을 먹는다고 해서 계율에 어긋나는 일은 아니다.

　부처님 당대의 시대상을 보면, 전통적인 사문 수행 가풍에는 육식을 멀리하는 경향이 있었고, 불교는 오히려 공양물에 관대한 편이었다. 대신 불교는 육식(살생)과 공양의 관계를 엄격하게 설정하기보다, 공양물로 말미암아 분별심을 내지 말라는 가르침을 강조했다.

　다시 대승불교의 관점으로 돌아와서 생각하자면, 일반적으로 스님들은 고기를 먹지 않는 것으로 생각한다. 2600년 전 부처님이 그리 말한 것은 아니지만 우리나라에서는 천 년이 넘는 시간 동안 육식을 멀리하는 불교 문화가 이어져 왔다. 이렇게 면면히 이어져 온 우리나라 불교의 특성도 분명히 존중해야 한다. 마트에서 고기를 사서 공양 올리는 것이 순수하지 않은 공양은 아니지만, 신도들이 굳이 고기 공양을 올릴 필요는 없을 것이다. 가능하면 고기가 포함되지 않은 공양을 올리는 게 좋다.

　간혹 신도들이 스님을 시험하는 상황도 있다. 정성스럽게 고기가 들어간 요리를 만들어서 올리곤 스님이 그것을 먹는지 안 먹는지를 지켜본다. 그렇게 올리는 공양은 선업이 되지 않는다. 지극한 마음으로 복을 쌓는다는 마음으로 공양을 올리기를 바란다.

　불자라면 살생을 하는 직종에 종사하지 않는 것이 좋고, 될 수 있으면

도축을 하는 일을 업으로 삼지 않아야 한다. 곤충이나 식물에 대해서는 어떨까? 부처님은 곤충이나 식물을 특정하여 불살생의 원칙을 말하지는 않았지만, 관례에 따라서 대승적 견지에서 되도록 불필요한 살생을 하지 않는 것이 좋다.

  요즘 세상은 부처님 당시와는 너무나 많은 것들이 달라졌다. 모든 것을 그대로 적용하기는 현실적으로 어렵다. 그럴 때는 근본정신을 돌이켜 보아야 한다. 그리고 인간이 마땅히 해야 할 도리로서 계율을 바라보아야 하지 않을까?

불투도(不偸盜), 주지 않은 것을 탐내지 말라

내가 직접 남의 것을 빼앗거나 훔치거나 줍지 말라.
남을 시켜서 남의 것을 빼앗거나 훔치거나 줍지 말라.
내가 아닌 남이 남의 것을 빼앗거나 훔치거나
줍는 것을 보고 즐거워하지 말라.

'불투도'라는 말을 직역하면 '도둑질하지 말라'이다. 그런데 이 말은 불교가 한자 문화권으로 넘어오면서 생긴 말이고, 원래 인도 말로는 '주지 않은 남의 것을 가지지 말라.'는 뜻이다. 이 말은 도둑질하지 말라는 것보다 훨씬 범위가 넓다. 이 두 번째 계율에 속하는 것을 살펴보자. 100그램을 넣어야 하는데 80그램만 넣고 과대 포장해서 남에게 준다면 그것은 남에게 가야 할 20그램을 뺏은 것이나 마찬가지이다.

사기 치는 것, 속이는 것들이 모두 불투도에 해당한다. 사기를 쳐서 마치 많은 것을 주는 듯 속이지만 실상 갈취하는 것도 두 번째 계율을 어기는 행위이다. 직원을 고용해서 일을 시키는데 사회가 정한 월급보다 못한 월급을 주는 것도 직원이 당연히 가져가야 할 몫을 빼앗은 행동이므로 불투도에 해당한다. 불투도는 사회적인 기준으로 보면 평등의 개념, 정의의 개념에 가깝다.

사유 재산을 보장하지 않으면 사회를 정상적으로 유지하기 어렵다. 반면 불교에서는 소유욕을 가장 경계한다. 얼핏 생각하면 불투도는 내 것, 네 것을 명확하게 따짐으로써 소유욕을 부추기는 게 아닌가 오해할 수 있다. 그러나 '소유'라는 것은 관념일 뿐, 그 자체로서는 아무런 실체가 없음을 잘 이해해야 한다.

아르바이트의 시급이 만 원이라면 만 원이라는 존재를 아르바이트생이 소유한 것이 아니라, 아르바이트생의 노력을 가시적이고 계량적으로 파악하기 쉽도록 금전으로 표현했을 뿐이다. 내가 휴대전화를 가지고 있다면 휴대전화를 쓰는 사람이 나이기는 하지만 휴대전화의 어디를 봐도 '누구누구의 것'이라고 표시되어 있지는 않다. 집도 마찬가지다. ○○아파트 ○동 ○○○호가 자신의 집이고, 등기부 등본에 자신의 이름 석 자가 나와 있다 하더라도 등기부 등본 자체는 사람들끼리의 약속을 적어 놓은 종이일 뿐이다. 소유는 실체가 아니라 관념이다.

불투도는 소유가 아니라 정당한 노력에 대한 인정의 관점에서 이해해야 한다. 하나의 결과물이 나오는 데에 사람들의 노력이 들어가고, 그러한 노력의 가치를 정당하게 인정하는 것이 '남의 것을 훔치지 않는 행위'이다.

기계적 평등과 공정함

불투도나 연기법의 관점에서 봤을 때 이 사회를 구성하는 사람들은 어떤 형태로든 사회를 위해 크고 작은 노력을 하고 있으며, 그러한 노력은 사회적인 차원에서 인정되어야 한다.

이렇듯 사회를 위해 각자의 자리에서 기여하기 때문에 현대 사회의 시민들은 행복을 추구할 권리가 있다. 적절하게 교육받고 의료권을 누릴 권리가 있고, 평등할 권리가 있다. 그러나 현실은 평등하기 어렵고 공평하기 어렵다.

야구 경기를 보러 가서 똑같은 자리에 앉아도 어떤 사람은 키가 커서 경기장을 한눈에 내려다보고, 어떤 사람은 겨우 머리를 내밀어야 볼 수 있고, 또 어떤 사람은 펜스 안을 전혀 볼 수 없다고 하자. 이럴 때 모두에게 평등하게 발 받침대를 하나씩 준다고 하면 과연 모두에게 평등한 것일까?

기계적인 평등은 공평하지 못하다. 모두가 공평하게 야구를 볼 권리를 보장하기 위해서는 그 사람의 조건을 고려해야 한다. 발 받침대가 없어도 보이는 사람에게는 발 받침대를 주지 않고, 발 받침대 하나가 필요한 사람에게는 하나를 주고, 발 받침대 두 개는 있어야 야구장 안이 보이는 사람에게는 두 개를 주어서 최소한 공평의 조건을 만들어야 한다.

안타깝게도 우리의 현실은 이렇지 못하다. 오히려 조건이 좋은 이는 더 좋은 결실을 보기 쉽고, 조건이 어려운 사람은 결실조차 보기 힘든 게 사실이다. 이를 '기울어진 운동장'이라고 표현하기도 한다.

불투도계는 연기사상에 맞닿는다

불투도는 단순히 남의 것이니까 손대지 말라는 게 아니고 그 사람이 기울인 노력이 얼마만큼인지를 생각하라는 것이다. 당신이 여기에 기울인 노력이 거의 없는데 그것을 가져가거나 빼앗아 가거나 훔치는 것은, 여기에 큰 노력을 기울인 이들의 공을 부정하는 것이다. 이런 의미에서 불투도계를 바라보아야 한다.

실천적으로 볼 때 주지 않은 남의 것을 가지지 말라는 말은 무주상보시(無住相布施)하는 삶과 이어진다. 모든 것에는 숱하게 많은 사람의 노력과 땀이 들어갔기 때문에 자신의 노력도 어떤 형태로든 누군가에게 제공된다. 이러한 연기의 이치를 안다면 자비의 마음까지 가지 않더라도 내 것, 네 것을 따지지 않게 된다. 우리는 서로서로 얽히고설켜 있기 때문이다. 누군가 필요로 하는 것을 내가 제공해 줄 수 있으면 제공해 주는 것이 좋은 일이다. 그 전에 '내 것을 준다.'라는 생각 자체가 없으면 저 사람이 필요한 것을 자연스럽게 내가 제공하는 것이다. 이것이 연기의 도리를 아는 사람이 하는 행동이다.

불투도계는 결국 무주상보시로 귀결된다. 주지 않은 남의 물건을 취하지 말라는 것은 현실적으로도 사회를 이루는 데 필요한 도덕 규범이고, 그 내용을 더 깊이 들여다볼 때는 연기사상에 맞닿아 있는 계이다. 연기사상을 올바로 이해할 때 불투도계는 자연스럽게 지켜지는 계라고 이해하면 되겠다.

라훌라에게 전한 '불망어(不妄語)' 가르침

라훌라(Rāhula)는 부처님의 아들이다. 라훌라도 어린 나이에 출가했다. 『아함경』에 부처님이 라훌라에게 했던 이야기가 소개되어 있다. '농담으로라도 거짓말을 하지 말라.'이다.

> 부처님이 발 씻는 물그릇의 물을 조금 남기고 라훌라에게 물었다.
> "라훌라야, 너는 이 물그릇의 물이 조금 남아 있는 것이 보이느냐?"
> "그렇습니다. 세존이시여."
> "라훌라야, 고의로 거짓말하는 것을 조금도 부끄러워하지 않는 자들의 출가수행이란 이와 같이 조금 남아 하찮은 것에 지나지 않는다."

부처님이 탁발을 나갔다가 돌아와서 발을 씻으며 한 말이다. 여기에서 우리가 주목해서 보아야 할 것은 세 가지가 있다. 첫 번째, '고의'이다. 자신도 모르게 거짓말한 것이 아니라 알면서 일부러 거짓말을 하는 경우가 고의이다.

고의로 하는 거짓말과 부끄러움

모르고 하는 거짓말도 있다. 어릴 때 텔레비전을 보다가 서울역 앞에 있는 건물이 대우빌딩인지 현대빌딩인지를 가지고 형님과 다툰 적이 있었다.

나는 현대빌딩이라고 우겼고 당시에는 목소리가 커서 이겼으나, 나중에 알고 보니 그 건물은 대우빌딩이었다. 그렇다면 어릴 적 내가 했던 말은 거짓말이었을까? 그때는 현대빌딩이라고 철석같이 믿고 있었기에 고의로 거짓말을 한 것은 아니었다. '고의로 하는 거짓말'은 거짓인 줄 알면서 거짓을 말하는 것이다.

두 번째 포인트는 '부끄러움'이다. 거짓말을 하는 것은 '거짓말하지 말라.'라는 불망어계를 어기는 일이다. 어기면 부끄러워할 줄 알아야 한다. 계율을 100퍼센트 지키는 것은 쉬운 일이 아니다. 문제는 잘 지키는 것이 아니라 어겼을 때 어떻게 해야 하는가이다. 부처님이 생각하기에 계율을 어기고도 부끄러워할 줄 모르면 그것이 문제라는 이야기이다. 부끄러워하지 않는 자들의 출가수행이란 하찮은 것에 지나지 않는다.

여기에서 계율은 오계를 말한다. 계는 자발적으로 지키겠다고 다짐하는 것이다. 수계식은 계를 받는 의식이다. 수계식에서는 계사스님이 '지키겠느냐'라고 세 번 묻고 계를 받는 사람은 '지키겠습니다'라고 세 번 대답한다. 계를 지키지 않으면 벌금 얼마, 징역 몇 년이라고 규정하는 것이 아니라 자발적으로 맹세하는 자리이다.

이렇게 계는 스스로 자발적으로 지키는 것이다. 그런데 자발적으로 지키겠다고 말해 놓고 어겼을 때 부끄러운 마음이 없다면, 지킬 의지가 없는 것과 마찬가지이다. 그런 사람이 하는 수행은 정말 하찮은 것이라고 부처님은 말씀하고 있다.

부끄러워하지 않는 출가 수행자

세 번째 포인트는 '출가 수행자'이다. 부처님은 계를 지키는 대상으로 출가 수행자를 지목한다. 우바새나 우바이가 아니다. 출가 수행자라면 계를 어겼을 때 모름지기 부끄러워할 줄 알아야 하고 항상 계를 지켜야 한다. 불망어 같은 경우에는 농담이라도 거짓말을 해서는 안 된다고 이야기하고 있다.

재가자들은 살다 보면 거짓말을 할 수밖에 없는 상황이 종종 생긴다. 상사가 '이 일이 잘될 것 같아?'라고 물을 때 속마음 그대로 '이거 잘 안 될 겁니다.'라고 말할 수 없으니 '잘될 것이다'라고 거짓말로 대답을 하게 된다. 임종을 앞둔 어머니가 '형제끼리 사이좋게 지내거라.' 했을 때 설령 그러지 못할 것을 알더라도 '예, 어머니. 화목하게 지내겠습니다. 걱정하지 마시고 눈 감으십시오.'라고 하얀 거짓말을 한다. 세속에서 사회생활을 하자면 거짓말을 할 수밖에 없는 순간이 많이 닥친다. 그러나 부처님 이야기를 그대로 하자면, 머리를 깎고 세속을 떠난 출가 수행자라면 농담이라도 거짓말을 해서는 안 된다.

그리고 부처님은 조금 남은 그 물을 쏟아 버리고 라훌라에게 물었다.
"라훌라야, 너는 조금 남은 물이 버려지는 것을 보았느냐?"
"그렇습니다. 세존이시여."
"라훌라야, 고의로 거짓말을 하는 것을 전혀 부끄러워하지 않는 자들의 출가수행이란 이와 같이 버려진 것에 지나지 않느니라."

그리고 부처님은 그 물그릇을 뒤집어엎고 라훌라에게 다시 물었다.

"라훌라야, 너는 이 물그릇이 엎어진 것을 보았느냐?"

"그렇습니다. 세존이시여."

"라훌라야, 고의로 거짓말을 하는 것을 전혀 부끄러워하지 않는 자들의 출가수행이란 이와 같이 엎어진 것에 지나지 않는다."

처음에는 발을 씻는 물이 조금 남아 있는 것을 보고 이야기하고, 두 번째는 그 물을 버린 후 이야기하고, 세 번째는 뒤엎어놓은 물그릇을 보며 이야기한다.

거짓말과 물그릇의 비유

그리고 부처님은 그 물그릇을 다시 바로 세우고 라훌라에게 물었다.

"라훌라야, 너는 이 물그릇이 바닥이 드러나고 비어 있는 것을 보았느냐?"

"그렇습니다. 세존이시여."

"라훌라야, 고의로 거짓말하는 것을 전혀 부끄러워하지 않는 자들의 출가수행이란 이와 같이 바닥나고 비어 있는 것에 지나지 않는다. 라훌라야, 고의로 거짓말하는 것을 전혀 부끄러워하지 않는 자는 누구든지 어떤 악한 행위라도 저지르지 못할 것이 없다고 나는 말한다. 라훌라야, 그러므로 '나는 농담으로라도 결코 거짓말하지 않으리라.'라고 익혀야 한다."

일상생활 속에서 부처님이 라훌라에게 법을 설한 내용이다. 네 번에 걸쳐서 한 말의 강조점은 무엇인가? 고의로 한 거짓말, 부끄러워하지 않음, 부끄러워하지 않는 출가 수행자의 수행에 대해 경책하고 있다.

모르고 거짓말을 할 수 있다. 그러나 고의로, 알면서 계를 어겨서는 안 된다. 계를 어겼다면 부끄러워해야 한다. 부끄러워하지 않으면 무엇을 하더라도 하찮고, 바닥을 드러내고, 텅 빈 행위라고 이야기한다. 그렇다면 부끄러워하는 것을 나 혼자 속으로만 부끄러워하면 그것이 부끄러워하는 것일까? 그렇지 않다. 부끄러워한다면 행동으로 이어져야 한다.

내용을 정리하자면 이렇다. 첫 번째, 거짓말하지 말라는 것은 말 그대로 거짓말을 하지 않는 것이다. 특별히 '대망어'라고 하면 거짓말 중에서도 아주 큰 거짓말, 깨닫지 않고도 깨달았다고 하는 거짓말을 의미하지만, '망어'라는 것은 우리가 일상적으로 아는 거짓말로 이해해도 무방하다. 어떤 것이 거짓말이고 어떤 것이 거짓말이 아닌가는 본인 스스로가 가장 잘 알 것이다. 두 번째, 고의로 거짓말을 하지 않아야 하며 거짓말을 했다면, 즉 계를 어겼다면 부끄러워해야 한다.

7

붕고의 생사관

12강

죽음을 생각하라

> 모든 경작 가운데 가을의 열매가 제일이요,
> 모든 발자국 가운데 코끼리 발자국이 제일이요,
> 모든 생각 가운데 무상과 죽음을 생각하는 것이 제일이다.
> 이런 생각으로 삼계의 욕망과 무명과 자만을
> 다 없앨 수 있으리라.
>
> _『대열반경』

부처님은 우리에게 매 찰나 죽음을 생각하라고 말씀하였는데 중생들은 그렇게 하는 것이 참 어렵다. 다음의 질문들과 함께 매 순간 죽음을 생각해야 하는 당위성에 대하여 알아보도록 하자.

부처님 말씀과 달리 죽음을 생각하지 않고 살아갈 때 우리의 삶에는 어떤 문제가 생기는가? 죽음을 매 순간 생각한다면 어떤 이득이 있는가? 어떻게 해야 매 순간 죽음을 염두에 두고 살 수 있는가? 죽음을 생각하라는 명제는 구체적으로 무엇을 의미하는가?

왜 우리는 죽음을 생각하지 않는가

불교에서는 '찰나'라는 말을 쓴다. 아주 짧은 순간을 의미하는 말로, 엄밀하게 말하면 하나의 생각이 생겼다가 사라지는 시간이 바로 찰나이다. 굳이 시간 단위로 표현하자면 75분의 1초이다. 이 말은 1초에 75번의 생각을 할 수 있다는 이야기이다. 매 찰나 죽음을 생각한다면 1초에 75번 죽음을 생각할 수 있고, 하루 24시간 동안 4억 8천6백만 찰나, 일 년으로 치면 1,750억 찰나 동안 죽음을 생각하는 것과 같다. 매 순간 죽음을 생각한다면 하루에도 5억여 번에 달하는 생각을 할 수 있는데, 우리는 하루에 단 한 번도 죽음을 생각하지 않을 때가 부지기수이다.

그 대신 우리는 이렇게 생각한다. '오늘도 나는 살아 있구나.' 오늘도 살고 있고 어제도 살았고 일 년 전에도, 십 년 전에도 '살아왔다'라고 생각한다. 일 년만 해도 1,750억 찰나인데 평생으로 따지면 어마어마하게 많은 순간이다. 그런데 '내가 죽는다'라는 생각은 몇 번이나 했을까?

물론 정상적인 인간이라면 죽음을 생각하지 않는 것이 당연하다. 압도적으로 삶에 대해 많이 생각하지, 굳이 죽음을 끌어오지 않는다. 십 년 전에 살아 있었던 것이 당연하고 지금도 살아 있으니, 십 년 뒤에도 막연히 살아 있으리라 생각한다. 사람들 대부분은 내일이나 일 년 뒤, 십 년 뒤에 자신이 죽을 것이라는 생각은 하지 않고 산다.

'내가 계속 살아갈 것이다.'라는 생각에서 욕심이 생긴다. 앞으로도 계속 살아가려면 이런저런 것이 필요하다는 욕심, 기왕이면 좀 더 편하게 살고 싶다는 욕심, 재물에 대한 욕심, 명예에 대한 욕심. 원하는 만큼 욕심이 채워지지 못하면 화가 나고 좌절하고 우울하고 누군가를 원망하는 부정적인 감정이 생긴다. 이러한 번뇌는 '나는 살아 있고 언제까지나 살 것이다.'라는 생각에서 출발한다. 매 순간 죽음을 생각하지 않기 때문에 매 순간이 번뇌로 가득 차게 된다. 이것이 중생의 삶이다.

'오늘 잠들면 내일 깨어나지 못할 수도 있다.'라는 생각을 항상 마음에 두고 살아야 재물욕, 명예욕 같은 욕심들이 줄어든다. 이런 욕심이 줄어들어야 부정적인 감정도 줄어든다. 그러나 죽음을 생각하지 않아서 삶은 고달프고, 또 고달픈 삶이 반복되는 것이다.

'지금 죽지 않는다.'라는 생각과 마주하면 마음은 자연스럽게 '죽지 않는다'라는 쪽으로 기운다. 이것이 쇠망의 문이다.

경전에 나오는 말이다. '죽지 않는다'라는 생각이 바로 '쇠락하여 망하는 문으로 들어가는 길'이라는 것이다. 그 반대의 길, 죽지 않는다는 생각을 다스릴 수 있도록 항상 죽음을 생각하는 것은 '원만의 문'이다. 원만하게 구족한 문이며 법의 길로 나아가는 길이다.

부처님이 항상 이야기하는 것은 '무상'이다. 변하지 않는 것은 없다는 게 부처님이 발견한 진리이다. 그런데 도대체 왜 무상이라는 진리가 나 자신에게만은 적용되지 않을까? 왜 우리는 '내가 변함없이 살아 있다.'라는 생각에 사로잡혀 있는 걸까? 생각건대 태어나서 한 번도 죽어 본 적이 없고, 어쨌든 죽지 않고 살아왔다는 것을 근거 삼아서 계속 살아 있는 것을 당연히 여기는 것은 아닐까? 그러나 진리에는 예외가 없다. 변하지 않는 것은 없으며, 그것은 살아 있는 우리도 마찬가지이다.

일상 속 죽음을 말하는 순간들

얼마 전에 신도들과 공양을 하는데 한 사람이 이렇게 말했다.

"귓불에 줄이 있으면 혈액 순환에 문제가 있는 거래요, 스님."

오래전부터 귓불에 줄이 가 있는 것은 알았는데 옆 사람이 그 말을 하니 새삼스럽게 다가왔다. 휴대전화 카메라로 사진을 찍어서 한참을 쳐다보다가 문득 이런 말을 했다.

"죽는 것은 안 무서운데 안 아프게 죽었으면 좋겠어요."

급성 심근경색으로 병원에 실려 갔을 때 의사가 '저승길을 저만큼 가고 있는 사람을 붙잡아 왔다.'라고 했다고 한다. 당시의 상황은 기억이 잘 안 나지만, 엄청나게 고통스러웠던 건 생생하다. 급성 심근경색은 살아서는 경험할 수 없는 고통을 준다고 한다. 일상생활에서 치통이나 요로결석 같은 증상이 몹시 고통스럽지만, 심근경색의 고통에 비할 바가 아니다.

죽음이 다가오는 하루이틀 상간에는 대개 극심한 고통이 찾아온다고 한다. 죽음은 살아생전에 경험하기 힘든 고통을 동반한다. 죽음을 피할 수 없듯, 죽음에 따르는 고통 역시 피할 수 없다. 이 사실을 나는 몸으로 경험해 보았다. 그래서 다시 한번 그런 고통을 겪는 게 두렵고, 이 때문에 '나는 죽음이 두렵지 않아. 아픈 게 두려울 뿐이야.'라고 말한 것이다.

그러나 이는 말장난에 불과하다. 죽음과 죽음이 동반하는 고통은 서로 뗄 수 없는 사이인데 어떻게 둘을 따로 분리해서 생각할 수 있을까? 산 자들에게 죽음은 현실적인 고통과 무관한 추상적인 어떤 것이라는 막연한 선입견이 있다. 하지만 죽음은 현실이며 일상의 한순간, 정확하게 말하자면 마지막 순간이다. 그러므로 일상의 고통과 분리해서 죽음을 생각할 수 없다.

나이 드신 분들은 '죽는 것은 아쉬울 게 없는데 내가 죽을 때 주변 사람들이 힘들어할까 봐 그게 걱정이 된다.'라는 이야기를 하곤 한다. 그런데 이런 이야기는 사실 죽음에 직면해서는 별 의미 없는 욕망일 뿐이다. 죽음은 산 자로 하여금 이런저런 생각을 챙기게 할 정도로 그리 녹록지 않다. 내가 겪어 본 '죽을 뻔한 경험'에서는 아무런 생각도 들지 않았다. 굳이 생각이라고 할 만한 걸 꼽자면 '너무 아프다'라는 것 정도였다. 주변 사람들에 대한 배려 혹은 '죽는 것이 이런 건가?' 하는 의문, '안 아팠으면 좋겠다.'

라는 욕망조차도 들지 않았다. 오로지 너무 아팠던 기억뿐이다. 목숨을 위협하는 고통과 싸우느라 생각 같은 것은 할 여유가 없었다.

일상생활에서 혈당이나 식단 관리, 성인병, 당뇨 등을 주의하면서 몸을 관리하는 이유는 궁극적으로 괴롭지 않게 살고 싶기 때문이다. 그러나 치매나 파킨슨 같은 병은 개인의 노력으로 예방하기에는 한계가 있다. 심혈관 질환도 마찬가지다. 죽는 것은 두렵지 않은데 주변 사람들이 힘들어 하는 것이 싫다는 말은 달리 해석하면 '어느 순간 불쑥 찾아오는 병 때문에 남에게 민폐를 끼치는 내 모습을 보이기 싫다.'라는 뜻이다. 죽는 순간까지도 좋은 모습만 보여 주고 싶다는 욕심이다. 우리는 자신에게 솔직해야 한다. '남들에게 폐를 끼치지 않고 죽고 싶다.'라는 말은 자신의 의도대로, 자신이 원하는 대로 죽고 싶다는 말이다. 이것이야말로 죽음을 통제하고 싶은 산 자의 욕심이다.

어느 날 템플스테이 참가자와 차담을 하는데 어떤 분이 이런 질문을 했다.

"스님. 저는 저녁에 자려고 누워 있으면 '혹시 내가 이대로 죽으면 어떻게 해야 하지?'라는 생각이 듭니다. 집은 어떻게 하고, 통장에 있는 돈은 어떻게 처리해야 하는지, 그리고 이런 생각을 하다 보면 '아, 나 정말 죽을지도 몰라.' 하는 생각이 들면서 불안한 마음이 몰려옵니다. 스님은 그런 생각 안 하십니까?"

거기에 이렇게 답했다.

"제가 죽을 뻔해 본 적이 있었는데요. 죽는다는 게 우리 일상과는 전혀 다른 영역일 것 같지만 실은 그런 게 아니었습니다. 죽음이라는 게 완전히 다른 세계로 진입하는 게 아니라, 다만 일상이 끝나는 순간이더라고

요. 죽음은 삶이 끝나는 순간에 벌어지는 사건이지, 전혀 별개의 것이 아닙니다. 죽는 게 별거입니까? 오늘 밤에 잘 잤는데 내일 아침에 못 일어나면 그게 죽은 거예요. 그건 내 힘으로는 어찌할 수 없는 일입니다. 내가 어떻게 할 수 있는 일이라면 고민하고 대책을 만들어야겠지만, 내 뜻대로 되는 것이 아닌 일을 두고 걱정하는 건 쓸데없는 일입니다. 중국 고사에 하늘이 무너질까 두려워서 평생을 벌벌 떨고 살았다는 사람이 있지요? 죽음이 두려워서 잠 못 드는 사람은 하늘이 무너질까 두려워하는 사람과 다를 게 하나도 없어요."

그렇다고 나에게 죽음에 대한 두려움이 전혀 없는가, 하면 그건 아니다. 우리의 인생은 어디에서 왔는지 알 수 없고 어디로 가는지도 모른다. 그래서 사는 게 그냥 막연하고 불안하고 두렵다. 그게 우리 인생의 세팅값이다.

죽음에 대해 아무 생각 없이 살다가 가까운 이의 죽음을 보면 두려운 감정이 밀려온다. 죽음을 목전에서 지켜볼 때 두려움이 생기는 이유는 무엇일까? 오십 대 초중반의 여성들은 본인의 어머니가 돌아가시면 너무나 큰 충격을 받고 깊은 슬픔에 잠긴다. 젊을 때 부모가 돌아가신 슬픔보다 오히려 더 크다. 자신이 부모가 되어 자식을 키우면서 어머니의 삶에 공감했기에 누구보다 더 가까운 애착 관계가 형성되기 때문이다. 결국 죽음에 대한 두려움은 애착과 집착에서 나온다.

왜 우리는 삶에 대하여 애착하고 집착할까? 평소 수행을 하지 않아서 그렇다. 가장 가까이에 있는 사람이 언제 어떻게 죽을지는 모르나 반드시 죽는다는 생각을 염두에 두고 죽음을 통찰해야 하는데, 그런 마음을 전혀 갖지 않고 살아가기 때문에 괴롭다. 가족, 친구, 지인, 심지어 나 자신을 포함하여 그 모두가 반드시 죽는다는 생각을 하지 않기에 애착이 커질 대로 커지고, 그 애착은 결국 죽음이라는 종착역에 다다라 고통으로 전환된다. 죽음으로 인해 애착하던 것을 잃어버리면서 여기에 따른 고통이 어마어마하다고 생각하면 죽음이 두려울 수밖에 없다.

죽음과 분리된 현대의 일상

'메멘토 모리(죽음을 생각하라)'라는 말을 흔하게 하지만, 사실 우리는 일상 속에서 죽음이라는 것을 조금도 고려하지 않고 살아간다. 살아 있는 사람들끼리는 죽음에 대한 말을 하면 안 된다는 암묵적인 합의가 있기 때문이다.

과거에는 일상적으로 죽음을 접할 기회가 많았다. 집안 어르신이 돌아가시면 마당에다 천막을 치고 초상을 치렀다. 이제는 그런 일들이 일상의 공간이 아닌 특별한 공간, 오직 죽음만을 위한 공간에서 치러진다. 어르신이 위독하다, 하면 위독하기 전에 미리 병원에 모신다. 임종 이후의 모든 일은 장례식장에서 화장장, 납골당에 이르기까지 상조회사에서 알아서 처리한다. 이렇게 현대인들은 일상의 공간에서 죽음을 경험할 수 없는 삶을 살고 있다. 죽음과 철저하게 분리된 생활을 하기에 과거의 선조들에 비해 죽음에 대한 두려움이 훨씬 더 크다. 왜 두려운가? 모르니까 두렵다.

살아 있는 사람은 죽음을 경험할 수 없다. 삶 자체가 죽음의 반대 개념이기 때문에 살아 있으면서 죽어 본 사람은 당연히 없다. 죽을 뻔한 사람은 주변에 있을지 모르지만, 예수처럼 죽었다가 다시 살아난 사람은 없다. 그래서 죽음을 두려워하는 것이다. 모르니까 두렵고, 두려우니 더욱더 경계하여 가까이 오지 못하도록 한다. 그러면 죽음을 접할 일이 더욱 없으니 죽음을 더 모르게 되고 더 두려워하게 된다. 죽음과 분리되는 삶의 악순환이 이어진다. 현대의 발달한 과학 기술과 복잡해진 사회 시스템은 우리를 이런 악순환에 빠지게 한다.

과학이 발달하지 못하고, 사회가 지금처럼 복잡하지 않았던 시대에는 전염병, 자연재해, 기근 등에 속수무책이었다. 자연히 사망률은 높았고 어쩔 수 없이 많은 죽음과 함께 일상을 살아야 했다. 20세기 이후 현대인들은 이전 인류와는 확연히 다른 삶의 양식을 누리고 있다.

지금 내가 죽는다면 나의 빈소(殯所) 풍경은?

> 사람마다 나름대로 나란 멋에 살건마는
> 이 몸은 언젠가는 한 줌 재가 아니리
> 묻노라 주인공아 어느 것이 참 나런고?
> 나란 정의와 한계와 가치를 알고
> 올바른 길을 택하여 진실한 희망의 길로 갑시다.
> 「생활불교의 길」, 구산 스님

일반적으로 조문을 갈 때는 들어가기 전에 자신의 사회적 지위와 경제적 여건 그리고 고인 내지는 유족과의 관계 등을 고려하여 관례로 정해진 조의금을 준비한다. 조의금을 내고 빈소에 들어가서 조문을 하고 유족들과 짧은 이야기를 하고 나온다. 조문은 추모하는 공간에 가서 고인을 추모하는 마음을 나누는 것이다.

　　그러나 고인의 명복을 빌거나 유족에게 위로의 마음을 전하는 이러한 조문은 대개 2~3분이면 끝난다. 여기에서 곧바로 돌아가는 게 아니라 그 옆에 준비된 자리로 옮겨 밥을 먹기도 하고, 차나 음료수를 마시면서 다른 사람들과 이런저런 이야기를 나눈다. 30~40분 정도 테이블에 앉아 안부를 묻기도 하고 각자 근황을 나누기도 한다. 스스로 생각하기에 이 정도 머물면서 자신의 정성이나 애도의 마음을 충분히 보여 주었다 싶다면 조문을 끝내게 된다. 이렇듯 우리나라에서 조문은 사회적으로 관례화되어 있다.

　　만일 내가 죽어서 나의 유족들이 빈소를 차렸는데, 정작 조문 온 사람들은 나의 죽음을 슬퍼하거나 생전의 나를 추모하기보다 지인들과 이야기하기 바쁘다면? 죽은 나의 입장에서 이보다 서운한 일도 없을 것이다.

　　누군가 죽었을 때 가장 슬픈 사람은 유가족이다. 초상을 치르는 동안은 이런저런 복잡다단한 일들이 많다. 사망신고서를 발급하는 일부터 장례식장을 잡는 것, 입관 시간, 매장이냐 화장이냐 등, 상조회사가 있기는 해도 역시 복잡하다. 이 와중에 앉아 있을 시간도 없이 조문객을 맞이해야 하니 상 치르는 내내 유가족들은 고인을 애도하고 추모하고 슬퍼할 시간이 별로 없다.

　　조문객들은 와서 생색만 내며 자기 이야기를 하기 바쁘고, 유가족들은 바빠서 정신이 없다. 빈소는 나의 마지막 길을 위해 있는 자리인데, 나의 죽음은 완전히 뒷전이 되어 버린 꼴이다. 이러니 망자의 입장에서 보면 본인의 빈소만큼 서운하고 섭섭한 자리도 없다. 왜 그럴까? 이유는 간단하다. 정작 있어야 할 빈소의 주인공이 그 자리에 없기 때문이다. 주인공은 겨우 영정 사진 한 장으로 남아 빈소를 지킬 뿐이다. 그나마 조문객들이 빈소에 있는 시간은 몇 분 되지도 않을뿐더러 산 사람이 죽은 사람과 소통할 수 있는 수단이 없다. 할 수 있는 일은 산 사람들 간의 소통이 전부이다. 그러니 자연스럽게 주인공은 뒷전으로 빠지게 된다.

 살아 있는 사람들은 남의 죽음만 경험할 수 있다. '나'의 죽음은 살아서 경험할 수 없다. 절대적으로 불가능하다. 나의 죽음이란 이 세상에서 내가 사라지는 것이므로 다른 사람들의 일상은 하나도 변하는 게 없다. 사람들은 잠깐 조문 와서 자기 이야기를 하다가 다시 자신의 일상으로 돌아가고 나는 그들의 기억에서 사라진다. 내가 사라져도 이 세상은 내가 있을 때처럼 변함없이 굴러간다. 나 아닌 다른 사람들의 일상은 바뀐 것 전혀 없이 평소처럼 흘러간다. 내가 빈소에 걸린 영정 사진의 주인공이라고 생각하면 이 모든 사실이 명확하게 다가올 것이다. 장례식은 형식적으로는 고인을 위한 자리이지만, 사실은 산 자들을 위한 자리이다.

삶은 일인극 팬터마임(pantomime)

죽음이 '이 세상에서 내가 사라지는 것'이라면, 산다는 것은 무엇인가? 인생이란 일인극 팬터마임 같은 것이다. 배우가 오직 동작과 표정만으로 연기하는 것을 팬터마임이라고 한다. 관객들은 배우의 동작과 표정을 보고 말하고자 하는 바를 짐작한다.

 인생도 마찬가지이다. 템플스테이를 하다 보면 이런저런 삶의 고충을 하소연하는 분들이 있다. 자식이 먼저 죽어서 이 아픔을 어떻게 달래야 할지 모르겠다거나, 자식이 골방에만 틀어박혀 자해를 하니 가슴이 찢어질 듯 아프고 막막하다거나, 몸이 아픈데 그 병의 원인을 의사들도 모르니 참 답답하다거나 등.

다른 사람들이 살아가면서 느끼는 고통을 전해 들으면 '참 안되었다, 힘들겠다.'라고 짐작은 하지만 그 고통이나 슬픔을 당사자가 느끼는 그대로 고스란히 느낄 수는 없다. 기뻐하고 슬퍼하고 괴로워하고 화내며 우울해하는 모든 감정은 자신의 안에서 일어나는 것이고 나 자신만 느낄 수 있는 것이기 때문이다. 다른 사람들은 팬터마임 배우를 관람하는 관객처럼 나의 행동이나 표정을 보고 자기 나름의 방식으로 짐작할 뿐, 내가 느끼는 감정을 완전히 알 수는 없다.

또 한 가지. 연극이 진행되고 있을 때는 배우와 배우의 표현에 빠져들지만, 연극이 끝나고 나면 관객들은 본인의 일상생활로 돌아간다. 어느 날 누군가 연극 이야기를 하면 다시 떠올리기는 하겠지만 항상 그 연극을 마음속에 품고 있는 건 아니다. 연극이 끝나면 배우와 관객의 관계도 끝이 난다.

이것이 우리의 삶이다. 삶은 일인극 팬터마임과도 같다. 그래서 남의 인생을 내가 어떻게 할 수 없고, 남에게 나의 인생을 맡길 수도 없다. 그런데 우리는 다른 이들이 내 뜻대로 하지 않는 것에 대해서 화를 내고 우울해하고 슬퍼한다.

나에 대한 집착만큼 허망한 것도 없다

마치 연극이 끝나면 배우와 관객의 관계도 끝나 버리듯, 우리의 삶도 내가 죽고 나면 다른 모든 것들과의 관계가 끊어진다. 죽는다는 것은 곧 이 세상에서 사라지는 것이다. '태어나는 데에는 순서가 있지만 갈 때는 순서가 없다.'라고 하는데 맞는 말이다. 가는 데에는 순서가 없다. 그러니 평소에 자신의 빈소를 마음속으로 차려 보고, 자신의 빈소에 조문객이 오는 상상을 해 보아야 한다. '내가 가고 없는 빈자리에서 내 이야기는 별로 하지 않고 저들 사는 이야기만 하겠지. 그렇다면 지금 내가 아등바등하는 이 삶, 내가 그렇게나 챙기고 잘해 보려고 하고 아쉬워하고 애지중지하는 내 삶이란 도대체 무엇인가? 아무것도 아니구나.' 하는 것을 뼈저리게 느끼게 될 것이다.

우리는 살아 있는 지금, 고인의 입장이 되어서 자신의 빈소를 차리는 상상을 해 보면 '나에 대한 애착'과 '내 것에 대한 집착'이 얼마나 허망한지를 잘 알게 될 것이다. 이것은 불교의 수행과 다르지 않다. 열심히 참선하고 기도하는 것도 좋지만 일상생활에서 나에 대한 집착을 털어 내는 일만큼 불교를 제대로 실천하는 게 없다.

육신에 대한 집착 버리기

살아 있는 사람에게도 같은 맥락을 적용할 수 있다. 중생들이 생각할 때 '내가 살아 있다.'라는 생각은 너무나 당연하다. 기뻐하고 슬퍼하고, 무언가 성취하고자 하고, 누군가를 미워하고 사랑하고, 즐거워하고 괴로워하는 모든 감정과 노력 그리고 의지는 오로지 한 가지 사실을 전제로 한다. 내가 살아 있다는 것이다.

'육신이 곧 나'라는 전제에서 벗어나지 못하기에 온갖 번뇌 망상이 피어오르며, 진정으로 고통에서 벗어나려면 몸이 곧 나라는 생각을 떨쳐야

그림 47. 다비식

한다. 그래야만 비로소 나 자신을 돌아볼 수 있는 마음의 공간이 생긴다.

중생들의 마음이 욕망에 끌려다니기 때문에 이 세상을 '욕계'라고 이야기한다. 욕망은 항상 욕망하는 대상으로 마음을 향하게 한다. 나 자신의 마음을 들여다보지 못하게 차단하고, 마음이 밖으로 내달리게 만드는 것이 욕망의 일이다. 욕망에 눈이 멀면 이 육신이 내가 아니라는 당연한 진리를 깨닫지 못한다. 욕망이 집착을 낳고, 집착이 소유를 낳고, 소유는 '내가 있다'라는 생각을 낳고, 이 생각은 다시 욕망을 더욱 강하게 만든다. 이것이 생의 악순환이다.

죽음에 대해 명상하는 것은 수행의 시작이다. '나'라고 하는 것이 생각에 불과하다는 걸 알아야 자기 안의 탐욕과 집착을 털어낼 수 있으니 말이다. 육신에 대한 집착을 버려야 '나'란 하나의 생각에 불과하다는 걸 알 수 있고, '내가 있다'라는 잘못된 생각에서 벗어나 마음을 청정하게 할 수 있다.

마음을 청정하게 해야 영원한 행복, 진정한 행복으로 갈 수 있다. 이 육신이 내가 아님을 명심하는 것은 다름 아닌 죽음을 생각하는 일, 죽음을 통찰하는 일, 죽음을 경험하는 일이다. '나'라는 잘못된 생각에서 벗어나지 못하면 제대로 된 수행을 할 수 없다.

죽음을 깊이 명상한다는 것

누구나 언젠가 죽는다는 것은 모두가 알고 있는 사실이다. 그러나 단지 아는 것과 이에 대해 깊이 명상하는 것은 다르다.

우리가 너무나 당연하게 여기고 있는 '살아 있다'라는 사실, 너무나 강고하고 철두철미한 이 기본적인 사실이 전쟁터와 같은 극한의 상황에서는 철저하게 부정된다. 전쟁터에서는 고개만 잘못 돌려도 총에 맞아 즉사할 수 있다. 역설적으로 전쟁터에서는 매 순간 죽을 수 있으므로, 매 순간 자신이 살아 있음을 온몸으로 느끼게 된다. 삶을 느끼는 것은 곧 죽음을 체험하는 것이다. 삶은 진정으로 축복이고 고마운 것인데 단 한 순간에 사라질 수도 있다는 것, 이 육신이 너무나 허망하게 사라질 수 있다는 데에서 죽음을 피부로 느낄 수 있다.

일상을 살아가는 우리에게 전쟁과 같은 극한의 경험은 생에 한 번도 일어나지 않을 수 있다. 그 대신 수행을 통해 매 순간 죽음을 생각해야 한다. 제대로 수행하기 위해서는 지금의 생, 즉 육신에 대한 집착을 버려야 한다. 이생에 대한 집착을 버리는 것은 팔법(八法)에 대한 집착을 버리는 것이다.

팔법이란 나를 칭찬해 주는 것을 좋아하고 칭찬해 주지 않는 것을 싫어하는 것, 누군가가 나를 도와주는 것을 좋아하고 도와주지 않는 것을 싫어하는 것, 누군가 내게 듣기 좋은 말을 해 주는 것을 좋아하고 그렇지 않은 것을 싫어하는 것, 누군가가 나를 행복하게 해 주는 것을 좋아하고 그렇지 않은 것을 싫어하는 것이다. 이는 곧 자신에 대한 집착이다. 자신에게 좋은 일만 생기고 즐거운 감정만 일어나기를 바라는 마음을 버리는 것이 이생에 대한 집착을 버리는 일이다.

이생에 대한 집착을 버리지 못하는 건 눈앞에 있는 불구덩이를 보지 못하고 저 멀리 있는 나무의 열매를 탐하는 것과 같다. 죽음을 생각하는 일은 곧 망치를 손에 쥐는 것과 같으니, 망상과 허물을 깨부수는 망치를 손에 쥐고 있는 것과 그렇지 않은 것은 현격히 다르다.

죽음을 명상하는 방법

어떻게 하는 것이 죽음을 올바르게 생각하는 것일까? 가장 좋은 경우는 전쟁터의 일화처럼 극한의 경험을 하는 것이지만, 우리의 일상에서 그러한 경험을 하기는 아주 어렵다. 대신 죽음 자체를 명상할 수는 있다.

첫째, 죽음을 피할 수 없다. 수명은 연장할 수 없고, 사는 동안 수행할 시간은 절대 많지 않다. 죽게 되는 원인은 많고 살 수 있는 기회는 적다. 무엇보다 죽음이 임박해서는 재물도, 친지도, 육신도 도움이 되지 않는다. 죽음을 염두에 두라는 말은 죽음에 대한 이러한 사실을 마음에 새기라는 뜻이다. 그래야만 이생에 대한 집착을 버리고 완전한 수행을 할 수 있다. 쉬운 방법이 하나 있다. 매일 자기 전에 이불을 펴고 아침에 일어나 이불을 갤 때마다 이것이 바로 시체를 싸는 천이라고 생각하는 것이다. 죽음을 피상적으로 생각하는 게 아니라 피부로 느껴야 한다.

둘째, 우리는 자신의 몸을 매우 아끼고 사랑한다. 평소의 우리는 자신이 얼마나 자기 몸을 사랑하는지 자각하지 못한다. 그러나 소화가 조금만 안 되어도 걱정이 되고, 혈압이 조금만 높아도 전전긍긍한다. 이는 자신도 모르게 자기 몸을 지극히 아끼고 사랑하고 있기 때문에 불안하고 걱정하는 것이다. 하지만 다른 사람들은 내 몸의 상처에 대해 조금의 관심도 없어서 마치 만지려고도 하지 않는 시체와 같다. 인도 바라나시 화장터에서 볼 수 있는 뼛조각처럼 타인에게는 의미 없는 존재에 불과하다.

죽음을 마음으로 느껴야 한다. 그래야만 이생에 대한 집착을 버리고 삼독심을 버려서 청정한 마음으로 진정한 행복에 다다를 수 있다. 매일매일 죽음을 염두에 두고 살아야 한다. 그것이 바로 진정한 행복으로 가는 길이다.

죽을 때 무엇을 가지고 갈까

죽음을 두려워하는 것이 잘못인가? 그것은 아니다. 평소 죽음에 대해 전혀 생각하지 않다가 죽음과 맞닥뜨리게 되면 그 공포가 어마어마하다. 임종에 닥쳤을 때 죽음을 담담하게 맞이하기 위해서는 살아 있는 지금, 그나마 정신이 온전할 때 죽음에 대한 두려움을 직면하고 어떻게 살 것인가를 생각해야 한다. 처음에는 죽음을 두려워하는 마음을 내는 게 좋지만 두려움이라는 감정에서 멈춰 버리거나 갇혀 버려서는 안 될 것이다.

죽음은 자신과 가까운 것을 버리는 일이고 이별하는 것이다. 자신과 가장 가까운 것은 무엇인가? 가족, 재산, 친구, 내가 아끼는 물건들…. 이 모든 것들보다 더 나와 가까운 것, 나와 떼려야 뗄 수 없는 것, 배우자·자식·친구보다 더 가까운 것, 나와 24시간 함께 있는 것은 바로 나의 '몸'이다. 자신과 가장 가까운 것은 바로 자신의 몸뚱이다.

죽음을 두려워하지 않으려면 몸에 대한 집착을 버려야 한다. 집착을 버리라고 해서 안 먹고 안 자고 숨도 쉬지 말라는 것이 아니다. 욕심을 내지 말아야 한다. 기왕이면 맛있는 것을 먹고 싶고, 기왕이면 더 편한 집에서 살고 싶고, 더 좋은 옷을 입고 싶다는 생각을 버리라는 말이다. 당장 내 몸을 행복하게 해 주는 것들은 내 몸과의 이별을 더욱 힘들게 한다. 내 몸이 누리는 기쁨들과 언젠가 반드시 헤어진다는 생각을 항상 마음에 두고 살아야 한다.

죽음을 염두에 두는 법

어떻게 하면 언제나 죽음을 마음에 두고 살 수 있을까? 다음의 세 가지를 염두에 두면 된다.

> 태어난 모든 것은 반드시 죽는다. 죽음은 부처님도 피해갈 수 없다.
> 언제 죽을지는 아무도 모른다. 그런데 반드시 죽는다.
> 죽음에 닥쳤을 때 나를 도울 수 있는 것은 오직 '부처님 법'밖에 없다.

경전에 이런 비유가 있다. 어떤 사람이 아주 높은 바위에서 떨어지는 순간, 그 4~5초가 우리의 삶이다. 현대로 치면 어떤 사람이 100층 빌딩 옥상에서 떨어지는 것과 같다. 이때 99층에 있던 사람이 떨어지는 사람을 보고 '당신 지금 바닥으로 떨어지고 있어, 떨어지면 죽어.'라고 말한다. 떨어지는 사람은 이렇게 대답한다.

"괜찮아, 아직 시간이 많아."

이 사람이 80층, 60층, 30층을 지나 10층까지 내려왔을 때 10층에 있던 사람이 말한다.

"당신은 지금 바로 땅에 부딪혀 죽을 거예요."

이때 떨어지는 사람이 말한다.

"괜찮아, 아직은 안 떨어졌어."

이렇게 경전에서는 아주 높은 곳에서 떨어져 땅에 닿을 때까지의 그 짧은 순간이 '인생'이라고 표현한다. 그런데 그 짧은 순간에 우리는 '무슨 재밌는 일 없나?' 하며 심심해하기도 하고, 하루 종일 잠만 자기도 하고, 친구를 만나 몇 시간 동안 수다를 떨기도 한다. 전광석화처럼 짧은 이 순간을 우리는 그렇게 보내고 있다.

경전에 이런 말이 있다.

> 삼류의 무상은 가을 하늘에 구름과 같고
> 중생의 생사는 연극을 보는 것과 같네.
> 중생이 목숨을 마침은 하늘의 번개와 같고
> 가파른 산에서 내리는 폭포수처럼 빨리도 가네.

생은 한 조각 뜬구름이 생기는 것과 같고, 죽음은 한 조각 구름이 사라지는 것과 같다. 구름 자체는 실체가 없다. 한여름 뭉게구름을 보고 있으면 생겼다가 사라지기를 반복한다. 잠시 딴생각을 하다가 다시 보면 모양이 변해 있고, 또 이따가 보면 어디로 갔는지 사라지고 없다. 우리 인생이라는 것도 마치 한 조각 구름이 생겼다 사라지는 것처럼 실체가 없다.

허공에 구름이 아무리 많이 생겼다가 사라져도 허공 자체는 상처가 생기거나 물에 젖지 않는다. 구름이 온갖 재주를 다 부려도 허공에는 아무런 변화나 흔적이 없다. 구름의 실체가 없기 때문이다. 구름은 환상이다. 우리의 인생도 마찬가지이다. 그런데 우리는 반대로 생각한다. 구름에 불과한 '나'가 실제로 존재한다고 말이다. 그러니 누군가가 나를 때리면 아프고, 좋은 일이 생기면 기쁘고, 나쁜 일이 생기면 슬프다.

중생의 생사가 연극을 보는 것과 같다는 말은 무슨 뜻일까? 연극은 현실이 아니다. 연극이 끝나면 무대에서 벌어졌던 이야기들은 모두 사라지고 없다. 연극을 하는 동안에만 마치 실제로 그런 일이 있는 것처럼 우리 눈에 보일 뿐이다. 연극에서 갑돌이와 갑순이가 물레방앗간에서 만나

서로 사랑을 하는 모습이 현실이 아니듯 우리의 인생도 이와 같다.

중생들이 목숨을 마치는 것은 하늘의 번개와 같다고 했다. 우리는 지금까지 살아오면서 엄청나게 많은 순간순간 자신이 살아 있음을 무의식적으로 느낀다. 그러나 죽는 순간은 마치 번개가 꽝 내리치는 것과 같이 일순간이다. 숱하게 많은, 몇천억 번의 찰나를 살았지만 죽는 순간은 딱 한 번이니 얼마나 허망한가.

살아 있는 우리는 지금 높은 바위 위에서 떨어지는 중이다. 언젠가는 땅에 부딪혀 죽는다는 사실을 명심해야 한다. 지금 우리는 떨어지는 중인데, 어디쯤 와 있는지를 모른다. 누구나 반드시 죽지만 언제 죽는지는 모른다는 이야기가 여기에 해당한다.

살다 보면 한 곳에 뿌리를 내리고 살아야겠다는 생각을 할 때가 있다. 그럴 때 우리는 리모델링을 어떻게 하고 어떤 가구를 놓고 살지, 그야말로 살 준비만 한다. 반면, 여기에 잠깐 있다가 다른 데로 갈 거라는 생각이 머릿속에 있으면 오히려 짐을 최대한 줄이려고 할 것이다. 살 생각 대신 떠날 준비를 하면서 지낼 것이다.

인생도 이와 같다. 우리는 이 세계에 영원히 살 수 없으며 반드시 떠나게 된다. 항상 여행을 떠난다는 마음으로 짐을 잘 챙겨야 한다. 이때 챙겨야 하는 짐이 '부처님의 법'이다. 죽음과 맞닥뜨리게 될 때 의지할 수 있는 건 부처님 법밖에 없다는 이야기가 바로 이 말이다. 죽을 때는 평생을 자신과 함께한 몸마저도 버리고 가야 하는데 하물며 재산, 명예, 가족, 친지는 오죽하겠는가. 이것들 모두 가지고 갈 수 없는 것이다.

살아 있는 사람에 대한 애정을 마음에 담고 있으면 죽을 때 발이 떨어지지 않는다. 그런데 우리는 발을 떼서 가야만 한다. 이때 우리가 가져갈 수 있는 것은 오직 마음에 담을 수 있는 부처님의 가르침밖에 없다.

죽을 때 가져갈 수 있는 유일한 것

부처님의 가르침을 마음속에 가지고 가려면 평소에 입력을 잘해 두어야 한다. 죽을 때는 휴대전화로 부처님 가르침을 검색해 볼 수도 없고, 노트북도 인터넷도 안 된다. 다른 곳 말고 자신의 마음속에 새겨 두어야만 죽음의 순간에 꺼내 보고 다음 생을 잘 준비할 수 있다.

'부처님 법이 아닌 것들은 죽음 앞에서 아무런 도움이 되지 않는다.'라고 생각해야 죽음이 닥쳤을 때 '더 이상 금생에 계속 머물지 않겠다.'라는 마음이 비로소 일어난다. 부처님 가르침을 잘 소화해 두어야만 '일 년 전에도 살았고, 오늘도 살아 있으니 일 년 뒤에도 살 거야. 현생에서 천년만년 살 거야.'라는 생각을 버리고 홀홀 떠나겠다는 마음이 생기는 것이다.

그때 비로소 진리를 향하는 길을 갈 수 있다. 그전까지는 부처님의 가르침을 입력만 해 두는 것이고, 부처님 법 외에 다른 것은 모두 버리겠다는 마음이 들 때 마침내 부처님의 가르침대로 내 삶이 굴러가게 된다. 내 마음대로 떠나겠다는 말이 아니라 언제든 떠날 준비가 되었다고 생각해야만 부처님 법대로 살 수 있는 준비가 된 것이다.

> 누구와도 친하지 않은 저승사자는 뜻하지 않게 갑자기 닥치나니 내일이나 모레라는 생각은 말고 정법을 부지런히 닦아야 하리.

저승사자는 누구와도 친하지 않으며 갑자기 우리 앞에 나타난다. 저승사자가 나타났을 때 이 삶에서 가져갈 수 있는 것은 부처님 법뿐이다. 언제든지 저승사자가 오면 갈 준비가 되었을 정도로 죽음을 염두에 두고 살아야 한다. 저승사자에게 '방 치우고 가야 하니까 조금만 기다려 주십시오.'라고 말할 수는 없지 않은가.

극락이 무엇인지를 알려면

증심사는 제사를 지낼 때, 영가의 극락왕생을 발원하며 「영가전에」를 독송한다. 「영가전에」를 한 문장으로 줄이면 '부처님에게 의지하여 삼독심을 버리고 청정한 마음을 가지면 극락왕생할 수 있다.'이다.

한 가지 궁금한 것이 있다. 만약 누군가 서울에 가고 싶은데 부처님에게 의지하여 삼독심을 버리고 청정한 마음을 가지면 서울에 갈 수 있을까? 그럴 수는 없다. 서울에 가고자 한다면 지도에서 서울이 어디에 있는지 찾아야 한다. 그리고 서울로 가는 교통편은 무엇이 있는지, 서울의 크기는 얼마나 되는지, 번화가는 어디인지 등 서울에 관한 지식을 찾아야 한다.

그런데 극락에 가고자 할 때는 극락이 어디에 있고, 가는 길은 어떻게 되고, 극락이 어떻게 생겼고, 극락의 중생들은 어떻게 살고, 극락의 기후는 어떻고 등을 알아야 한다고 말하지 않는다. 그저 부처님에게 의지해서 삼독심을 버리고 마음을 청정히 하면 극락에 갈 수 있다고 말한다. 왜일까? 여기에 의문을 가져야 한다.

보이는 것·들리는 것·맛보는 것 등을 조사하고 탐구하여 알아내려고 하지 말고, 무엇이 보는지·무엇이 듣는지·무엇이 맛보는지를 제대로 통찰해야 극락에 갈 수 있다. 욕망의 대상이 아니라 '무엇이' 욕망하는지 자기 내면을 돌이켜 봐야만 극락에 간다.

이것을 혼자 하는 게 버겁고 힘들기에 부처님에게 의지한다. 평소 삼독심에 마음의 눈이 멀어 버려서 마음을 돌이켜 보지 못한다. 이 삼독심을 내려놓으려는 노력이 곧 마음을 청정하게 하는 일이며, 그것이 극락으로 가는 방법이다.

'무엇을' 욕망하느냐가 아닌, '무엇이' 욕망하느냐

극락에 가고 싶다면 욕망의 대상이 아니라 '무엇이' 욕망하는지에 집중해야 한다. 그러나 중생의 마음은 욕망의 대상을 향해서 먼저 달려간다. 마음이 자신의 내면으로 돌아가는 것을 막고, 오직 욕망의 대상으로 달려가도록 종용하는 게 바로 욕망이 하는 일이다.

자동차를 원한다면 연비, 가격, 디자인 등 오로지 자동차에만 집중하는 것이 사람의 마음이듯 욕망은 욕망하는 대상으로 마음을 끌고 간다. 욕망이 강해지면 거기에서 집착이 나오고, 집착이 강해지면 집착하는 대상을 소유하고 싶어진다. 소유하는 마음이 생기면 당연히 스스로 자문하게 된다. '무엇이 소유하고자 하는가?' 우리가 떠올리는 답은 '나'이다. 내가 소유하고자 한다고 생각한다. 여기에서 '나'가 존재한다는 생각이 확고부동하게 자리 잡힌다.

윤회는 믿음의 문제

죽으면 어떤 세계가 펼쳐지는지, 죽으면 무엇이 되는지, 육신은 죽어서 한 줌 재가 되어도 영혼은 계속 살아서 이어지는지, 죽으면 이 세계가 아닌 다른 세계로 가는지…. 지금 세상에 사는 우리는 이 세상이 아닌 죽은 뒤의 세계에 대해 매우 궁금해한다. 그래서 윤회, 영혼, 귀신 등을 이야기한다. 지옥과 극락을 이야기하고, 서방 정토를 이야기한다.

그러나 이 모든 것은 확인된 사실이 아니다. 부처님이 윤회를 말하였으니 윤회를 믿을 수는 있지만, 윤회가 실제로 존재한다고 단정 짓거나 반대로 윤회 같은 것은 없다고 단정 짓는 것은 연기법을 제대로 알지 못하는 어리석은 소치이다. 깨닫지 않은 이상 살아 있는 중생이 여러 생을 거쳐서 윤회하는 삶을 경험하는 것은 불가능하다. 같은 맥락에서 윤회를 과학적으로 검증하는 것 역시 현재로서는 가능하지 않다.

그러므로 부처님 말씀을 믿고, 그래서 윤회를 믿는다면 윤회는 하는 것이다. 그러나 부처님 말씀은 믿는데 윤회에 대해서 믿음이 가지 않으면 윤회는 하지 않는 것이다. 지금의 삶에서 윤회를 확인할 수 없으므로 믿는 것 말고 다른 방법이 없다. 왜 과학적으로 윤회가 실재하는 증거를 찾고 논리적으로 윤회할 수밖에 없는 이유를 고민하는 걸까? 윤회를 믿고 싶기 때문이다. 믿고 싶다면 마음을 비우고 믿으면 될 일이다.

물론 믿음을 강요할 수는 없다. 다만 지금의 삶을 더 청정하고 올바르게 사는 데에 윤회를 믿는 것이 도움이 되므로, 윤회를 믿어서 나쁠 건 없다. 또한 '나의 생은 지금의 생으로 끝'이라는 단멸론도 따지고 보면 육신을 '나'라고 여기는 잘못된 생각에서 비롯되었다.

'나'라는 실체가 상정되지 않은 연기실상의 세계에서 생명에 대한 정의는 재고되어야 한다. 막연한 생각이긴 하지만, 이 세상은 우리가 생각하는 것처럼 그리 단순하지 않은 듯하다. 시간은 관념에 불과하고 존재 역시 관념에 불과하다. 그러나 우주가 존재하지 않는 것은 아니며, 다만 우리가 아는 방식으로 존재하지 않을 뿐이다. 그것에 '존재한다'라는 우리 식의 표현을 사용해도 되는지도 의문이기는 하다. 우리의 상식은 세상의 일부만을 보여 줄 뿐이다. 그것도 왜곡된 형태로.

삶과 죽음은 생사의 바닷속에서 살아가는 우리에게는 매우 중요한 틀이지만, 연기실상의 세계 전체를 놓고 보면 생사마저도 어쩌면 잠시 반짝이는 햇살에 불과할 수 있다. 그마저도 한낱 신기루일지 모른다. 겸손하지 않은 자는 결코 진리를 알 수 없다.

사진 출처

이 책에 실린 모든 사진의 저작권은 각 저작권자 또는 그 단체에 있습니다.

- 국가유산청　　　16, 18, 27, 33-2, 44
- 불광미디어　　　5, 6, 7, 9, 12, 13, 14, 15, 17, 20, 21, 22, 23-2, 26-1, 26-2, 28-1, 28-2, 29,
　　　　　　　　　30, 31, 32, 33-1, 34, 35, 36, 37, 38, 39, 40, 41, 42, 43, 46, 47
- 스태티스타　　　1
- 위키미디어　　　4, 8, 9, 11, 19, 23-1, 24
- 중현　　　　　　25
- 한국갤럽조사연구소　2

불교, 한 번쯤은 궁금하잖아

ⓒ 중현, 2025

2025년 11월 5일 초판 1쇄 발행

지은이 중현
발행인 박상근(至弘) • 편집인 류지호 • 편집이사 양동민
책임편집 정유리 • 편집 김재호, 양민호, 김소영, 최호승, 이란희, 이진우 • 디자인 쿠담디자인
제작 김명환 • 마케팅 김대현, 김대우, 이선호, 류지수 • 관리 윤정안
콘텐츠국 유권준, 김희준
펴낸 곳 불광출판사 (03169) 서울시 종로구 사직로10길 17 인왕빌딩 301호
　　　　대표전화 02)420-3200 편집부 02)420-3300 팩시밀리 02)420-3400
　　　　출판등록 제300-2009-130호(1979. 10. 10.)

ISBN 979-11-7261-216-0 (03220)

값 22,000원

잘못된 책은 구입하신 서점에서 바꾸어 드립니다.
독자의 의견을 기다립니다. www.bulkwang.co.kr
불광출판사는 (주)불광미디어의 단행본 브랜드입니다.